뉴로맨틱 잉글리쉬 BOOK 2
New Romantic English

저자 **박우상 교수** (Dr. David)

뉴 로맨틱 잉글리쉬 Book 2

초판발행 2024년 8월 23일

저자 | 박우상
발행인 | 홍성주
편집/표지디자인 | 인컴

발행처 | 디스커버미디어
주소 | 서울특별시 서초구 마방로 10길 15, B동 711호
전화 | 02-525-8081
홈페이지 | https://drdavid.modoo.at
블로그 | https://blog.naver.com/drdavid1204
이메일 | discovermedia@naver.com

출판등록 제 2021-000083호 (2019년 10월 7일)

가격 26,000원　|　**ISBN** 979-11-969503-3-0 (03740)

Copyright © 2024 박우상
이 책은 국내와 국제 저작권 및 관계 법령에 따라 보호받는 저작물로 디스커버미디어와
저작권자의 서면 동의 없이 무단 전재하거나 복제할 경우에 법적인 제재를 받게 됨을
알려드립니다.

뉴로맨틱 잉글리쉬 BOOK 2
New Romantic English

영어 선생님들의 영어교수 저자 **박우상** 교수 (Dr. David)

DISCOVER MEDIA

책 소개

미국에서 오랫동안 미국인들에게 영어와 미국학을 가르치고 귀국하여 국내 영어교육계 최고 권위의 영어 감수자이자 자문위원 그리고 영어 선생님들의 영어 교수로서 대한민국의 글로벌 영어 교육을 리드해 온 박우상 박사 (Dr. David). 그가 미국에서 4반세기에 걸쳐 자료를 수집, 분석, 정리하고, 미국인들과 국내 영어 선생님들의 영어 교육에 사용하였던 텍스트를 국내 일반 독자들을 위해 재편집한 '뉴 로맨틱 잉글리쉬' (New Romantic English – Book 1, 2, 3)를 국내의 '디스커버미디어' (Discover Media)에서 출간하게 되었습니다.

'뉴 로맨틱 잉글리쉬'는 국내에서 초판이 발행되고 2015년에 개정판으로 발행되어 국내 영어교육계에서 호평과 찬사를 받은 '로맨틱 그래머 잉글리쉬' (2012)와 'Romantic Grammer' (2015)에 더욱 풍부한 예문들과 해설, 배경 사회문화 해설, 그리고 관련된 사진들과 문제들을 크게 보강한 개정 증보판입니다. 이 책은 전 세계가 열광한 9편의 최고의 고전적인 사랑의 영화들 – Titanic (1997), The Notebook (2004), Love Story (1970), Groundhog Day (1993), Sweet Home Alabama (2002), Message in a Bottle (1999), Ghost (1990), A Walk to Remember (2002), The Bridges of Madison County (1995)-로부터 엄선된 명대사와 명장면들에서 사용된 영어 표현에 있어 주의할 발음, 단어, 숙어, 관용 표현, 구문, 문법, 어법과 용례들을 철저하고 명쾌하게 설명하고, 관련된 사회문화의 배경 설명을 곁들인 총체적 영어 학습서입니다. 이 책은 자료 수집, 분석, 정리, 집필에서부터 실제로 미국인들의 영어 교육에 사용되고 선생님들과 영어 전문인들의 연수와 심화 교육에 사용되기까지, 강산이 세 번 바뀌는 오랜 세월 동안 미국과 한국에서 철저하고 엄격한 준비와 사용과 검증을 거친 작품입니다.

이 책의 한 낱말 한 낱말에 대한 설명이나 어법과 예문 하나하나에 대한 해설에서, 독자 여러분은 완벽한 영어 구사력과 영어 해설뿐만 아니라, 영어 교육의 진정성으로도 정평이 있는 박우상 교수의 탁월한 지식과 지성과 감성을 느끼고 배우게 될 것입니다. 또 영어 교육과 학습에서 항상 '언어'적인 면과 '지성'적인 면을 동전의 양면처럼 함께 강조하는 박우상 교수의 예문들과 해설에 담겨 있는 인간과 세계에 대한 이해와 사랑, 영어권 사람들의 꿈과 희망, 기쁨과 용기, 실망과 슬픔을 통해, 영어로 표현된 삶과 문화와 그 세계를 통해, 독자 여러분은 살아 숨 쉬는 재미있고 즐거운 영어를 공부하게 됩니다. 따라서 여러분은 영어로 말하고 글을 쓸 때, 프레젠테이션을 하거나 연설/웅변을 할 때, 영어를 듣고 읽을 때뿐만 아니라 어떠한 영어 인증시험을 치를 때도 영어 소통 능력이 현저하게 발돋움한 모습을 보게 될 것입니다. 영어

New Romantic English ②

지식과 정보와 영어 소통력을 지성과 비전의 차원으로, 그리고 더 나아가 삶의 예술로 승화시키고 세계인들과 손잡고 세계를 리드하는 것을 영어 교육의 목표로 하는 박우상 교수의 '뉴 로맨틱 잉글리쉬'와 함께 '디스커버미디어'에서 출판된, 또 앞으로 출판될 다른 주옥같은 작품들도 독자 여러분이 많이 사랑해 주시길 부탁드립니다.

'뉴 로맨틱 잉글리쉬' - Book 1, 2, 3의 독보적인 장점들

- ▶ 주의할 발음으로부터 풍부하고 다양한 내용의 영단어, 숙어, 관용어구, 특수표현들의 철저한 설명

- ▶ 타의 추종을 불허하는 다양한 구문 구조들과 문법 어법 사항들의 정확하고 명쾌한 해설

- ▶ 국내 영어 학습서들에서 배울 수 없는 어구, 구문 구조, 문법/어법, 표현들의 격식성 (formal/ informal)과 스타일 (written/ spoken), 그리고 문맥과 인간관계/상황적 적절성의 (proper/ natural) 설명

- ▶ 국내의 영어교육이 거의 가르치지 않는 용례 (usage)와 특정 문맥에서 함께 사용되는 어구들의 연어 (collocation)의 설명

- ▶ 영어학자이자 미국학자인 저자만이 할 수 있는 단어, 숙어, 구문, 문법, 어법, 표현들의 균형 잡힌 사회문화적/역사적 배경 해설

- ▶ 국내의 영어 학습서에서 찾아볼 수 없는 생생하고 완벽하며 다양한 예문들

- ▶ 한국 영어교육이 극히 취약한 구어체 (spoken/ colloquial)와 비격식체 (informal style) 영어의 풍부한 사용

- ▶ 585개의 어구, 표현, 구문, 문법/어법 사항들 간의 유사성과 차이의 명쾌하고 철저한 이해를 돕는 비교/대조의 교차참조 (cross-reference) 색인 (index)

일러두기 (이 책의 사용법)

주목! '뉴 로맨틱 잉글리쉬'에 사용된 모든 영어 예문들은 의미의 해석이나 자연스러운 한국어를 중심으로 번역되지 않고, 학습자들이 영어의 언어적 (어구에서 문법, 어법, 용례, 구문까지) 형태와 의미에 각별히 주목하게 함으로써, 학습자의 언어적 학습 효과를 최대한으로 높이기 위해 영어 원문에 충실하도록 번역되었습니다.
예를 들어 완료시제, 수동태, 관사 a와 the, 관계사절 등 많은 영어의 형태, 어법, 구문들을 영어 구사력의 최대한의 증진을 위해 자연스러운 한국어보다 영어적 어감을 최대한 살려 번역하였습니다. Punctuation (구두점)과 모든 문장부호들 또한 영어권의 표기 방식과 편집 기준을 따랐습니다.

주목! 미국에서의 영어 연구와 교육에 30여년을 바친 박우상 교수는 영어 학습에서 음의 듣기와 말하기를 언어 습득과 소통의 핵심으로 여깁니다. 이 책에서도 인쇄된 책의 한계에도 불구하고 수시로 한국인이 잘못 배우고 듣고 말하는 발음들을 바로 잡습니다. 학습자 여러분도 이 책에서 뿐만 아니라 영어 학습에서 정확한 음의 습득과 발음 그리고 음에 기반한 소통에 각별한 관심과 숙달을 위한 노력을 기울여 주시고, 박우상 교수의 온/오프라인 강의도 종종 시청하시면 크게 도움이 될 것입니다.

주목! 항상 "영어는 이해만으로 이루어지지 않는다."는 closing remark로 강의를 끝내는 박우상 교수의 주문대로, '뉴 로맨틱 잉글리쉬'를 포함한 모든 작품에 나오는 문장/표현들과 관련된 예문들을 독자 여러분께서 소리 내서 반복 또 반복해서 읽고, 또 종이에 손으로 써 볼 것을 절대적으로 권합니다.
박우상 교수의 해설은 대단히 step-by-step 친절하고 자세하여 쏙쏙 이해된다는 것이 독자분들의 이야기입니다. 그러나, 그 이해가 정말로 훌륭한 output 영어, 뛰어난 구사력/소통력으로 구현될 수 있도록 주옥 같은 문장들과 예문들을 반드시 반복하여 소리 내어 읽어 주십시오.

New Romantic English ❷

주목! 이 책 안의 수많은 설명들을 따라 제시되는 동일한, 유사한, 반대되는, 또는 구별해야 하는 표현들, 구문, 문법, 어법 등은 각각 교차참조 (cross-reference) 번호가 괄호 속에 ( ) 붙어 있으며, 여러분의 학습 효과를 확실하게 향상시키기 위해 귀찮아하지 마시고, 이 교차 참조들을 자주 이용해 방금 학습한 항목의 이해를 더욱 넓고 깊고 명쾌하게 만들어 주십시오.

여러분의 학습 효과를 극대화하기 위해 박우상 교수께서 세밀하게 심혈을 기울여 만들어 제공한 것입니다. 그리고 각 권의 맨 뒤에도 그 cross-references가 색인 (index)으로 첨부되어 있습니다.

주목! 이 책에 나오는 표현들은 대단히 다양합니다. 예를 들어 조동사 will의 경우 (be going to의 경우도) 주어의 의지를 나타내는 경우, 말하는 이의 의지를 나타내는 경우, 주어에 관한 경향/성향, 주어에 관한 미래의 예견/예측의 어법이 각각 다수의 예문들을 통해 설명됩니다.

그 설명들 중에 각 어법의 핵심 의미/기능/스타일의 설명이 종종 동일한 것은, 독자로 하여금 중요한 어법을 반복 설명과 추가적인 예문들을 통해 완벽하게 마스터 하기를 돕기 위한 의도적인 것임을 알려드립니다.

주목! 이 책에 사용된 글쓰기와 편집의 기본 원칙과 스타일은 독자 여러분을 글로벌 영어 글쓰기와 편집에 적응시켜 드리기 위해 의도적으로 영어권의 전통과 권위가 있는 관행들을 따랐습니다. 괄호, 하이픈 (hyphen), 대쉬, 슬래쉬 (slash), 콜론과 세미콜론 등으로부터 외래어나 작품명 등의 이탤릭체 표기, 인용부호, 생략부호, 반괄호 번호의 미사용 등에 있어서 국내의 글쓰기와 편집 원칙과 다른 것들을 접하실 때 교육적 배려가 반영된 것임을 알려드립니다.

저자 소개

저자 박우상 교수 (Dr. David)는 서울대학교 영어교육과를 졸업하고 서울대학교 대학원과 미국 일리노이 대학교 (University of Illinois at Urbana- Champaign) 대학원에서 영어학을, 펜실베니아 대학교 (UPenn)과 시카고 대학교 (University of Chicago)에서 미국 정치학을, 그리고 위스컨신 대학교 (University of Wisconsin at Madison)에서 미국사와 미국법을 전공한 정통 영어학자이자 미국학자입니다. 미국 위스컨신대에서 resident scholar로 대단히 다양한 주제로 영어학과 미국사에 관한 강의와 강연을 하였고, 미국 영어교육 컨설팅사인 The Thomas Jefferson Institute 대표와 Greene Communications, Inc.의 Chief Adviser로 미국의 교육, 언론, 출판, 문학, 법률 기관과 회사들에 영어 커뮤니케이션 교육, 감수, 컨설팅을 하였으며, 저명한 미국학자들과 미국학 백과사전인 Dictionary of American History (전 10 권, 2003, Charles Scribners & Sons)를 공저하였습니다.

거의 30년간 미국에서 학업과 연구, 강의와 집필 등의 활동을 마치고 귀국한 박우상 교수는 국가영어능력시험 (NEAT) EBS-ECT 감수위원장과 R&D 센터장, 그리고 교과부, 한국개발연구원 (KDI) 및 다수 도/시 교육청과 교육과정평가원의 영어정책 자문과 영어출제 감수를 담당했으며, 초중고교 영어 교사/강사들의 영어연수 교수, 다수의 정부기관, 교육기관, 조직, 국제기업 등의 영어 감수 및 자문위원으로 활동해 왔습니다. 아울러 The Linguistic Society of America (미국 언어학회), The American Historical Association (미국역사학회) 등 다수의 영어학과 미국학 관련 학회의 정회원으로도 활동해 오고 있습니다.

또한 박우상 교수는 영어해설 칼럼니스트로 평화신문 (가톨릭, 미주판)에 '박우상 요한 박사의 복음영어' (Gospel English)를 2007년 이후 현재까지 매주 17년째 계속하여 800여 칼럼을 집필해 오고 있으며, 'Dr. David English 영어연구소'를 통해 영어 교사/전문인들 교육과 컨설팅, 영어 감수, 통번역 지휘, 저서 집필과 강의 활동 등을 하고 있습니다.

박우상 교수는 "**인간과 세계를 이해하고 사랑하는 영어교육, 꿈을 추구하고 실현하게 하는 영어교육, 나의 삶을 행복하게 하는 영어교육**, 그리고 **이웃에 봉사하고 세계에 기여하는 영어교육**"을 4대 모토 (motto)로 하는 'English Education with a Soul' (영혼을 가진 영어교육)을 추구하고 있습니다.

New Romantic English ②

박우상 교수
Dr. David 저서

Dictionary of American History
전 10권, 공저, 2003, 미국 Charles Scribners & Sons; Editor-in-Chief: Dr. Stanley Kutler

영한 상장 예식 (English-Korean Funeral Rites)
2008, 뉴욕: 평화신문 미주판

로맨틱 그래머 잉글리쉬 Romantic Grammar English
2012, Seoul: English House

Baby WordWorld, Supplemental Storybooks
2013, Orda Korea, 오르다, 전 13권

그래머 인사이트 Grammar Insights
2014, Yes English

로맨틱 그래머 Romantic Grammar
2015, Yes English, '로맨틱 그래머 잉글리쉬' 개정판, 전3권

영작문의 정석
2021, 비비트리북스

Dong Mong Seon Seup - Children's First Textbook
동몽선습-최초의 아동 교과서, 2021, 충북 괴산군, 영어 출판물

이제 우리 아이도 영어 고수
2024, 비비트리북스

뉴 로맨틱 잉글리쉬 – Book 1, 2, 3
2024, 디스커버미디어

글로벌 디지털 시대의 영어교육 혁신
이의갑, 박준언, 박우상 공저, 2024, 디스커버미디어

커피타임 잉글리쉬 – Book 1: 사람 묘사 영어
김규호, 박준언, 박우상 공저, 2024, 디스커버미디어

복음영어 (Gospel English) - 봄, 여름, 가을, 겨울
2024 출간예정, 디스커버미디어

글로벌 영어의 정석-기본편
2024 출간예정, 디스커버미디어

박우상 교수
Dr. David Online

Website: http://drdavid.modoo.at

▶ YouTube 박우상 교수의 영어인문학, 영어의 발견, 미국의 발견

NAVER 박우상 교수, Dr. David, 닥터데이비드 검색

📷 Dr. David

저자 서문

사랑! 사춘기 소녀, 20대 문학 청년이 아니어도 누구나 언제나 가슴이 설레고 뛰게 하는 우리 모두의 삶의 큰 주제입니다. 어쩌면 우리들 삶의 기쁨, 희망, 그리고 원동력인지도 모릅니다. 이 책은 한 남자와 한 여자가 두근거리는 가슴으로 나누는 첫 눈길과 말 건넴, 첫 손길과 첫 키스, 연인들의 뜨거운 사랑의 속삭임과 맹세로부터 나를 근본적으로 더 나은 인간으로 변화시키고 삶과 죽음까지 초월하는 경이로운 사랑, 그리고 너무도 애절하게 끝내 이룰 수 없는 사랑의 이야기들을 중심으로 엮어져 있습니다. 그러나 이 책은 아쉽게도 처음부터 끝까지 귓가에 감미롭기만 한 사랑의 이야기만은 아닙니다. 이 책은 사랑의 전율과 감동을 영어로 속삭여 주면서도 실은 여러분께 수많은 어휘, 어구, 숙어와 발음으로부터 어법, 문법, 용례, 스타일, 말과 글을 이끌어 가는 테크닉 등을 가르치고, 영어라는 한 언어에 담긴 인간과 사회문화와 세계에 눈을 뜨게 하는, 글로벌 시대의 본격적인 영어 학습서입니다.

한 언어를 이해하고 숙달하는 것은 동시에 그 언어를 사용하는 사람들의 내면과 그 언어가 사용되는 사회문화와 세계를 이해하고 숙달하는 것입니다. 이 둘은 동전의 양면과 같습니다. 언어 습득과 학습을 이 핵심적인 관점에서 볼 때, 국내 영어교육에서 영어는 흔히 진공 속에서 기계적으로 움직이는 생명력을 결여한 물체에 불과하며, 그 교육은 대부분 도식적이고 영어권의 인간과 사회문화에 뿌리내리지 못하고 있습니다. 그러나 언어는 그것을 사용하는 인간과 사회가 한 순간순간 살아가고, 하루하루 꿈꾸고 사랑하고 절망하고 다시 일어서는, 한마디로 살아 숨쉬고 움직이는 생명체입니다.

이 책은 여러분에게 영어가 실제로 사용되는 언어적 그리고 사회 문화적 문맥과 환경 속에서 영어를 느끼고 배우도록 합니다. 이 책은 지금까지 한국의 영어 교육의 주류를 이루어 온 영어 한 줄에 한국어 번역 한 줄의 나열, 한국어 속의 미로를 헤매다가 눈도장과 깜으로 끝내는 학습이 아니라, 한 낱말, 한 어구, 한 문장, 한 어법, 한 용례 등을 그 말을 하고 듣는 사람(들)의 내면과 그 언어를 사용하여 기뻐하고 슬퍼하며 꿈꾸고 좌절하고 다시 일어서는 사람들과 사회의 스토리들 속에, 정확하고 철저하고 완벽하고 체계적으로 설명합니다. 이 살아 움직이는 영어 표현들과 체계적인 설명을 통하여, 여러분의 영어는 한국의 영어 교육자들과 학습자들의 고질적인 문제점들인 영어의 주요 어법과 실제의 용례들에 대한 무지와 신화적인 오해들, 그리고 가장 절실한 문제인 콩글리쉬, Broken English, 영어답지 않은 영어, 죽은 영어 등을

New Romantic English 2

포함한 영어 구사력과 소통력의 문제를 바로잡고 극복하도록 합니다. 아울러 영어라는 한 언어의 전반에 관해 날카로운 언어 형사의 눈을 기르게 됨으로써, 여러분 스스로가 더욱 효과적이고 성공적인 영어 학습자로 도약하도록 이끌어 줍니다.

한 언어를 공부하고 소위 정복한다는 것은 결코 쉬운 일이 아닙니다. 최소의 노력으로 최대의 결실을 거두고 싶은 것은 인간의 본능입니다. 그러나 씨 뿌리는 만큼 거두게 되는 것은 거역할 수 없는 진리입니다. 여러분께서 오늘 이 시간 한 낱말, 한 발음, 한 어구, 한 문장, 한 어법, 한 용례를 하나씩 하나씩 정확하고 철저하고 완벽하게 배우시고 소리 내어 반복적으로 읽고 말하고 써 보면서 땀 흘려 노력하실 때, 오직 그 때 여러분의 영어는 분명히 한걸음 한걸음 앞으로 나아갈 것입니다. 그 스마트한 학습과 반복적이고 부단한 노력 없이는 일이 년, 아니 오 년, 아니 십 년을 유학을 해도, 아니 삼사십 년 반세기를 이민 생활을 해도 McDonald's에서 Big Mac을 그것도 대충 주문하는 이상의 영어는 여러분에게 와 주지 않습니다.

좋은 선생님과 좋은 학습 자료와 함께, 그러나 그보다 더욱 중요하게는 성실하고 꾸준히, 그리고 가장 중요한 것으로 바로 오늘, 바로 지금 노력하십시오. 그리고 좋은 영어는 도식적으로 주입하고 앵무새처럼 내뱉는 것이 아니라, 바로 훌륭한 생각과 멋진 지성과 아름다운 마음에서 나옵니다. 여러 분야의 좋은 책들을 읽으시고, 멋진 분들과 의미 있는 대화 나누시고, 아름다운 마음을 가꾸시고, 때로는 외로움 속에 깊은 생각을 추구하십시오. 그리고 영어만큼이나 아름다운 한국어도 많이 사랑해 주십시오. 여러분의 영어를 방해하지 않을 뿐만 아니라, 더욱 멋지게 빛내 줄 것입니다.

이 '뉴 로맨틱 잉글리쉬'를 통하여 공부하시는 여러분의 영어가 단편적인 영어 지식의 습득을 넘어 여러분의 삶 자체를 보다 행복하고 보람 있게 하고, 가까이는 이웃과 사회에 멀리는 세계에 기여하게 되기를 온 마음으로 기원합니다. 아울러 저의 다른 작품들과 강의들에서도 여러분을 다시 뵙게 되기를 소망하며, 여러분의 변함 없는 성원에 깊이 감사드립니다.

저자 **박우상 (Dr. David)** 드림.

출판사 서평

1960년대 초부터 발전하기 시작한 정보, 통신, 미디어 테크놀로지와 항공 운송 기술에 힘입어 세계가 점점 가까워지면서, 지구촌 (the global village)이라 부르기 시작한 지도 어느새 두어 세대가 지나고 있습니다. 최근의 코로나 팬데믹 직전에는 연간 10억 이상의 사람들이 해외로 여행을 가서 세계인들과 만나고 소통하며 글로벌 문화를 경험했습니다. 오늘날 국제 통화와 전 세계 컴퓨터의 80퍼센트 가량이 영어로 대화하거나 정보를 알리고 저장하고 있으며, 주요 학술 논문들과 국제 학술지와 학회의 90퍼센트가 영어로 요약되거나 발표되거나 소통되고 있습니다. 또한 국제적인 무역, 이민/이주는 물론 인종 간의 결혼과 어울림, 다국적 취업과 교류 등이 그 어떤 때보다 가속화되면서, 영어는 글로벌 공통어로서의 지위와 역할을 수행하고 있습니다.

그러나 이러한 가속화 되고 있는 글로벌 세계와 디지털 시대에도 불구하고, 대한민국의 영어교육은 안타깝게도 지난 아날로그 시대의 모습 그대로입니다. 저자 박우상 교수님의 표현대로 "양복은 걸쳤는데 아직 수염을 기르고 상투를 쓰고 있는" 모습에 여전히 머물러 있다고 해도 과언이 아닙니다. 이제 초등학교에서 영어가 교육되고 제한된 수이지만 원어민 교사들이 있다고는 하나, 아직도 수십 년 전의 케케묵은 문법과 실용성이나 교육적인 가치도 의미도 없는, 세계인들과 소통하기에 적절하지 않은 예문과 지문들이 범람하고 있으며, 발음 교육, 듣기, 말하기, 쓰기 교육은 miserable, dismal, pathetic이라는 형용사가 지나치지 않은 수준입니다. 초중고 과정의 수많은 영어 학습서들로부터 한국인의 평생 영어 구사력의 골격을 구성하는 국가 대표격 영어 시험인 수능영어에 이르기까지, 명백한 언어적 오류들은 물론 지적, 지성적, 감성적, 발달 심리적 영역들에 있어서 국제적인 수준에 크게 미치지 못하는 것이 사실입니다. 그래서 10년, 20년, 30년을 영어를 공부하고도 눈도장 찍는 방식으로만 배운 한국형 영어 지식은 슬프게도 영어 울렁증만을 선사합니다.

이제는 그런 구시대적이고 구태의연한 영어 학습서들과 교육 컨텐츠와 학습 방식을 과감히 버려야 할 때입니다. 이제는 옛날의 편협하고 도식적인 설명과 죽은 예문들과 결별해야 합니다. 이제는 새 시대 새 세계의 주역인 학생들과 학습자들은 국가에, 학교에, 선생님들에게 진정으로 글로벌한 컨텐츠의 영어를 언어적으로 정확하고 사회문화적으로 적절하게 듣고 말하고, 읽고, 쓰게 하는 총체적 방법의 영어

New Romantic English ②

수험 능력의 향상뿐만 아니라, 근본적으로 영어로 세계인들과 어울리고 소통하고 리드할 수 있는 능력의 개발에 도움이 되는 학습서, 자료, 커리큘럼, 교사/강사, 온/오프라인 학습의 장을 활용하여 부단히 노력해야 합니다. 그렇게 획득한 훌륭한 영어 구사력과 소통 능력이 명쾌하고 체계적인 지식을 만날 때, 한국인들에게는 거의 운명적인 영어 수험 능력 또한 정상에 오를 것입니다.

사랑을 주제로 한, 영어권에서는 이제 최고의 고전적인 작품으로 꼽히는 9편의 영화의 로맨틱한 컨텐츠가 영어 지식에 결합된 '뉴 로맨틱 잉글리쉬' Book 1, 2, 3권은 미국과 한국에서 영어 연구와 교육에 평생을 바친 영어학자이자 미국학자인 박우상 교수님의 세계 정상급의 학문과 지성이 응축된 작품입니다. 이 책을 통해 독자 여러분은 재미없고 심리를 압박할 뿐인 기존의 영어 학습서들과 달리, 전율처럼 다가오는 달콤한 사랑과 함께 흥미진진한 영어 공부를 만날 것입니다. 또한 박우상 교수님의 완벽한 영어, 친절한 어학 해설, 영어권의 사회문화와 글로벌 세계에 관한 공정하고 균형 잡힌 지식과 지성이 총체적으로 융합된, 세계가 손 잡고 소통하는 살아 있는 영어를 여러분은 배우시게 될 것을 확신하며, 이 책을 통해 여러분의 영어가 일취월장하기를 기대합니다.

NEW ROMANTIC

목 차 _ TABLE OF CONTENTS

Book 2

- **04** 책 소개
- **08** 저자 소개
- **10** 저자 서문
- **12** 출판사 서평
- **16** Groundhog Day
  1993 Film, 사랑의 블랙홀
- **80** Sweet Home Alabama
  2002 Film, 스위트 알라바마
- **144** Message in a Bottle
  1999 Film, 병 속에 담긴 편지
- **292** Index
  지식항목 159-373

02

ENGLISH BOOK 2

Book 1

Titanic
1997 Film, 타이타닉

The Notebook
2004 Film, 노트북

Love Story
1970 Film, 러브스토리

Book 3

Ghost
1990 Film, 사랑과 영혼

A Walk to Remember
2002 Film, 워크 투 리멤버

The Bridges of Madison County
1995 Film, 매디슨 카운티의 다리

Groundhog Day

영화 내용 Plot Summary

사랑하는 사람들은 서로의 좋은 점들을 보고, 서로를 격려하고, 상대방을 더욱 사랑하고, 상대방으로부터 더욱 사랑받기 위해, 자기 자신이 우선 더 내적으로 멋진 사람으로 변화한다. 그러한 사랑에 의한 변화 그리고 그로부터의 결과인 사랑의 완성이 Groundhog Day (2월 2일)를 배경으로 한 이 귀여운 사랑의 영화에서 신비스러운 fantasy의 기법을 혼합하여 아름답게 그려지고 있다. 미국 동부의 Pennsylvania 주 서부의 한 작은 타운인 Punxsutawney에서 열리는 Groundhog Day 축제를 취재하는 일기예보 기자인 Phil이 프로듀서인 Rita를 좋아하게 되면서, 욕심 많고 잘난 척하고 차갑고 짜증스런 사람으로부터 자상하고 이해심 많고 긍정적이고 온정과 기쁨이 넘치는 사람으로 변화하면서, Rita의 사랑을 성취하게 되고 환상적인 동화와 같은 두 사람의 사랑이 열매를 맺는다.

감독 Harold Ramis
주연 Phil 역: Bill Murray, Rita 역: Andie MacDowell
Screenplay Writer Danny Rubin, Harold Ramis
작품 포스터/사진 © Columbia Pictures

04
사랑의 블랙홀
1993 Flim

▶ 문화와 역사   **Groundhog Day (2월 2일)**

해마다 추운 2월 2일에는 아직도 미국인들의 절대 다수는 아니라도 상당수의 사람들이 (특히 춥고 긴 겨울을 가진 북부에서) 친구들, 이웃들 또는 동료들과 함께 낭만적인 운치를 가지고 Groundhog Day를 즐긴다. 어떤 타운들에서는 groundhog과 관련된 주제를 가진, 또는 오래 끌어온 겨울 막판에 좀 쑤시는 몸과 마음 (이것을 cabin fever라고 한다)을 덜고 봄을 내다보는 기분을 북돋기 위해, 여러 가지 프로그램을 가지고 타운 전체의 규모로 행사를 하는 곳들도 있다. 그 최대의 행사가 이 영화 Groundhog Day의 영화상 배경인 Pennsylvania 주의 서부 Allegheny 산맥 기슭에 위치한 작은 타운 Punxsutawney (발음: ´pungk·sə·´tô·nē)에서 벌어진다.

원래 독일계의 문화에서 유래한 Groundhog Day의 전설에 따르면, Groundhog Day에 groundhog이 앞으로의 날씨를 예측하기 위해 겨울잠을 자던 굴에서 밖으로 나오는데, 날씨가 밝아 groundhog이 자기 그림자를 보면 아직도 6주간의 겨울이 계속될 것으로 판단하고 굴 속으로 다시 들어가고, 날씨가 흐려서 제 그림자를 보지 못하면 이제 곧 봄이라고 예측하고 밖에서 계속 놀면서 동면을 끝마친다는 것이다.

이런 타운들에서는 자기 타운의 마스코트인 groundhog을 Groundhog Day의 아침 7시가 조금 넘었을 때 데리고 나와 그 groundhog이 날씨를 예측하는 행사를 치른 다음에, 파티나 무도회 등 여러 가지 행사를 벌인다. 그리고 1993년의 귀여운 사랑 영화 Groundhog Day 이후로 미국인들의 Goundhog Day에 관한 관심이 급증하였으며, 곧 다가오는 2월 14일인 Valentine's Day의 전주곡처럼 사랑의 분위기가 감도는 날이다.

[사진] 영화 Groundhog Day가 실제로 촬영되었던 타운인 Illinois 주의 Woodstock에서 Groundhog Day 아침에 타운의 마스코트 (mascot) groundhog인 Woodstock Willie가 예견한 날씨를 (겨울이 한동안 계속될 것인지 곧 봄이 올 것인지) 발표하고 있다.
사진: ⓒ 박우상 (Dr. David)

[사진] Woodstock 타운 주민들과 그 일대에서 온 사람들이 추운 날 이른 아침에 Woodstock의 town square에 모여 Woodstock Willie가 날씨를 예견하는 모습을 궁금증과 조바심으로 바라보고 있다.
사진: ⓒ 박우상 (Dr. David)

[사진] 비록 Woodstock Willie가 앞으로도 6주간 계속될 겨울을 예측하고 타운에서 제공한 자기 집인 굴로 들어가 버렸지만, 사람들은 독일풍의 폴카 (polka) 밴드를 옆에 두고 생음악에 맞춰 춤을 추며 즐거워하고 있다. 사진: ⓒ 박우상 (Dr. David)

[사진] Woodstock Willie의 날씨 예측이 끝난 후, Woodstock 타운 사람들이 모여 groundhog mascot와 함께 Groundhog Day를 축하하고 아침식사와 대화를 나누며 건배하고 있다. 뒤의 어두운 배경 속에서는 독일풍 polka 밴드의 한 멤버가 독일산 맥주를 들고 건배하고 있다.
사진: ⓒ 박우상 (Dr. David)

[사진] Pennsylvania 주 서부 Punxsutawney의 2마일 외곽에 있는 일종의 공원인 Gobblers Knob (숫칠면조의 둥근 언덕이나 동산이라는 뜻)에서 벌어지는 Groundhog Day 행사의 절정인 2월 2일 이른 아침, Punxsutawney "Phil"이라 불리는 groundhog에 따른 일기예보의 현장. 주말이면 2-3만 명의 방문객들이 몰려들어 파티와 축제를 벌이며, 2월 1일 밤에는 아침의 일기예보를 지켜보기 위해 수많은 사람들이 밤을 새워 숙소나 주변에서 파티를 한다.
사진 제공: ⓒ Josh Brown

Scene

Phil   I'm 159-a just interested in you. What do you like? What do you think 160-a about? What kind of men are you interested 160-b in? What do you do for fun?

Rita   161 Is this 162 for real, Phil, or are you 159-b just trying to make me look like a fool?

Phil   I'm 159-c ust trying to talk 163 like normal people talk. Isn't this 164 how they talk?

Rita   Close.

Phil   O.K. So, talk to me. 165 Let me buy you a cup of coffee and a doughnut.

Rita   All right.

[*Groundhog Day* (1993 film)]

Words & Phrases

- **interested** 형 관심이 있는
- **real** 형 현실(적)인, 사실(적)인
- **try** 타동 시도하다, try + to-부정사: …하려고/하기 위해 애쓰다, 노력하다
- **normal** 형 정상적인, 보통의
- **close** 형 가까운, 유사한, 발음에 유의: 한국인들은 close를 언제나 (클로즈)라고 발음한다. 그러나 정확한 발음은 동사 (닫다, 닫히다, 끝내다, 끝나다) 또는 명사 (닫음, 끝, 마침)일 경우에는 (klou<u>z</u>)이며, 형용사와 부사 (가까운, 가까이)로 쓰일 경우에는 (klou<u>s</u>)이다.

장 면

누군가를 사랑하는 마음이 싹틀 때, 그 사람에 대해 항상 생각하고 그 사람의 모든 것에 관심이 가는 법. Pennsylvania 주 서부 Appalachian 산맥의 언저리 산기슭의 한 작은 타운인 Punxsutawney에서 Groundhog Day 축제를 보도한 후, 일기예보 기자인 Phil이 자기 프로그램의 프로듀서인 Rita와 함께 타운의 한 길을 걷고 있다. Phil은 Rita에게 낭만적인 감정을 느끼기 시작하면서, 마음이 온통 그녀에 관한 관심뿐이며 그녀 또한 자기에게 관심을 가져 주기를 열망한다.

번 역

Phil   전 당신한테 진짜 관심이 있어요. 뭘 좋아하세요? 무엇에 관해 생각을 하나요? 어떤 유형의 남자들에게 관심이 있어요? 재미를 위해 뭘 하시죠?

Rita   Phil, 이거 진짜예요, 아니면 나를 정말 바보처럼 보이게 만들려고 그러는 거예요?

Phil	전 그냥 보통 사람들이 말하는 것처럼 말하려고 할 뿐이에요. 이게 보통 사람들이 말하는 식 아닌가요?
Rita	비슷하네요.
Phil	좋아요. 그러니 저한테(도) 말을 하세요. 제가 커피 한잔하고 도넛을 살게요.
Rita	좋아요.

영어의 이해 with Dr. David

159/159-a   just = 강조의 부사 / just의 위치 = just + 본동사

I'm just interested in you.
전 당신한테 진짜 관심이 있어요.

Cross-reference
비교: only + 본동사
➡ (335) (581)

여기서의 just는 '딱, 꼭, 바로, 정말, 확실히, 정확히/분명히 말하자면' (precisely, exactly, right, really, positively, certainly, absolutely)이라는 뜻의 강조의 부사이다. [➡ (349) (383) (495)]

주목: 위치

이 어법의 just는 강조하고자 하는 말의 바로 앞에 위치시키는 것이 논리적이지만 (159-a에서는 just가 강조적으로 수식하는 말인 interested 바로 앞에 위치하고 있다), 현대 영어에서는 ('오직, 딱, ...만' (only; nothing/no one other than ...)을 뜻하는 어법에서처럼) 수식하고자 하는 말의 위치에 상관없이 본동사 앞에 (또는 조동사나 be 동사 뒤에) 위치하는 현저한 경향이 있다. 공식체적이거나 상당히 문어체적인 표현에서 그리고 '특별히 강조하고자 하는 말이 바로 이것이다'라고 뚜렷한 의식을 가지고 just를 수식하고자 하는 말 바로 앞에 놓는 경우들이 있지만, 구어체의 표현에서는 본동사 바로 앞에 위치시키는 경향이 현저하며 일상적인 글에서도 그러한 경향이 상당하다.

이 장면의 (159-b)와 (159-c)에서 just의 어법과 위치가 바로 이 경우이다.

(159-b) Are you just trying to make me look **like a fool**? (당신은 나를 정말 바보처럼 보이게 만들려고 그러는 거예요?) = Are you trying to make me look just like a fool?

(159-c) I'm just trying to talk **like normal people talk.** (전 그냥 보통 사람들이 말하는 것처럼 말하려고 하는 것 뿐이에요.) = I'm trying to talk **just like normal people talk.** [➡ (130) (204) (398) (560)]

160/160-a,b 의문사 + 전치사? or 전치사 + 의문사?

(160) (160-a) **What** do you think **about**?
무엇에 관해 생각을 하나요?

(160-b) **What** kind of men are you interested **in**?
어떤 유형의 남자들한테 관심이 있어요?

여기서의 의문사 what은 각각 전치사 about과 in의 목적어이다 (about + what과 in + what kind of men에서 의문사(어구)가 Wh-의문문을 구성하기 위해 문장의 맨 앞에 놓인 것이다). 이렇게 의문사가 전치사의 목적어인 경우, 일상체의 영어에서는 구어체든 문어체든 대부분 전치사를 의문문의 끝에 위치시킨다 (이 경향은 구어체에서 더욱 현저하다). 그러나 의문사와 전치사의 거리가 너무 멀어 (다른 많은 또는 복잡한 구조의 어구들이 의문사와 전치사 사이에 있어서) 의문사와 전치사의 결속력이 듣는 또는 읽는 이에게 바로 이해가 되지 않는 경우에는 전치사를 의문사 앞에 (즉 의문문 맨 앞에) 위치시키는 수가 있다.

또 이 두 문장을 처음에 제대로 듣지 못하고 되묻는다든지, 앞에서 "I think a lot about something these days." (요새 무언가에 관해 많은 생각을 해요.)라든지 "I'm interested in some kind of men." (난 어떤 유형의 남자들에게 관심이 있어요.)라고 말했을 때, 질문의 요지만을 받아서 "**About what**?" (무엇에 관해서죠?)과 "**In what kind of men**?" (어떤 유형의 남자들에게 관해서인데요?)이라고 흔히 전치사+의문사(어구)로 말한다.

[➡ (258) (384)]

[의문사 ... + 전치사?]

 **Where** do I know you **from**?
제가 당신을 어디서 봤죠? (어디선가 봐서 낯이 익다는 뉘앙스)

Phil (to Rita): I'm just interested in you. What do you like? **What** do you think **about**? **What** kind of men are you interested **in**? 　　[*Groundhog Day* (1993 film)]

Phil (짝사랑하는 Rita에게): 전 당신에 관해 정말 관심이 있어요. 뭘 좋아하세요? 무엇에 관해 생각하나요? 어떤 유형의 남자들에게 관심이 있어요?

Mr. Bellamy: Challenges! Risks! Without these, man ceases to evolve. In your lifetimes, **what** challenge will you really commit **to**, possibly even be willing to risk your life **for**? This is the day's essay question. Now, you have 25 minutes to answer. 　　[*Pontiac Moon* (1994 film)]

Bellamy 선생님: 도전들! 모험들! 이것들이 없이는 인간은 나아가는 것을 멈추고 말아. 여러분의 일생에 여러분은 정말 무슨 도전에 (자신을) 내맡길 건지, 무엇을 위해 어쩌면 기꺼이 목숨까지 걸 의향이 있어? 자 이제 대답까지 25분간 시간이 있어.

> **장면** 아폴로 11호 (the Apollo XI)의 달 착륙을 며칠 앞두고, 5학년 과학 선생님인 Bellamy 선생님이 자기 학급의 학생들에게 도전적이고 진취적인 인생관을 갖도록 말하며, 그 주제로 25분간 에세이를 써서 내도록 한다.

[전치사 ... + 의문사?]

example Las Vegas. It's possible only in America. **In what** other country would a desert oasis town bloom into the gaming and entertainment capital of the world, ablaze with garish neon, hotels and casinos that operate around the clock?

(미국 서남부의 Nevada 주의) Las Vegas. 그것은 오직 미국에서만 가능하다. 다른 어느 나라에서 사막의 오아시스 마을이 현란한 네온 불빛과 밤낮으로 돌아가는 호텔들과 카지노들로 불타오르는 세계의 도박과 연예의 수도로 꽃필 수 있겠는가?

> **주목** (O) What other country would ... world in, ablaze ... around the clock?
> (X) What other country would ... around the clock in?

> **설명** 이 경우에 **전치사**가 문장 맨 뒤에 놓이면, 전치사와 그 전치사가 목적어로 지배하는 **의문사**와의 유대감이나 **결속력**이 바로 느껴지지 않는다. 따라서 전치사가 의문사의 바로 앞에 놓이는 것이 자연스럽다.

---

bloom 자동 꽃피다, 번성하다　**gaming** 명 도박　**ablaze** 형 불타는
garish 형 조잡한, 현란한, 조야한　**operate** 자동 운영되다
around the clock 쉬지 않고, 24시간 내내

---

161 선택 의문문: A or B?

Is this for real, Phil, **or are you** just trying to make me look like a fool?
Phil, 이거 진짜예요 아니면 나를 정말 바보처럼 보이게 만들려고 그러는 거예요?

A or B?의 구조로, 질문에 대한 대답을 듣는 이로부터 Yes나 No로 하거나 듣는 이 자신 나름의 대답을 하는 것이 아니라, 묻는 이가 제공한 A와 B 둘 중에 (때로는 둘 이상이 주어지는 경우도 있다) 하나를 대답으로 선택할 것을 기대하는 소위 선택 의문문 (elective question)이다. [➡ (329)]

example The clerk asked at the supermarket checkout, "<u>Do</u> <u>you</u> <u>prefer</u> <u>paper</u> <u>or</u> <u>plastic</u>?"

수퍼마켓 계산대에서 점원이 물었다. "종이 (백)를 원하세요 아니면 플라스틱 (비닐 백)을 원하세요?"

example After we moved from Virginia to New Jersey, my wife had some difficulty being understood because of her Southern accent. One October 31st, a small trick-or-treater looked up at her when she greeted him at the door, and asked her: "<u>Do</u> <u>you</u> talk <u>that way all the time</u> <u>or</u> <u>just on Halloween</u>?"

우리가 버지니아 주로부터 뉴저지 주로 이사를 온 후로, 내 아내는 남부의 억양 때문에 사람들이 알아듣기 좀 어려워했다. 어느 10월 31일에 그녀가 문에서 사탕을 얻으러 온 한 꼬마를 맞이하자, 그 꼬마는 그녀를 쳐다 올려 보면서 그녀에게 물었다: "아줌마는 항상 그렇게 말하세요 아니면 그냥 할러윈 때에만 그렇게 말하세요?"

참고 Halloween (10월 31일) 저녁/밤에 아이들이 동네의 집들을 돌면서, "Trick or treat!" (내 장난으로 골탕 먹어 보실래요 사탕 같은 treat을 내놓으실래요?)라고 외치며 사탕, 초콜릿, 껌 등을 얻어 모은다.

trick-or-treater 그렇게 "Trick or treat!"라고 외치며 사탕류를 모으러 다니는/온 아이

162 for = 정체/동일 (identity)

Is this <u>for real</u>?

이거 진짜/진심/사실인가요?

for real: (비공식체) (1) 실제인, 정말인, 현실인, 진짜인, 진심인 (real, actual, genuine, sincere); (2) 실제로(는); 현실적으로 (actually, in reality). 여기서는 첫 번째 의미로 쓰였다. 첫 번째 의미로 쓰일 때 for는 없어도 같은 의미인데, for를 사용하는 경우 비공식체적인 뉘앙스를 가진다.

for free (= free, without charge)의 경우 또한 free (무료인, 공짜로)와 같은 의미이지만 비공식체적인 표현이다. for sure (= surely)과 for certain (= certainly)의 경우에는 for가 앞에 붙어 비공식체적인 부사가 된다.

그리고 이 모든 경우에서 이 전치사 for는 동일체임 (identity) (for = as being)을 나타낸다 (Is this for real?: this = real).

Cross-reference

비교: for = 가격/댓가:
➡ (2)

비교: for = 목적지:
➡ (3) (269)

비교: for = 경우/입장:
➡ (23) (183)

비교: for = 이익/혜택:
➡ (44)

비교: for = 기간/지속:
➡ (196) (573)

비교: for = 의미/상징:
➡ (385)

비교: for = 추구:
➡ (562)

example Many people mistake hobos **for** homeless.
많은 사람들이 hobo들을 homeless로/라고 착각한다.

> **hobo = homeless. homeless** 집이 없이 떠돌면서 생활하는 사람
> **hobo** 가족과 직장 등을 멀쩡히 갖고 주말이나 일시적으로 거지나 homeless 같은 복장을 하고 그러한 lifestyle을 즐기는 사람. 그러나 실제로는 많은 사람들이 집 없이 떠돌아 다니는 사람 (homeless vagrant, tramp)을 hobo라고 부른다.

example Many young people of Dutch descent became offended if they were taken **for** Dutch because they preferred to pass **for** English.
[those many young people = Dutch/English]
많은 네덜란드계의 젊은이들이 자신이 영국인으로 통하기를 선호했기 때문에 네덜란드인으로 (다른 사람에 의해) 간주되면 기분 나빠했다.

> **Topic**
> 미국 식민지 시대에 네덜란드 출신 이민자 후손들의 영국계를 주축으로 한 미국 사회와 문화로의 동화 과정

163 like = 접속사: 의미 (1) (2) (3)

> **like** normal people talk
> 보통 사람들이 말하는 것처럼, 말하듯이

흔히 비유나 예를 나타내는 전치사로 쓰이는 like가 여기서는 뒤에 주어 (normal people)와 술부 (talk), 즉 절을 이끌고 있으니 접속사이다. 이렇게 접속사로 쓰이는 경우에 like는 다음 세 가지의 의미로 사용될 수 있다.

like: 의미-1 주절의 내용을 like에 의해 이끌리는 절의 내용을 유사성을 가진 예로 사용하여 보다 뚜렷이 전달하고 효과적으로 이해시키는 어법으로, **방식**이나 **방법** (way, manner, fashion)을 예로 드는 기능을 하며 like-절이 흔히 '...하는 (방)식으로, ...하듯이, ...인 것처럼' (in the same way as/that + 절; as + 절; the way (that) + 절)으로 번역된다.

like: 의미-2 주절의 내용을 like에 의해 이끌리는 절의 내용을 비유적으로 사용하여 보다 뚜렷이 전달하고 효과적으로 이해시키고자 하는 점에서는 [의미-1]과 비슷하나, 주절과 like-절 간의 유사성이나 긴밀한 관계가 [의미-1]과 비교해 많이 떨어진다. 때로는 like에 의해 이끌리는 절의 내용이 종종 사실 무근이거나, 현실성이 없거나, 잘못 오도한다고 하는 점에서 주절과 like-절의 의미 관계가 [의미-1]의

경우와 다른 것으로, 기본적으로 **비유**적인 상황을 묘사하며 흔히 '마치 ...하/이듯이, 마치 ...하는/인 것처럼' (as if)으로 번역된다. 또한 like는 [의미-1]과 [의미-2]에서 It is, feels, looks, seems, sounds, tastes + like-절의 표현으로 자주 쓰인다.

like: 의미-3 like가 접속사 that과 같은 기능을 하는 경우로 가장 흔히 **It seems** + **like-절**의 구조로 쓰이는데, It seems + that-절 (...인 것 같다/...인 듯하다)과 같은 의미이나, 종종 that을 사용하는 경우보다 더 완곡하거나 또는 덜 강하게 주장을 내세우는 어감을 나타낸다. [의미-1,2,3]의 어느 경우이든, 이렇게 접속사로 쓰이는 like는 비격식체에서 그리고 일상 구어체에서 대단히 자주 사용된다.
➡ (209) (395) (438) (460) (528)

의미-1

example My dream is to become a teacher and teach kids just **like** a good parent raises a child – with love and acceptance.
저의 꿈은 선생님이 되어 훌륭한 부모가 아이를 키우듯이 사랑과 용납으로 아이들을 가르치는 것입니다.
[한 17세 소년의 장래 희망의 표현]

example You can no longer protest and challenge the government freely **like** you used to be able to.
예전에 할 수 있던 식으로 정부에 항의하고 반대하는 것이 이제는 더 이상 불가능하다.

의미-2

example I may look a little **like** I'm from the Middle East, but I'm not. I'm an American. But I was harassed by somebody because I happen to be a dark-skinned Italian.
나는 약간 중동에서 온 것처럼 보이지만 그렇지 않다. 나는 미국인이다. 그러나 나는 피부가 어두운 이탈리아계이기 때문에 누군가에 의해 괴롭힘을 당했다.

배경 미국의 9/11 (2000년) 테러 사건 직후에 중동계 또는 중동계로 보이는 듯한 사람들이 겪어야 했던 편견 (prejudice/bias)과 차별 (discrimination)

example Boomers who have been consuming **like** there's no tomorrow are expected to spend the next two decades buying dividend-paying, large-company stocks **like** there is a tomorrow.
내일이 없듯이 소비해 오던 베이비 부머들 (Baby Boomers: 1946년으로부터 1964년 사이의 신생아 폭증 시기에 태어난 약 7천 7백만 명의 미국인들)은 다음 이십 년을 마치 내일이 있는 것처럼, 배당 이익금을 주는 대기업의 주식들을 사면서 보낼 것으로 예상된다.

Groundhog Day (사랑의 블랙홀)

dividend 명 (이익/수익) 배당금   **stock** 명 주식

Mr. Rossi: To be a teacher, it's *like*, well, it's *like* all these kids were my own. I love them.   [*Peyton Place* (1957 film)]

[여기서는 like에 의해 이끌리는 절에서 동사가 과거형인 were로 되어 있는 가정법 과거 구문이 사용되어 있다.]

Mr. Rossi (교장 선생님): 교사가 되는 건 뭐 같으냐면요, 저, 이 모든 애들이 바로 제 애들 같은 거예요. 저 이 애들을 사랑해요.

참고 위의 표현에서 Mr. Rossi는 현재 교장 선생님이고 앞으로 교사가 되기를 지망하거나 준비 중에 있는 다른 사람을 언급하는 경우가 아니므로, 미래지향적인 뉘앙스를 띄는 To be a teacher보다 폭넓은 시간대를 염두에 두고 일반론을 이야기하는 -ing (동명사)를 써서 Being a teacher, ...라고 표현하는 것이 바람직하다.

의미-3

 It seems *like* marriage is not taken seriously anymore in the U.S. The divorce rate's really high and seems to be growing. And many people are afraid to commit to marriage.

미국에서는 결혼이 더 이상 심각하게 받아들여지지 않는 것 같다. 이혼율이 정말 높고 증가하고 있는 것 같다. 그리고 많은 사람들이 결혼에 commit하기를 두려워한다.

[여기서 commit 한다는 것은 상대방에게 확신을 갖고 자기를 맡기는 것을 뜻함]

Kim: It seems *like* all the functions family used to serve are served by friends and colleagues now.   [*Bed of Roses* (1996 film)]

Kim: 가족이 봉사하던/행하던 모든 기능들이 이제는 친구들이나 동료들에 의해 되고 있는 것 같아.

164   how = 방식의 접속사   * how-의문사절

Isn't this *how* they talk?
이게 그들 (보통 사람들)이 얘기하는 식이 아닌가요?

여기서의 how-절 (주어 + 술부)은 두 가지로 이해할 수 있다.

설명 1 여기서의 how를 '...하는 (방)식으로/대로' (the way/manner in which; the way (that))라는 의미의 **방식의 접속사**로 보고, 이 how-절이 주어 this를 설명하는 소위 주격 보어라고 보는 설명이다.

설명 2 다른 어학적 이해는 이 how를 의문사로 보고, 원래 How do they talk? (그들을 어떻게 얘기하는가?)라는 의문문이 더 큰 문장의 일부로 들어가 (Isn't this + [How do they talk?]) 의문문을 만들기 위한 조동사 do가 탈락되고, 주어와 술부가 정상어순으로 돌아가 how they talk라는 의문사절이 되어 더 큰 문장의 주어인 this의 소위 주격 보어가 된 것으로 보는 것이다.

한국의 영어 교육에서는 거의 대부분 설명 (2)만을 가르친다. 설명 (1)이 (2) 보다 이해하기 쉽고 더욱 설득력이 있는 것으로 보인다. 일반 학습자들은 설명 (1)만 이해하면 충분하다. [➡ (299)]

example

Jack: **How** a man handles himself on the football field says a lot about his character.
[*Meet the Fockers* (2004 film)]

[**How** a man handles himself ... = **The way** (**that**/ **in which**) a man handles himself ...]
Jack: 남자가 football 운동장에서 자신을 (자신의 언행을) 다루는 식은 (남자가 football 운동장에서 행동하는 방식은) 그의 사람됨에 관해 많은 것을 말해 준다.

example

Phil: Small-town people are more real, more down-to-earth.
Rita: That's **how** I feel.
Phil: Really?
[*Groundhog Day* (1993 film)]

Phil: 작은 타운의 사람들은 더 실제적이고 더 현실적이예요.
Rita: 그게 바로 제가 느끼는 바예요 (저도 그런 식으로 느껴요).
Phil: 정말요?

[... **how** I feel. = ... **the way** (**that**/ **in which**) I feel.]

165 Let + 목적어 + 원형부정사 = 말하는 이의 바램, 주장, 고집

Let me buy you a cup of coffee and a doughnut.
제가 커피 한잔하고 도넛을 살게요.

let + 목적어 + 원형 부정사 (동사 원형)은 '목적어가 ...하도록 허용하다, (내버려) 두다'라는 의미이다 (한국의 영어 교육에서는 이 의미만을 가르친다).

이 어법은 이 let 구문이 명령문으로 쓰이는 경우에, 상대방에게 목적어가 ...하도록 허용해 달라고 주문 또는 부탁하는 (즉 듣는 이인 상대방이 말을 하는 나보다 권위나 권한이 높다는) 어감이 아니라, **실은 말하는 이가 자기의 주장, 부탁, 요구, 고집, 바램 등을 표현**하며 상대방이 목적어로 하여금 그렇게 하도록 허락을 내리는 형태를 사용하는 고도의 설득적인 표현 기법이다. 이 장면의 경우에도 내가 당신에게 커피하고 도넛을 사주도록 허용해 달라고 하는 구문 형식을 빌어서, 실은 내가 당신에게 커피와 도넛을 사주고 싶다는 **자기의 의지**나 **소망**을 전달하는 것이다.

example

Phil: **Let me bu**y you a cup of coffee and a doughnut.
Rita: All right. [*Groundhog Day* (1993 film)]

Phil: 제가 커피 한잔하고 도넛을 살게요.
Rita: 좋아요.

[**Let me buy** ... = **I'd like to** / **I want to buy** ...]

example Until God's soil is rescued from the clutch of greed and given back to labor, **let no man call** this the land of freedom.

신의 땅이 탐욕의 손아귀에서 구해져 근로하는 사람들에게 돌려질 때까지 어느 누구도 이 나라를 자유의 땅이라 불러서는 안 된다.

[**Let no man call** this the land of freedom.
어느 누구도 이 땅을 자유의 땅이라 부르지 않도록 하라.

= **No man should**/**can call** this the land of freedom.
어느 누구도 이 땅을 자유의 땅이라 불러서는 안 된다/부를 수 없다.]

example Parents should discuss the subject of sex when children watch programs or movies that depict teen sexuality. Parents should not be afraid to bring up the subject, and such shows provide the perfect opening. **Don't let it slip** by.

부모들은 아이들이 10대의 성을 묘사하는 프로나 영화를 볼 때 성이라는 주제를 논의해야 합니다. 부모들은 그 주제를 거론하는 것을 두려워해서는 안되며, 그런 쇼는 완벽한 (대화를 시작하는) 창구를 제공합니다. 그런 기회를 놓쳐서는 안됩니다.

설명

Don't let it slip by.
(그런 기회가 곁을 스쳐 지나가게 놔두지 마십시오.)

= **I don't want parents to let it slip** by.
(부모님들이 그런 기회가 곁을 스쳐 지나가게 놔두기를 원하지 않습니다.)

= **Parents shouldn't let it slip** by.
(부모님들은 그런 기회가 곁을 스쳐 지나가게 놔두어서는 안됩니다.)

= **Parents shouldn't miss out on** that great opportunity.
(부모들은 그 절호의 기회를 놓쳐서는 안됩니다.)

example **Let every nation know** that we shall pay any price to assure the survival and the success of liberty.

[**Let every nation know** ... = **Every nation should**/**must know** ...]

모든 민족/국가는 우리가 자유의 존속과 성공을 확실히 하기 위해 어떤 대가도 지불할 것임을 알아야 한다.

Scene

Phil   Who is your perfect guy?
Rita   Well, first of all, he's (166) too humble to know he's perfect.
Phil   That's (166) me.
Rita   He's intelligent, supportive, funny.
Phil   Intelligent, supportive, funny. (167) Me, me, me.
Rita   He's romantic and courageous.
Phil   (167) Me also.
Rita   He has a good body, but he (168) doesn't have to look in the mirror (169) every two minutes.
Phil   I have a great body, and sometimes I go (170) (171) months without looking.
Rita   He's kind, sensitive, and gentle. He's not afraid to cry in front of me..
Phil   (172) This is a man we're talking about, (173) right?
Rita   He likes animals, children, and he (174) 'll change poopy (175) diapers. Oh, and he plays an instrument, and he loves his mother.
Phil   I am really close (176) on this (177) one. Really, really close.

[*Groundhog Day* (1993 film)]

Words & Phrases

- **perfect** (´pɜr·fikt) 형 완벽한, 발음에 주의, 완벽하게 만들다, 완성시키다 라는 타동사로 쓰일 때의 발음은 (pər·fekt´)

- **well** 감탄 대답을 잠시 주저하거나 적절한 표현을 찾기 위한 시간을 벌기 위해 자주 사용되는 감탄사

- **first of all** (다른/어느) 무엇보다도 (중요한 것으로), (최)우선적으로; above all/everything (else); first off; first and foremost, more than anything else; most importantly

- **humble** 형 겸허한, (지위 따위가) 낮은. 겸허한 마음, 자세, 태도를 나타내는 명사로는 humbleness와 humility가 있으나 후자가 훨씬 자주 쓰인다.

- **intelligent** 형 (두뇌가) 총명한, 지력이 있는. 비교: intellectual (in`·tl·ek´·ch›·əl): 교육을 받아서 지(성)적인

- **supportive** 형 지원/지지하는

- **funny** 형 웃기는, 코믹한. 비교: fun (fun) 형 재미있는

- **romantic** 형 낭만적인

- **courageous** 형 용감한

- **mirror** 명 거울
- **kind** 형 친절한, 인자한
- **sensitive** 형 민감한, 섬세한, 여기서는 남에게, 특히 여자에게 자상하고 이해심 많은 것을 뜻한다.
- **gentle** 형 자상한, 부드러운
- **afraid** 형 무서워하는, 주저하는, afraid + to-부정사: …하기를 두려워하는
- **cry** 자동 울다
- **animal** 명 동물
- **poopy** 형 poop ((속어) 똥, 주로 어린이들이 또 어린이에게 사용한다)이 묻은
- **diaper** 명 기저귀. **발음에 유의:** 한국인들이 (다이어퍼, ´dai·ə·pər)라고 발음한다. 그렇게 발음하는 원어민이 없는 것은 아니지만 절대다수가 (´dai·pər, 다이퍼)로 발음한다.
- **instrument** 부 도구, 악기 (musical instrument)
- **really** 부 정말(로), 실제로

장 면 • • • •

사랑에 빠지면 사랑하는 사람의 이상형의 사람이 되고 싶은 법. Groundhog Day 축제와 날씨 보도를 마친 후에 Phil이 프로듀서인 Rita를 현지에 있는 한 카페 식당에 데려가 그녀가 그리는 '완벽한 남성' ('your perfect guy') 상을 물어 보면서, 자기가 바로 그런 사람이라고 자신을 광고한다 (그리고 동시에 진정으로 그런 사람이 되고자 소망하고 노력하면서 실제로 그런 사람으로 변화해 간다).

번역

Phil 누가 (어떤 사람이) 완벽한 남자인가요?
Rita 글쎄요, 우선, 자기가 완벽하다는 것을 알기에 너무도 겸손한 사람이죠.
Phil 그게 저예요.
Rita 총명하고 (남을 또는 여자를 잘) 지원하고 유머가 있고요.
Phil 총명하고 잘 응원해 주고 유머가 있다면 ... 저, 저, 저예요.
Rita 낭만적이고 용기가 있고.
Phil 또 저죠.
Rita 멋진 몸을 가졌지만 매 이분마다 거울을 들여다 보지 않아도 되고요.
Phil 제가 몸이 좋은데 전 어떤 때는 몇 달을 거울을 보지 않고 지내요.
Rita 친절하고 잘 배려해 주고 자상해요. 제 앞에서 우는 걸 두려워하지 않고요.
Phil 우리가 지금 얘기하고 있는 거 남자에 관한 게 맞죠?
Rita 동물들과 애들을 좋아하고 똥 묻은 기저귀도 갈아 줄려고 해요. 오, 그리고 악기를 연주하고 자기 어머니를 사랑해요.
Phil 제가 이 점에 관해서 정말 가까워요. 진짜, 진짜 가까워요.

영어의 이해 with Dr. David

166 too + 형용/부사 + to-부정사

He's too humble to know (that) he's perfect.
그는 자기가 완전하다는 것을 알기에 너무도 겸허하다; 그는 너무도 겸허해서 자기가 완벽하다는 것을 모른다

too + 형용/부사 + to-부정사의 구문으로 '...하기에(는) 너무도 ...하/이다, 너무도 ...해/여서 ...할 수 없다' 라는 뜻을 나타낸다.

He's <u>too</u> humble <u>to know</u> (that) he's perfect.
= He's <u>so</u> humble (<u>that</u>) he <u>doesn't</u>/<u>can't</u> know he's perfect.

example Children under the age of nine are **too** young **to stay** home alone.
[= Children under the age of nine are **so young** (<u>that</u>) they **cannot**/**should not** stay home alone.]
9세 이하의 아이들은 집에 혼자 있기에는 너무 어리다/너무 어려서 혼자 집에 있을 수 없다.

> **참고** 소위 **"home alone" law**:
> 9세 이하의 아이를 형, 오빠, 언니 또는 누나가 어른 없이 돌보고 있으려면, 그 돌보는 형제 (older sibling)가 11세 이상이거나 중학생 또는 그 이상이어야 한다. 어린이가 집에 혼자 남겨져 있는 것이 발견되면 home alone 법을 위반한 것으로, 주에 따라 다르지만 부모에게 상당한 벌금과 처벌이 따른다.

> **example** 'The Star-Spangled Banner' is simply **too** difficult **to be** sung properly by untrained voices.
> [= ... **so** difficult (**that**) it **cannot** be sung properly by untrained voices.]
> '성조기' (미국 애국가)는 훈련되지 않은 목소리에 의해 제대로 불려지기에는 단적으로 (한마디로) 너무도 어렵다/ 단적으로 말해서, 너무도 어려워서 훈련되지 않은 목소리에 의해 제대로 불려질 수 없다.

The Star-Spangled Banner 미국 국기 (성조기, the American Flag)
properly 부 제대로, 옳바르게   **untrained** 형 훈련 되지 않은

167 주어 + be + 목적격: That's me.: 주격보어 = 목적격:

That's me. (그게 (바로) 저예요.); (That's) **me, me, me.**
그게 저고요 저고요 또 저예요 ; (That's) **me** also. (그것 역시 저죠.)

Cross-reference
비교: (주어 = 목적격):
➡ (399) (419)

여기서 me는 '주어 + be 동사' 뒤에 오는 대명사이니 소위 주어를 설명하는 주격 보어이다. 그러나 주어와 일치하는 주격 대명사인 I가 사용되어야 하는데, 목적격인 me가 사용되어 있다. 이것은 전통적인 영문법과 논리에는 분명히 어긋나는 현상이지만, 현대 영어에서는 특히 **구어체**나 **일상체**에서는 대명사가 **주격 보어**로 쓰일 경우에 이렇게 **목적격**을 사용하는 경향이 현저하다. 예: **It's/ That's me/ him/ her/ us/ them.**

그러나 논리나 기계적인 규칙만으로 다 설명할 수 없는 것이 언어라서, 예를 들어 어떤 남자/여자가 전화를 받았는데 상대방이 묘사하는 사람에 관한 얘기를 듣고서는 내가 바로 당신이 말하는 그/그녀라고 말할 때는, 일상체나 구어체에서도 "**This is he/she.**"라고 주격을 사용하는 경향이 훨씬 우세하다. 이 경우 영어는 논리적이고 구조적인 언어여서 문체는 물론 구어체에서도 구문과 문법/어법의 중요성은 거의 지배적이지만, 대단히 다양하고 구체적인 문맥과 상황에 따라 실제로 사용되는 소위 **usage** (용례)가 일반론적인 **문법**/**어법**과 다른 경우 **usage가 우선**하는 원칙의 한 예이다.

example
Harry (to Sally): Hi, it's **me**. It's the holiday season. This is the season of charity and forgiveness.   [*When Harry Met Sally* (1989 film)]
하이, 나야. 연말 휴가 (흔히 크리스마스) 철이야. 자선과 용서의 계절이지.

charity 명 자선   forgiveness 명 용서

장면 전날 밤에 처음으로 Sally와 함께 잠을 잔 Harry가 Sally에게 전화를 걸어 메시지를 남긴다.

example How can we live without our lives? How will we know it's **us** without our past?
우리의 삶 없이 우리가 어떻게 살 수 있겠는가? 우리의 과거가 없다면 우리라는 것을 어떻게 알 수 있을까?

example When it's just **us** the Hispanics and we're walking down the streets, people think of us like we're little gang-bangers.
(함께 있는 사람들이) 우리 히스패닉계 뿐이고 우리가 거리를 걸어 내려가고 있다면 사람들은 우리들에 관해서 우리가 작은 깡패들이라고 생각한다.
[열다섯 살의 한 중남미계의 소년이 미국인들의 중남미계 사람들에 대한 편견을 이야기한다.]

[사진] California 주의 Oakland에서 중남미계 사람들이 권권리 보호와 종식을 요구하고 있다.
사진 제공: © Amy O'Brien

168 have to의 부정: do not have to = do not need to, need not

He **doesn't have to look** in the mirror.
그는 거울을 들여다 보지 않아도 된다, 들여다 볼 필요가 없다.

Cross-reference
비교: have to: 기본:
➡ (510) (553)
비교: have to: 추측: 확실성, 필연성:
➡ (120)

주어 + have to-부정사는 주어가 …해야만 한다는 의무나 마땅함, 상황적인 필요성, 또는 도덕적 당위성 등을 나타낸다 (주목: have to는 또 다른 중요한 어법으로 단언적인 추측이나 논리적 확실성을 나타내기도 한다).

즉, have to는 조동사 should와 대단히 유사한 의미를 갖는다. 그러나 have to가 부정문으로 쓰이는 경우에는 should not (…해서는 안 된다)과 같이 금지를 나타내는 것이 아니라, <u>need</u> <u>not</u> (또는 <u>do</u> <u>not</u> <u>need</u> + <u>to</u>-

Groundhog Day (사랑의 블랙홀)

부정사)의 의미가 되어 '...해야만 하는 것은 아니다, ...해야만 할 필요는 없다, (꼭) ...하지 않아도 된다'는, 즉 절대적인 필요성을 부정하는 표현이 된다. [➡ (45) (112)]

example

You **don't have to say** you love me. Just be close at hand.
You **don't have to stay** forever. I will understand.

[Elvis Presley, Dusty Springfield, *You Don't Have to Say You Love Me* (popular song)]

사랑한다고 말해 줄 필요 없어요. 그냥 가까이 있어만 줘요.
영원히 있어 주지 않아도 돼요. 이해할게요.

169 every + 수량, 기간, 정도 = 주기, 단위 (매 ..., ...당/마다)

every two minutes
매 이분마다/당, 이분마다의 간격으로

여기서의 every는 **every + 수량** (또는 기간이나 정도 등의 단위)의 형태를 취하여 그러한 수량이나 기간의 정도를 **단위**나 **주기**로 함을 뜻하며 '매 ..., ...당, ...마다' 등으로 번역된다.

의미-1: 단위

example For a long, festive holiday meal, figure on three to four bottles of wine for **every four people**.

길고 흥겨운 명절 식사인 경우에는 네 사람당 서너 병의 포도주를 고려/준비 하십시오.

festive 형 축제의, 축제 분위기의
figure on 1. depend/count on; 의존하다, 달려 있다. 2. plan on; expect; consider; 기대하다, 준비하다, 고려하다

Topic Thanksgiving (추수감사절, 11월 네 번째 목요일) dinner

example There are more churches, synagogues, temples, and mosques per capita in the United States than in any other nation on Earth: one for **every 865 people**.

미국에는 인구당 지구상의 어느 나라에서보다 많은 교회와 회당과 사원과 모스크가 있다. 865명당 하나가 있는 셈이다.

> **example** Three of **every 10 Americans** identify themselves as college football fans.

열 명당 세 명의 미국인은 자신을 대학 football의 팬과 동일시한다 (팬이라고 한다).

의미-2: 주기

> **example** The average American moves **every six years**.

평균적인 미국인은 6년마다 이사를 한다.

> **example** Sadly, an African child dies from malaria **every 30 seconds**.

슬프게도 아프리카의 어린이 한 명이 매 30초마다 말라리아로 사망한다.
[Sadly, ... = It is sad that ...]

Exercise

다음 표현들 중 어법상 잘못된 것은 어느 것일까요?

❶ Thomas Edison produced a minor invention every ten days and a big thing every six months.
❷ Every children must go to school or be schooled at home.
❸ The House Representatives are elected every two years, while the Senators are elected every six years.
❹ Nearly two in every five Americans watch the Super Bowl game.

[정답과 해설]

해설 >>>
문장 ❶ ❸ ❹ 에서는 every가 뒤에 단위나 주기를 나타내는 어구를 취해 '매 .../...당/...마다'라는 의미를 나타낸다. 이와 달리 ❷ 에서의 every는 every의 가장 기본적인 어법인데, 뒤에 단수 명사를 취해 전체 구성원들의 하나 하나를 보면서 전체를 설명하는 어법으로 '모든 ...'이라고 번역된다. 따라서 ❷ 는 every 바로 뒤에는 단수 명사가 오는 것이 기본이므로, Every child must ... 또는 All children must ...라고 표현되어야 옳다.

번역 >>>
❶ Thomas Edison은 매 10일마다 작은 발명을, 그리고 6개월마다 주요 발명을 내놓았다.
❷ 모든 아이는 반드시 학교에 다니거나 집에서 교육되어야만 한다.

❸ 하원 의원들은 매 2년마다 선출되며, 상원 의원들은 매 6년마다 선출된다.
❹ 미국인 5명당 거의 두 명이 the Super Bowl 경기를 본다.

정답: ❷

produce 타동 생산/산출하다, 내놓다
minor 형 (규모나 중요성에 있어서 상대적으로) 덜한, 작은
invention 명 발명   **school** 타동 (학교에서) 교육시키다
Representative 미국 하원 의원. 상원 의원: **Senator**
the Super Bowl 미국 프로 미식축구 연맹 (the National Football League: NFL)의 championship을 가리키는 최종 결승 경기로, 흔히 1월 중순-2월 초 사이의 한 일요일에 열린다. 그 경기가 열리는 일요일을 Super (Bowl) Sunday라고 하는데, 미국 전역에서 미국인의 거의 40%가 관전하며 가족, 친구들, 이웃들과 함께 파티를 한다.

170 수량 (기간, 거리, 돈 따위)의 복수 = a few, several, many + 복수

go months
여러 달을 가다

기간, 돈, 거리 등 **수량의 단위어**를 앞에 **수사 없이 복수형**으로 쓰면 대부분의 경우에는 '여러, 많은' (**several, many**), 그리고 이따금씩은 '몇몇의' (a few)가 생략된 표현이며, 특히 구어체에서 자주 사용된다. (구체적인 수량이나 범위를 알기를 원하는 사람에게는 애매모호한 표현이다).

example Lakes and rivers crisscross the Upper Peninsula. It is perfect for fishing, boating and other water sports. Forests provide lush habitats for velvet-antlered bucks and black bears – and **miles** of hiking trails.

호수들과 강들이 UP를 사방으로 질러간다. UP는 낚시와 뱃놀이와 다른 물 스포츠들을 즐기기에 완벽하다. 숲들은 벨벳과도 같은 뿔을 가진 (숫)사슴들과 흑곰들을 위한 무성한 서식처들과 여러 마일의 하이킹 길들을 제공한다.

Topic
the Upper Peninsula (UP): 미국 중서부 (the Midwest) Michigan 주의 북부에서 5대호 중 두 개인 Lake Superior와 Lake Michigan를 사이에 두고 뻗은 작은 반도인데, 자연 환경이 아름다워 많은 관광객들과 휴양객들이 몰려든다.

crisscross 타동 가로 세로로 교차하다   **lush** 형 풍성한, 울창한   **habitat** 명 서식지
antler (사슴류의) 뿔   **buck** 명 숫사슴

example Ford spent **years** developing the mass-produced and affordable Model T.
Ford는 대량 생산되고 감당할만한 가격의 T형 차량을 개발하느라고 수년을 보냈다.

> **Topic**
> Henry Ford (1863-1947): 미국 자동차 제조업자 (the Ford Motor Co. 창업자).
> the Model T는 그가 세계 최초로 조립 라인 (assembly line)에서 1909년으로부터 1927년 까지 대량 생산 (mass-produce)한 차량으로, 파격적인 가격으로 자동차의 대중화에 결정적인 공헌을 하였다.

[사진] 1913년에 Colorado 주의 산골 길에서 한 가족이 초기의 Model T 차를 타고 일요일 오후의 드라이브를 즐기고 있다.
사진 제공: the Lake County Public Library (Leadville, Colorado)

example Sinatra gave **millions** to charities.
[**millions**: **several**/**many million dollars**]
Sinatra는 수백만 달러를 자선단체들에게 주었다.
Francis Albert "Frank" Sinatra 미국 대중 가수 (1915-1998)

171 전치사의 생략: 지속 (기간, 거리)의 for의 생략 | 부사적 목적어/부사적 명사

go months
여러 달을 가다, 여러 달 동안을 지내다

여기서 명사인 months는 동사 go 바로 뒤에 위치해서 형태상 마치 타동사의 목적어인 것처럼 보이지만, 실은 months 바로 앞에서 기간이나 거리 따위의 지속을 나타내는 전치사 for가 생략된 경우로, 얼마 동안이나 go하는 것인지를 수식하는 부사이다. 이렇게 지속을 나타내는 전치사구를 이끄는 for가 현대 영어에서 (특히 일상체와 구어체에서) 생략되는 경향이 증가하고 있다.

이렇게 명사어구 앞에 오는 전치사가 생략됨으로써 부사로서의 문법적 기능을 하면서도, 형태상 (문장 구조 안에서의 위치상) 마치 앞에 오는 자동사의 목적어처럼 보이는 명사어구를 **부사적 목적어**라고 부른다 (엄밀하게 말하자면 목적어적 부사어구이며, 부사적 명사라고 부를 수도 있다).
[➡ (94) (565)]

example Almost 40 percent of us work **more than 50 hours a week**.
[= ... work (**for**) **more than 50 hours a week**.]
우리의 거의 40퍼센트가 한 주에 50시간 이상 일한다.

example Colonial Americans often said that Virginians would go **five miles** to catch a horse in order to ride **one mile**.
[... would go (**for**) **five miles** ... to ride (**for**) **one mile**.]
식민지 시대의 미국인들은 버지니아 사람들은 1마일을 타고 가기 위해서 말을 가지러 5마일을 가고자 한다고 종종 얘기했다.

배경 ▶ 식민지 시대의 (당시에는 대부분 영국인으로 간주되던 그러나 실제적이었던) 미국인들이 버지니아의 대농장주들의 영국의 귀족들처럼 으스대고 무게 잡는 행동과 스타일을 풍자하던 표현

example Prohibition lasted **13 years, 10 months and 19 days**.
[... lasted (**for**) **13 years, 10 months and 19 days**.]
금주 시대는 13년 10개월 19일간 지속되었다.

참고 ▶ **Prohibition**:
(ˈprō·ə·ˈbish·ən) (**발음**에 유의: '금지하다'라는 동사의 경우 (prō·hib´·it)와는 달리 **h**가 **묵음**으로 발음되지 않는다) 미국에서 술의 제조, 운반, 판매가 금지되던 금주 시대 (1920-1933) 또는 그 조치를 일컫는다. **주목**: 앞에 관사를 사용하지 않으며 P를 대문자로 표기한다. 금주법과 집행에도 불구하고 사람들은 여러 가지 방법들을 개발하여 몰래 술을 마셨으며, 술의 밀조와 밀매를 둘러싸고 범죄 조직들이 극성을 부렸다. 가장 악명을 떨쳤던 갱 두목은 한국인들이 '알 카포네'라고 부르는 앨 커포운 Al Capone (kə·ˈpoun) (1899-1947)이다.

[사진 (왼쪽)] 연방의 금주 집행 관리들이 밀주 제조 업소를 습격하여 압수한 술을 하수구에 부어 버리고 있다. [사진 (오른쪽)] 복장 스타일로 보아 시대를 좀 앞서가는 한 여성이 (이렇게 미국의 1920년대에 문화적으로 시대를 앞선 여자를 **flapper**라고 불렀다) 목이 긴 가죽 신 (Russian boot) 안에 증류주 (hard liquor)를 담아 숨겨 갖고 다니는 flask를 보여 주고 있다. 사진 제공: U.S. Library of Congress

172 It/This/That is + 강조 어구 + (that)-절: 강조의 분열문

This is a man **(that)** we're talking about.
우리가 지금 얘기하고 있는 건 남자다 (남자에 관한 얘기를 하고 있는 거다).

국내의 영어 교육에서 소위 'It ... that 강조 구문'이라고 부르는 구문이다. 이 구문은 기본 문장에서 어떤 어구를 강조하여 부각시키기 위해 두 개의 부분 (절)로 분리시킨 구조여서, 소위 **분열문** (cleft sentence) 이라고 부른다. 분열문은 기본 문장에서 강조하고자 하는 어구 (화제의 초점)를 It is와 접속사 that-절 사이에 위치시키고, 기본 문장의 모든 나머지 부분을 that 뒤에 위치시키는 구조를 취한다.
[**It is** + **강조어구** + (**that**) + **문장의 나머지**]

주의 국내의 영어교육에서는 주어로 대명사 it만을 가르치는데, **that**이 사용될 수도 있으며 여기서처럼 화제의 대상을 가깝게 표현하는 경우 **this**가 될 수도 있다. 사용 빈도가 가장 높은 것은 it인데, 이따금 (특히 구어체에서) that이 사용되며, this는 that보다 사용 빈도가 더 낮다.

주의 **구어체**나 **비공식체**에서는 (여기서처럼) **that**이 이따금 **생략**되며 (이 구문에서 that을 생략할 경우, 듣는 또는 읽는 이가 잠시나마 구문 파악에 혼돈을 일으킬 가능성이 높기 때문에 생략되는 빈도가 높지는 않다), 경우에 따라서는 that 대신에 **who** (사람을 나타낼 때), **which** (사물을 나타낼 때), **when** (시간을 나타낼 때), 또는 **where** (장소를 나타낼 때)이 쓰일 때도 있다. 특히 강조하는 어구가 사람이고 주어인 경우에는 **who**의 사용 빈도는 대단히 높으며, where, when, (특히) which의 사용 빈도는 낮다.

주목 이 분열문을 식별하는 방법은, 이 문장에서 It/ That/ This is와 접속사 that을 생략하면 완전한 구조의 문장이 남는다는 것이다. 강조 어구를 문장 내의 원래 (자연스러운) 위치로 이동시키면 완벽한 문장 구조를 확인할 수 있다.

주목: 번역 구문의 번역은 that 이후를 먼저 번역하고 뒤에 It is ...를 번역하여 '... (= that-절)하는/인 것은 (바로) ... (It is 뒤의 강조 어구)이다' 라고 번역한다.

이 예문의 구성 과정을 설명하자면:
This is a man (that) we're talking about.
(우리가 지금 얘기하고 있는 것은 어떤 남자다.)
← We're talking about a man.
(우리는 어떤 남자에 관해 얘기하고 있다.): 강조의 초점 = a man.

[예: 기본 문장]

example Most Americans eat roast turkey on Thanksgiving Day.
대부분의 미국인들은 Thanksgiving Day (11월 넷째 목요일)에 구운 칠면조를 먹는다.

Groundhog Day (사랑의 블랙홀)

[강조어구: most Americans]

→ **It is most Americans that/who** eat roast turkey on Thanksgiving Day.
Thanksgiving Day에 구운 칠면조를 먹는 것은 대부분의 미국인들이다.

[강조어구: roast turkey]

→ **It is roast turkey that/which** most Americans eat on Thanksgiving Day.
대부분의 미국인들이 Thanksgiving Day에 먹는 것은 구운 칠면조이다.

[강조어구: on Thanksgiving Day]

→ **It is on Thanksgiving Day that/when** most Americans eat roast turkey.
대부분의 미국인들이 구운 칠면조를 먹는 것은 Thanksgiving Day 날(에)입니다.

example Yes, friends, **it is** income **that** swings elections.
예, 여러 친구분들, 선거를 흔드는 것은 (이쪽 또는 저쪽 후보자/정당으로 움직이는 것은, 결정짓는 것은) (유권자의) 수입입니다.

example It **was** his shooting off a pistol on New Year's Eve **that** got him thrown into the Colored Waifs' Home. **It was** there **that** young Louis first put his lips to a cornet.

[← His shooting off a pistol on New Year's Eve got him thrown into the Colored Waifs' Home. There/ young Louis first put his lips to a cornet/ there.]
그를 흑인 소년의 집에 집어 넣은 것은 새해 전날 밤에 그가 권총을 발사한 일이었다. 어린 Louis가 악기 코넷에 처음으로 입술을 댄 것은 바로 그 곳에서 였다.

---

waif 명 집 없이 떠도는 아이   **waifs' home** (아동 소년 소녀) 보호시설

▶ 배경 ▶ 재즈 연주가 Louis Armstrong (1901-1971)이 처음으로 악기를 배우게 된 계기로 그는 소년 시절에 불량 행동으로 자주 드나들던 흑인 소년의 집 (소년 교화 보호소)에서 밴드부에 속해서 처음으로 악기로 cornet을 배웠다.

[사진] 미국 남부 Louisiana 주 New Orleans의 빈민가에서 가난과 싸우며 살아가는 홀어머니 아래 신문과 석탄 배달 소년으로 자라나 역경을 극복하고 세계적인 재즈 음악의 대사 ("**the Ambassador of jazz**")로 성공한 재즈 트럼펫 연

주가이며 밴드 리더 Louis Armstrong (1901-1971). Armstrong은 소위 **"from rags to riches"** (넝마로부터 부유함으로) 라는 상투적인 표현이 상징하는 **the American Dream** (미국의 꿈)의 대명사로도 사랑과 존경을 받았다. 사진 제공: U.S. Library of Congress – NY World-Telegram & Sun Collection

[접속사 that 생략]

example

Mr. Barrett: **What is it** your people are in, Jennifer?
Jennifer: My father bakes cookies.
Mr. Barrett: Oh! What's the name of his firm?
Jennifer: Phil's Bake Shop.
Mr. Barrett: How interesting!   [*Love Story* (1970 film)]

[**What is it** (**that**) your people are in? ← **It is what** (**that**) your people are in.]

Mr. Barrett: Jennifer, 부모님이 하시는 일이 뭐죠?
Jennifer: 아버지가 쿠키를 구우세요.
Mr. Barrett: 오, 아버지 회사의 이름은 뭔가요?
Jennifer: Phil의 빵집이예요.
Mr. Barrett: 아주 흥미롭군요!

장면 Jennifer와 결혼할 생각으로 Oliver가 Jennifer를 아버지 Mr. Barrett에게 소개하자, 아버지가 Jennifer에게 그녀의 집안에 관해 질문하기 시작한다. Jennifer의 집안이 큰 사업을 하는 것으로 기대했던 Mr. Barrett은 Jennifer의 홀아버지가 작은 제과점을 한다는 대답을 듣고는 속으로 크게 실망한다.

[that 주어]

example What a mother does at home, she does on vacation. Even when the family heads to the pool, beach or golf course, Mom can't relax. Dad may be more fun in the pool but you rarely see a dad saying "Put on sunscreen!" **That's Mom that** gives the baths after the day at the beach.

[**Mom** gives the baths after the day at the beach. ➡ **That's Mom that** gives the baths after the day at the beach.]

엄마는 집에서 하는 일을 휴가 중에도 한다. 가족이 수영장이나 해변이나 골프장에 갈 때조차 엄마는 쉴 수가 없다. 아빠는 수영장에서 (엄마보다) 더 재미있을 수 있으나 (애들한테) "햇빛 차단 크림을 발라라." 하고 말하는 아빠는 거의 볼 수 없다. 해변에서 하루를 보내고 난 후에 목욕을 시켜주는 것은 (아빠가 아니라) 엄마이다.

---

head to ... ...로 향하다/가다   **relax** 자동 (느긋하게) 쉬다   **rarely** 부 거의 ... 않다
put on ... (로션, 연고 등을) 바르다   **give a bath/baths** 목욕을 시켜 주다

설명 Feminism (여성주의)이며 women's rights (여권)이며 다들 떠들어대도, 가족의 일상 생활의 대부분의 일을 하는 사람은 아직도 여자 mom들이다.

Groundhog Day (사랑의 블랙홀)

173 부가 의문문: ..., right?

..., right?
그렇죠, 맞죠?

서술문, + 부가 의문문?의 구조에서 부가 의문문이 흔히 (조)동사 + 주어로 도치 어순을 취하지만, 언제나 서술문과 같은 주어와 (조)동사의 형태를 취하는 것은 아니다. 여기 '서술문, + right?'의 구조에서 right?은 부가 의문문의 기능을 하여 말하는 이가 듣는 이에게 서술문의 내용을 재다짐, 확인, 또는 촉구하거나 동의를 구하는 표현을 더한다.

이러한 특수한 형태의 부가 의문문으로 자주 쓰이는 표현들로는 (all) right?, O.K.?, (you) see?, you know?, huh? 등이 있으며 구어체에서 대단히 자주 사용된다. [➡ (139) (173) (224) (291) (309) (455)]

Cross-reference
부가 의문문의 기본:
➡ (67) (75) (91) (478)

174 will = 주어의 의지/바램/고집

He'll change diapers.
그는 기저귀를 기꺼이 (자기가) 갈려고 한다.

여기서의 조동사 will ('ll: will의 축약형)은 will의 기본적인 어법의 하나로 (다른 기본적인 어법인 말하는 또는 글 쓰는 이가 주어의 미래의 (때로는 현재의) 행위나 상태에 관해 추측이나 예견을 하는 것이 아니라), 현재나 미래의 사건이나 행위에 관한 '주어' (주어가 I 또는 We인 경우에는 동시에 말하는 또는 글 쓰는 이)의 **의지, 소망, 계획, 고집** 등을, 그리고 **부정** (will not; won't)의 경우에는 **거부**나 **거절**을 나타낸다.
[➡ (117) (121) (142) (234) (320) (527) (580)]

Cross-reference
비교: Will you?:
➡ (320) (406)

비교: will = 추측:
➡ (104) (128) (316)
   (323) (372) (472)

비교: will = 말하는 이의 의지:
➡ (138)

example Valentine's Day is no longer just about the significant other. Americans **will** spend more on co-workers, kids, family and friends.

발렌타인 데이는 더 이상 사랑하는 사람만을 위한 것은 아니다. 미국인들은 (이제) 직장 동료들, 아이들, 가족, 그리고 친구들에게 (발렌타이 데이에) 돈을 더 많이 쓰고자 한다.
[the significant other (의미 있는 타인): 배우자, 연인 등 사랑하는 사람; the other half (다른 반쪽)이라고도 한다.]

175 상호복수형: 교환, 전환, 나눔의 복수형:

change diapers
기저귀를 갈다

기저귀를 가는 것은 헌것을 걷고 새것을 입히는 것이니, 하나가 아니라 두 개의 기저귀가 가는 행위의 목적어 (대상물)가 된다.

이렇게 어떤 일을 할 때 그 동작이나 행위가 두 개의 목적어를 취하기 때문에 사실상 항상 복수형의 목적어를 사용하는 표현들이 있으며, 그렇게 사용되는 복수형을 **상호복수형**이라고 한다. 특히 **교환**, **전환**, **나눔**을 나타내는 표현들에 상호복수형이 자주 사용된다.

예시 shake hands (악수를 하다); switch sides (다른 편으로 가다, 다른 쪽에 붙다, 변절하다); switch seats (자리를 바꾸다); switch jobs (직업을 바꾸다); switch shifts **(at work)** ((직장에서) 근무 시간대를 바꾸다); change hands (주인이나 담당자가 바뀌다); change planes/trains (비행기/기차를 갈아타다); change lanes (차선을 바꾸다); change residences (이사하다); join hands/forces (협력하다, 가세하다); trade places (서로의 입장을 바꾸다).

example Every day some 100,000 of us **change residences**.
매일 우리들 (미국인들) 중의 10만 명 가량이 주거지를 바꾼다.

change residences: old residence (옛 집/주거지)를 떠나 new residence (새 집/주거지)으로 이사하다

example Even the largest corporations **change hands** through mergers and breakups.
최대 규모의 기업들조차 합병과 분할을 통해 주인이 바뀐다.

merger 명 (기업/조직들의) 합병, 통합 < **merge** 타동/ 자동 통합하다, ...로 합쳐 들어가다

example Even young voters **switch sides** when they lack economic opportunity.
젊은 유권자들조차 자기들이 경제적 기회가 없을 때는 편을 바꾼다 (다른 정당에 투표한다.).

Groundhog Day (사랑의 블랙홀)

176　on = 주제, 화제, 초점

on this one
이것/이점에 관해서

여기서의 on은 비교적 구체적이거나 특정한 주제, 화제, 또는 초점 (subject, topic, focus)을 나타낸다. 주제, 화제, 초점을 표현할 수 있는 전치사로는 about, of, over 등도 있는데, 언제 어떤 전치사가 사용되는지는 대부분 함께 어울리는 (앞에 오는) 표현의 용례 (usage)가 결정하므로 on이 사용된 실제의 좋은 예문들을 통해 숙달해야 한다. [➡ (284)]

example American Muslims tend to vote Democratic **on** issues like immigration and affirmative action but veer Republican **on** traditional social and cultural values.
미국의 회교도들은 이민과 긍정적 행동 (소수 인종 지원 정책)과 같은 이슈들에 관해서는 민주당에 투표하는 경향이 있지만, 전통적인 사회적 그리고 문화적 가치관들에 관해서는 공화당 쪽으로 돈다.

affirmative action (긍정적 행동/조치) 여성과 소수 인종들과 사회문화적 소수 그룹들의 경제적, 정치적, 법적, 사회문화적 차별과 제약을 없애기 위한 정책　**veer** 자동 방향을 돌리다; **steer**

example It won't be simple, and it won't be cheap, but the war **on** global warming must be won.
[the war **on** global warming 지구 온난화를 목표/대상으로 하는 전쟁]
그 일은 단순하지 않을 것입니다. 그리고 그 일은 값싸지 않을 것입니다. 그러나 지구 온난화 전쟁은 반드시 승리해야만 합니다.

example At Broadway box offices, January and February are terrible months, short **on** tourists and long **on** snow.
Broadway (연극의) 매표소에서는 1월과 2월은 여행객들은 (줄이) 짧고 눈은 (오는 기간이) 길어서 형편없는 달들이다.

example Helen Keller had left-leaning opinions, and the FBI kept a file **on** her.
Helen Keller는 좌경적 견해들을 갖고 있어서, FBI가 그녀에 관한 파일을 갖고 있었다.

left-leaning　leaning toward the left; 좌경적인

Exercise

다음의 빈칸에 사용되기에 올바른 전치사는 어느 것입니까?

President Lyndon Johnson declared war ___ poverty, and George W. Bush waged the War ___ Terrorism.

❶ for   ❷ on   ❸ of   ❹ about   ❺ over

[정답과 해설]

해설 >>>
❶은 poverty (가난)와 terrorism (테러리즘)을 추구하기 위한 전쟁이라는 의미가 되므로 올바르지 않으며, ❸ ❹ ❺ 모두 나름 그럴싸하지만 …에/…과의 전쟁을 선포한다든지 (declare war on …) 치른다고 (wage a/the war on …/ the War on …) 할 때는 그 전쟁의 주체나 대상을 on을 사용해서 표현한다. 즉 이 문제는 전치사의 사용에 있어서 용례 (usage)의 문제이다.

번역 >>>
Lyndon Johnson 대통령은 가난과의 전쟁을 선언했으며, George W. Bush는 테러에 대한 전쟁을 치렀다.

정답: ❷

Lyndon Baines Johnson 1908-73, 미국 36대 대통령 (Democrat, 민주당, 1963-69)
George W. Bush 1946-, 미국 41대 대통령 (Republican, 공화당, 2001-2009)
declare (di·klâər´) 타동 선언/선포하다
wage (wāj) 타동 (전쟁, 전투, 논쟁 등을) 하다, 치르다; to carry on (a war, battle, conflict, argument, etc.)

177 one(s) = 대체어 (대명사)

this one
(이것)

여기서의 one은 하나라는 수사로 쓰인 것이 아니라, 흔히 앞에서 언급되거나 함축된 사람이나 사물 따위의 명사어구 (a thing or person of the kind indicated or mentioned previously)를 받는 대체어 (substitute)의 구실을 하는 대명사이다.

One이 단수이고 그 앞에 형용사에 의해 수식될 때 그 맨 앞에 부정관사 a가 놓인다 (a 대신에 하나인

수사 one이 올 수도 있다). 대부분의 경우에 이 one은 앞에서 특정하게 지적된 명사어구를 가리키지만, 여기서처럼 이따금씩 그 가리키는 명사어구의 정체가 표면에 나타나지 않고 문맥상 이해되는 (또는 말하는 이와 듣는 이 간에 암묵적으로 이해되는) 경우도 있다. 여기서의 one은 문맥상 당신이 말한 이 점 또는 완벽한 남성의 필요 조건을 뜻한다.
[this one = this point (or requirement) (of yours)] [➡ (252) (576)]

example If you have one good **friend** in life, I mean a real good **one**, you're lucky.

[a real good **one** = a real good **friend**]

당신이 인생에 한 명의 좋은 친구가 있다면, 진짜로 좋은 친구가 한 분 있다면 말이예요, 당신은 운이 좋으십니다.

example When you bring a fresh **turkey** home or thaw out a frozen **one**, remove the giblets and save them for gravy stock.

[a frozen **one** = a frozen **turkey**]

싱싱한 (또는 새로 산) 칠면조를 집에 가져 오거나 언 칠면조를 녹일 때는 내장을 제거해서 그레이비 (육즙 소스)를 만들 재료로 남겨 두십시오.

example America has not started a **war** in the twentieth century. But it has fought five hot **ones** and one very long, very costly cold **one**.

미국은 20세기에 전쟁을 시작한 적은 없다. 그러나 다섯 개의 열전과 아주 길고 아주 비용이 큰 하나의 냉전을 싸웠다.

five hot wars = World War II (1917-1919); World War II (1941-1945); the Korean War (1950-1953); the Vietnam War (circa 1950/1959-1975); the Gulf War (1990-1991)
one cold war = the Cold War (1945-1991)

example Many men say they want **a woman who's sexually uninhibited**, but when they find **one** they're busy worrying about how she learned all these things. Then they get insecure. Men may want to have sex with **a freak**, but nobody wants to marry **one**.

많은 남자들은 성적으로 거침없는 여자를 원한다고 말은 하지만, 그런 여자를 발견하면 그녀가 어떻게 이 모든 것을 배웠는지 고민하기에 바쁘다. 그리고는 불안해 하게 된다. 남자들은 색광 같은 여성과의 섹스를 원하지만, 그런 여자와 결혼하길 원하는 사람은 (남자는) 아무도 없다.

uninhibited 형 억제되지 (inhibited) 않은, 거침없는
freak 명 (속어) (...를) 열성적으로 따르거나 좋아하는 사람; nut; devotee; enthusiast; aficionado; devoted fan; junkie. 여기서는 sex freak (색광)을 뜻한다.

example The central part of the U.S. gets many **tornadoes**, particularly strong and violent **ones**.

[ones = tornado(e)s]
미국의 중부는 많은 tornado (tôr•an´•dō) (격렬하고 파괴적인 폭풍)들을, 그것도 특히 강력하고 파괴적인 tornado들을 맞는다.

Scene

Phil   ⑰⑧ You weren't ⑰⑨ in broadcasting and journalism in college?
Rita   Uh-uh. ⑱⓪ Believe it or not, I studied ⑱① nineteenth-century French poetry.
Phil   (chuckling) ⑱② What a waste of time! I mean, ⑱③ ⑱④ for someone else that would be an incredible waste of time. ⑱⑤ ⑱⑥ It was so ⑱⑦ bold of you to choose that. You ⑱⑧ must be a very, very strong person.

[*Groundhog Day* (1993 film)]

Words & Phrases

- **broadcasting** 명 방송 (방송 작업/행위, 방송 비지니스나 산업 또는 방송인 직업, 또는 라디오나 텔레비젼 등의 방송 매체)
- **journalism** 명 언론 (보도, 직업, 또는 학문)
- **century** 명 세기, 100년간
- **poetry** 명 시. 개별적인 한편의 시는 poem이며, 문학의 한 장르로서의 또는 한 시인의 시들 (poems)의 집합적이고 추상적인 개념이 poetry이다.
- **chuckle** 자동 껄껄거리며 웃다
- **waste** 명 낭비, 허비, 쓰레기
- **incredible** 형 믿을 수 없는, 믿기 어려운
- **bold** 형 대담한, 용감한
- **choose** 타동 선택하다
- **strong** 형 강한

장 면

사랑에 빠지면 그 사람의 결점이나 비정상적인 점도 좋게 보고 그것 까지도 사랑하는 법. Groundhog Day 축제와 일기 예보를 보도한 후, 현지 지역인 Punxsutawney의 한 전통적인 독일식 맥주 음식점에서 Phil이 Rita에게 사랑을 느끼기 시작하면서, 그녀의 좋은 점들만 보고 또 그녀에게 잘 보이려고 노력한다. 그리고는 Phil 자신이 욕심 많고 이기적이고 짜증스런 사람으로부터 더욱 자상하고 이해심 많고 사랑이 많은 사람으로 변화하면서 두 사람의 사랑이 익어간다.

번역

Phil 대학에서 방송과 저널리즘을 전공하지 않았다구요?
Rita 예. 믿으시든 마시든 저 19세기 프랑스 시를 공부했어요.
Phil (껄껄 웃으면서) 대단한 시간 낭비였네요! 제 말은 다른 사람이라면 그건 믿기 어려운 시간 낭비일 거라는 뜻이에요. Rita가 그걸 선택했다니 너무도 용감하셨네요. 아주 아주 강한 분임이 틀림없군요.

영어의 이해 with Dr. David

178 서술문 + ? = Yes-No 의문문: 어법 (2): 감정적, 주관적

You weren't in broadcasting and journalism in college?
대학에서 방송과 저널리즘을 전공하지 않았다구요?

Cross-reference
비교: 서술문 + ? = Yes-No 의문문: 중립적, 객관적:
➡ (300) (411) (457) (485) (489)

이 문장은 구문 형태상으로만 주어 + 술부의 어순을 취하고 있는 서술문이지 의미, 의도, 기능, 효과 모든 면에서 의문문이다 (서술의문문이라고 한다). 서술의문문은 서술문의 형태를 취하여 기본적으로 두 가지 어법으로 사용된다.

어법-1 서술의문문은 객관적, 감정 중립적 태도로 사실을 묻는 경우가 있다.

어법-2 서술의문문은 또 상대방의 진술에 대해 놀라움, 믿기 어려움, 역겨움, 반감, 반대, 빈정거림, 비판 등 감정적 반응이나 주관적 판단을 표현하는 어법으로 사용되기도 한다.

두 유형 모두 기본적으로 일상적 구어 표현이나 비격식체의 스타일로서, Yes-No 의문문에서처럼 문미에서 어조가 위로 올라가며 글로 쓸 때는 의문부호로 끝맺는다. 이 문장은 어법-2의 문장으로서, 바로 앞에서 Rita가 지금의 자기는 대학 시절의 자기와는 거리가 먼 일을 하고 있다고 한 말에 Phil이 놀라움을 보이면서 물어 보는 것이다. [(37) (81) (99) (251) (304)]

example

Mrs. Hamilton (Mother): You are 17 years old. You don't know anything about love.
Allie (Daughter): Oh, **you do?** You don't look at Daddy the way I look at Noah. You don't touch or laugh. You don't play. You don't know anything about love.
[*The Notebook* (2004 film)]

Mrs. Hamilton (엄마): 넌 열일곱 살이야. 넌 사랑이라곤 아무것도 몰라.

Allie: 오, (그러는) 엄만 알아? 엄만 내가 Noah를 바라보듯이 그런 식으로 아빠를 바라보지 않아요. (아빠를) 만지거나 (아빠를 보고) 웃지도 않아요. (아빠랑) 놀지도 않아요. 엄마야 말로 사랑이란 게 뭔지 아무것도 몰라요.

179 in = 종사, 관련, 활동

in broadcasting and journalism
방송과 저널리즘을 전공하는, 방송과 저널리즘에 종사하는

여기서의 in은 종사, 활동, 직업, 관련 (occupation, engagement, employment, involvement) 등을 나타내는 전치사이다. 이 경우에는 구체적으로 '...를 전공하는' (majoring in ...)이라는 뜻이다.

example Former president Bill Clinton is still **in** politics.
전직 대통령 Bill Clinton은 아직 정치 활동을 하고 있다 (정치에 종사하고 있다).

example Army women still can't serve **in** front-line infantry, tank or artillery units, and Navy women can't serve **in** the special forces units.
여자 육군은 아직 최전선의 보병, 탱크나 포격대에서 복무할 수 없으며 여자 해군은 특공대에서 복무할 수 없다.

infantry 명 보병대   **artillery** 명 포대, 대포들 (집합명사)

example There are more than 1,000 female singers and musicians **in** bluegrass.
블루그래스 음악에 종사/활동하고 있는 여성 가수들과 음악인들이 천명이 넘는다.

180 A or B/not 명령문 = 부사절

Believe it or not
믿으시든 말든, 믿기 어려우시겠지만

A or B/not의 구조를 취한 명령문이 더 큰 문장의 일부가 되어 (삽입절로 추가되어), 'A 하/이든 B 하든/이든 (또는 C 하/이든)' 또는 'A 하/이든 아니든'이라는 상관없음을 나타내는 부사절로 사용되는 어법이다.

예시 believe it or not; like it or not (좋아하든 아니든, 좋든 싫든); love him or hate him (그를 좋아하든 미워하든); agree or not/disagree (동의하든 안 하든/반대하든); rain or shine (비가 오든 해가 나든, 어떤 상황이든)

example Vegas and Reno, **believe it or not**, are having some success winning businesses.

믿거나 말거나 (Nevada 주의 주요 도박과 유흥의 도시들인) Las Vegas와 Reno는 기업들을 유치하는데 어느 정도 성공하고 있다.

example **Call it** a co-op party, a pitch-in bash, **or** a BYOD, the shared party is a nice way to enjoy friends and family.

공동 운영 파티라고 부르든 기여하는 파티라고 부르든 각자 자기 음식을 들고 오는 파티라고 부르든 함께 나누는 파티는 친구들과 가족을 즐기는 멋진 방법이다.

co-op 명 cooperation, 협동조합 (공동 출자/분배 사업, 협력 그룹 등)
pitch in: (비공식체) (남들과 함께 하는 일에) 기여하다, 돕다; chip in; contribute
bash 명 (속어) 아주 흥겨운 파티나 축하 모임   **BYOD**: bring-your-own-dish: 참가자 각자가 자기 음식을 가져오는 파티

example **Rain or shine**, all the powers of free government emanate from the people.

비가 오든 해가 나든 (어떤 상황에서든) 자유로운 정부의 모든 권한들은 국민들로부터 나온다.

emanate from ...: come/originate/derive/stem/hail from ...: ...로부터 (나)온다

example **Like it or not**, Hollywood and American pop music prop up the U.S. balance of trade.

좋든 싫든 할리우드 (미국의 영화 산업)와 미국의 대중 음악은 미국의 무역 수지를 떠받쳐 준다.

prop up 타동 ...를 지지/지탱하다; support, boost, strengthen

참고 미국의 소위 문화 산업은 항공 산업과 함께 2대 수출 산업의 하나이다.

181 nineteenth-century + 명사의 형태

nineteenth-century French poetry
19세기의 프랑스 시(문학)

여기서 nineteenth-century는 (19th-century라고 표기하기도 한다) 이 전체가 **복합어**를 구성하여 명사구인 French poetry를 수식하는 **형용사**의 기능을 하기 때문에, nineteenth와 century가 **hyphen** (-)에 의해 연결되어야 한다. 또 형용사의 기능을 하기 때문에 명사로 쓰이는 경우와 달리, 흔

히 서수사 앞에 오는 정관사 the를 사용하지 않는다. 이것을 명사구로 사용하자면, 앞에 the가 오며 hyphen으로 연결하지 않으며 French poetry of the nineteenth/19th century가 된다.

example The great influx of Irish into the United States was a **nineteenth-century** phenomenon.

[a nineteenth-century phenomenon = a phenomenon of the nineteenth century]
아일랜드 사람들이 대규모로 미국에 들어온 것은 19세기의 한 현상이었다.

influx 명 유입   **phenomenon** 명 현상. 복수형: phenomena

영어와 문화 Irish-Americans (아일랜드계의 미국인들):
오늘날 미국 인구를 두 번째로 크게 구성하고 있는 (2000년도의 전국민 인구조사 (census)에 따르면, 전 미국인구의 10.8%로 독일계의 15.2%에 뒤이어 두 번째로 큰 ethnic group이다) Irish계의 절대다수 (90% 이상)는 1845-1849년의 본국 아일랜드 (Ireland)에서 계속되는 감자 흉년에 의한 배고픔을 탈출하기 위하여, 그리고 그 여파로 인한 경제적 어려움을 극복하기 위하여 미국에 건너온 이민자들의 후손들이다. 1830년대 이전에 이민 온 Irish계는 전부 50만명 정도로 추산되며, 대부분 개신교도들 (Protestants)이었고 주로 Pennsylvania 서부와 Appalachian 산맥 일대의 미국 남부의 북쪽 시골지역들에 정착하였다. 1840년대 이후에 이민을 온 Irish계의 이민자들 대부분은 교육과 경제수준이 낮은 시골 출신인데다가 가톨릭 신도들이었다 (대도시에 집중적으로 모여 살면서 술도 제법 세게 마셨다).

아일랜드를 깔보는 영국인들의 오만한 태도 등으로 인하여 영국계와 개신교도들 (Protestants)들이 정치 경제 사회의 기본 구조를 장악하고 있던 미국에서, Irish계의 이민자들과 그 후손들은 20세기 중반에 들어서까지 미국 사회에서 공적 사적으로 상당한 멸시와 차별을 겪어야 했다. 직업을 구할 때에 흔히 **"Irish Need Not Apply."** (Irish계는 지원할 필요 없음)라는 노골적인 차별을 겪은 Irish계는, 오랫동안 부두나 창고 노동자, 소방관, 배수공, 전기 기술자 등 미국 노동시장에서 주로 대도시에서의 막노동이나 심한 육체노동을 요구하는 기술직인 소위 blue collar 직종에 대거 종사해 왔다.

오늘날까지 46명의 미국 대통령들 중에 약 17명의 대통령들이 약간의 Irish 혈통을 주장 또는 인정했거나 가졌던 것으로 알려져 있으나, 그 중에 완전한 Irish계는 John F. Kennedy 대통령 뿐이었다. Joe Biden 대통령은 가톨릭 신자이지만 국가적 혈통 (national origin)은 영국, 프랑스, 아일랜드 계이다. 그리고 지금까지의 모든 대통령들 중에 가톨릭 신자는 John F. Kennedy와 Joe Biden 두 사람이다.

[사진] 본격적인 Irish계의 이민 150주년을 기념하여 1999년에 미국 연방정부가 발행한 우표
© the United States Postal Service (UPSP)

[사진] 미국에서 Irish계의 문화전통이라고 하면 뭐니뭐니 해도 Ireland의 수호성인인 Saint Patrick을 기리는 3월 17일의 **St. Patrick's Day**이다. 강한 아일랜드 (Ireland)계 이민의 전통을 가진 New York, Boston, Chicago를 비롯한 많은 대도시들에서는 St. Patrick's Day (또는 그 주말)는 대단히 큰 파티 날이다. 대형의 퍼레이드들도 벌어진다. 사진은 Illinois 주 서북부인 Rockford에서 아일랜드의 후손들이 Irish 스타일의 녹색 모자를 쓰고 녹색 계통의 옷을 입고 녹색 목걸이 (beads)를 걸고 녹색 Irish 맥주를 마시면서 파티를 하고 있는 모습. 사진 제공: ⓒ 박우상 (Dr. David)

[사진] Illinois 주의 Chicago에서 St. Patrick's Day의 오전에 시내 한복판을 통해 흐르는 Chicago 강 (the Chicago River)의 시내 중심부를 Ireland를 상징하는 녹색으로 물들이고 있다. 자연 환경 속에서 쉽게 분해되어 환경에 유해하지 않은 biodegradable 물감을 사용한다. 사진: ⓒ 박우상 (Dr. David)

182   What ...! 감탄문에서의 생략

What a waste of time (**it was/must have been**)!
그거 얼마나 큰 시간의 낭비였나! /낭비였음이 분명했나!

감탄문의 대표적인 유형들 중의 하나인 What + 주어 + 술부(!/.) 구문에서, 문맥상 뚜렷이 드러나거나 말하는 이와 듣는 이 간에 암묵적으로 이해되는 주어 + 술부가 생략되고 What-어구만 남은 경우이다. 이 생략 현상은 구어체와 비공식체에서 더욱 현저하다. 그리고 한국의 영어 교육에서 흔히 What-감탄문에서 What-명사 어구에 부정관사 a를 넣어 기계적으로 What a ...! 형태를 쓰도록 가르치는 것은 전적인 오류이다.

What-어구의 명사가 구체적이거나 특정하지 않거나 소위 불가산 추상 또는 물질 명사인 경우, a를 쓰지 않으며 물론 앞에 관사가 없이 명사가 복수형일 수도 있다. 예: What nonsense (that is)! / What nonsensical remark(s) (that is/ those are)! (그 무슨 말도 안 되는 소릴!) 이 말을 하고 나서 곧 Phil은 자기가 말을 실수했음을 느끼고, 바로 다음 표현에서 '(아, 당신의 경우가 아니라, 당신의 경우에는 그게 다 쓸모가 있었던 것이고) 다른 사람의 경우라면 믿을 수 없는 (엄청난) 시간 낭비가 될 거다'라고 말하면서 Rita를 두둔한다.

> **example** In the fifties, African-Americans and Filipino service members were not pilots or technicians. They were cooks, cleaners, and messmen. **What** a tragic waste of human talent.
>
> [**What** a tragic waste of human talent (**it was/must have been**).]
>
> 1950년대에는 미국 흑인들과 필리핀계 군인들은 (군대에서) 조종사나 기술자가 아니었다. 그들은 요리사, 청소부, 그리고 식당 주번이었다. 이 무슨 인간 재능의 비극적인 낭비였나!

Filipino 형 필리핀 (Philippine) 사람인/계의. 명사로도 자주 사용된다.
service member 명 군인; serviceman, servicewoman. 여기서의 service는 군복무를 뜻한다.
messman 명 군대 (특히 해군) 식당 (dining room)에서 근무하는 군인

> **example** When others just forget to use a turn signal, we cry out, "What kind of rude person never uses turn signals? **What** a jerk!"
>
> [**What** a jerk (**that person/ he/ she is/must be**)!]
>
> 남들이 (운전 중에) 회전 신호를 주는 것을 그냥 까먹기만 해도 우리는 (남들이 그런 실수를 하면) "어떤 무례한 사람이 회전 신호라곤 절대로 안 쓰는 거야? 띨띨한 놈 같으니라고!" 하고 아우성 친다.

rude 형 무례한   **jerk** 명 (slang) 못난 놈, 띨띨이, 쪼다   **turn signal**: (차량의) 회전 신호

> **example** Many academes and journalists ridicule the sacrifices of the veterans and their memorial day. They simply don't know their vile words were bought with the blood of these men. **What** namby-pamby, sissy crybabies!
>
> [**What** namby-pamby, sissy crybabies (**they are/ must be**)!]
>
> 많은 학자들과 언론인들은 참전 용사들의 희생들과 그들의 기념일을 비웃는다. 그들은 자기들의 더러운 말들이 이 분들의 피를 댓가로 지불하고 산 것임을 전혀 모르고 있다. 이 무슨 줏대 없고 계집애 같은 울보 (불평쟁이)들인가.

academe (ˈæk·əˌdim, ˌæk·əˈdim) 명 학계, 학교, 학자   **ridicule** 타동 비웃다, 조롱하다
sacrifice 명 희생   **veteran** 명 퇴역군인   **vile** 형 사악한, 악질의

Groundhog Day (사랑의 블랙홀)

namby-pamby 형 나약한, 결단성 없는, 줏대 없는　**sissy** (모욕적) 형 (소년/남자가) 계집 애 같은, 소심한　**crybaby** 명 별 일/이유 없이 쉽게 우는 아이, 울보, 불평쟁이

배경해설 미국의 보수 우파에서 veterans (참전 용사들), 현충일 (Memorial Day, 5월 마지막 월요일), 전쟁, 그리고 진보 진영을 보는 시각이다. 그들은 미국의 학계와 언론계 (이 표현을 한 사람이 namby-pamby, sissy crybabies라고 부르는)의 진보적인 입장을 포함한 모든 개인적 자유와 권리가 오로지 참전 용사들이 전쟁에서 흘린 피 덕택에 얻어진 것이라고 주장한다.

183　for = 경우/입장/관점

for someone else
다른 사람의 경우에는, 다른 사람이라면

여기서의 전치사 **for**는 for가 흔히 뜻하는 '...를 위한/위해서'라는 의미의 이익이나 혜택을 나타내는 것이 아니라 **경우**, **입장**, 또는 **관점**을 나타내며, 문맥에 따라 '...로서는, ...에게는, ...의 입장 또는 관점에서는, ...의 경우에는, ...라면' 등으로 (on the part of; in the case of; from the viewpoint of) 번역될 수 있다. [➡ (23)]

Cross-reference
비교: for = 가격/댓가:
➡ (2)
for = 목적지:
➡ (3) (269)
비교: for = 이익/혜택:
➡ (44)
비교: for = 정체/동일:
➡ (162)
비교: for = 기간/지속:
➡ (196) (573)
비교: for = 의미/상징:
➡ (385)
비교: for = 추구:
➡ (562)

example **For** many undergraduates, work is as much a part of the campus experience as cramming and pizza.
많은 학부생들에게는 (많은 학부생들의 경우) 일하는 것은 시험에 닥쳐서 공부하는 것과 피자만큼이나 캠퍼스 경험의 한 부분이다.

undergraduate 명 (대학) 학부생　**cram** 타동/자동 (힘들여/강제적으로) 밀어 넣다; (시험 직전에) 벼락치기 공부를 하다; 마구 먹어대다

184　가정법 과거 = 열린 가능성: 소망, 신중, 정중

For someone else that **would** be an incredible waste of time.
다른 사람의 경우라면/ 다른 사람이라면 그건 믿을 수 없는 시간의 낭비일 거예요

Cross-reference
비교: 가정법 과거 = 닫힌 가능성:
➡ (397)

여기서의 would는 형태는 과거형이지만 현재나 미래의 사건이나 상황에 대한 추측을 나타내어 that ...

time은 '믿을 수 없는 (그 정도로 엄청난) 시간의 낭비가 될 것이다'라고 추측하는 것이다. 그리고 이 문장은 가정법 과거 구문으로 문두의 for someone else는 **부사구**이지만, 흔히 접속사 if에 의해 이끌리는 **가정/조건**절과 같은 기능을 하여 '(당신이 아니라) 다른 사람의 경우라면, 다른 사람이 방송인이 되기 위해 대학에서 19세기 프랑스 시를 공부한다면'이라는 의미이다.

이 가정법 과거의 구문은 한국의 영어교육에서 가르치는 바 대로의 실현 가능성 없는 또는 현재 사실의 반대인 가정과 결론을 나타내는 것이 아니라, 실제로 그런 일이 벌어질 가능성은 열려 있으며 그러한 가정과 결론의 추측에 **신중함**을 더하는 어법이다. [➡ (68) (194) (202)]

example

Joey (to her parents): It never occurred to me that I might fall in love with a Negro. But I did. And nothing in the world is going to change that. **Even if** you **had** any objections, I **would**n't let him go now. *[Guess Who's Coming to Dinner* (1967 film)]

Joey (부모님에게): 내가 흑인과 사랑에 빠질 거라곤 미처 몰랐어요. 그런데 그렇게 됐어요. 그리고 이 세상의 어떤 것도 그걸 바꿀 순 없어요. 엄마 아빠가 반대하신대도 이젠 그 사람을 떠나보낼 수 없어요.

설명 ▶ 여기서 **Even** if you **had** any objections는 부모가 반대할 가능성이 실제로는 없는 것이 아니라 있을 가능성을 가정하거나 우려하면서, 혹시 어떠한 반대가 (이 뉴앙스는 any에 의해 뚜렷이 드러난다) 있다 하더라도 결론인 주절의 "I **would**n't let him go now"를 실제로 행동화하겠다는 굳은 의지를 신중하게 전달하는 것이다.

장면 ▶ 미국 흑인들의 민권운동이 절정을 향해 가던 무렵에 나온 충격적이고 감동적인 영화인데, 이 장면에서는 23세의 백인 여성 Joey가 부모에게 37세의 흑인 의사를 사랑하게 되었으며 결혼할 굳은 의지를 밝힌다. Joey의 부모는 처음엔 엄청난 충격을 받으나, 사회정의를 옹호하는 진보주의자들로서 두 사람의 사랑을 곧 기정사실로 받아들인다.

It occurs to somebody that-절 ...에게 ...라는/할 생각이 나다. It never occurred to me that I might fall in love with a Negro. (내가 흑인과 사랑에 빠질 거라고는 미처 몰랐어요/생각도 못했어요.); I could never/hardly imagine falling in love with a Negro.
fall in love with ...: ...와 사랑에 빠지다   **But I did** (= fell in love with a Negro).
And nothing in the world is going to change that.에서의 **be going + to-** 부정사는 주어가 아니라 말하는 사람인 나(I)의 강한 의지를 표현   **objection** (əb·jek´·shən) **명** 반대

비교 ▶

Negro, **nigger** (절대 사용해서는 안 될 최악의 경멸적인 말), **African-American**, 그리고 **black**:
Negro는 많은 한국인들이 아직도 잘못 이해하고 있는 만큼 미국 흑인에 대해 경멸적인 말이 아니다. 원래 오랫동안 생물학, 인류학, 의학 등에서 기술적인 용어로 사용되었다. 일부의 원어민은 흑인에 대한 비하적인 낱말이라고 주장한다 해도 절대 다수는 동의하지 않으며, 흑인들 자신들도 스스로

를 Negro라고 불렀다 (예: 옛날의 흑인들만의 야구 리그였던 the Negro leagues (in baseball)). 여기서도 백인 여성인 Joey와 그녀의 부모가 Joey가 사랑하는 흑인 남자를 Negro라고 묘사하고 있다. 그러나 nigger는 흑인에 대해 극도로 경멸적인, 사용해서는 안되는 말이다.

African-American은 1960년대의 the black civil rights movement (흑인 민권운동) 이후로 광범위하게 사용되어 온 흑인의 미국 역사와 사회에 대한 기여를 인정하고 흑인의 인격을 존중하는 긍정적인 표현으로 널리 사용된다. (일부 흑인들 중에는 자기들의 미국인으로서의 정체성을 경시하고 아프리카적 기원을 강조하는, 즉 자기들을 미국 사회에서 marginal (주변적인) 존재로 취급하는 말이라고 African-American을 싫어하는 사람들이 있기도 하다. 그러나 그것은 그들이 자신들을 African-American이라고 부르는 enlightened (계몽된, 깬) 백인들의 흑인을 존중하는 마음을 오해하는 것이다. Black은 이제 흑인들과 비흑인들 모두에 의해 비교적 객관적인 표현으로 널리 사용되고 있다.

185 It (= 가주어) ... to-부정사 (= 의미상의 주어)

It was so bold of you **to choose** that.
그걸 (19세기 프랑스 시문학을) 선택하다니 아주 용감하셨네요.

Cross-reference
비교: it = that-절
➡ (92)
it = what-관계 대명사절:
➡ (376)

여기서 주어인 it은 소위 가주어 (또는 형식 주어)로 불리는 것으로 나중에 진짜 (의미상의) 주어가 옴을 문두에 위치해서 미리 알리는 역할을 하며, 이 경우에는 문미에 오는 to-부정사구인 to choose that (그것을 선택한 것)을 가리킨다. 가주어 it은 특히 주어인 to-부정사구, 동명사구, 또는 명사절의 길이가 상당히 길어질 경우, 주어가 상대적으로 짧고 술부가 긴 것을 선호하는 영어 문장의 기호를 만족시키기 위해 문두에 쓰여, 듣는 이나 읽는 이에게 진짜 (의미상의) 주어가 나중에 옴을 문장 앞에서 미리 신호를 보내는 역할을 한다. [➡ (516)]

> **example** Is **it** OK **to have** sex before the third date? 54% of women and 84% of men said, "Heck, yeah!"

세 번째 데이트 전에 섹스를 해도 좋은가? 여성의 54%와 남성의 84%가 "까짓 것, 그럼!" 이라고 대답했다.

> **설명** heck: 영어 단어들 중에 가장 저속하고 경멸적인 낱말들 중의 하나인 hell을 대신해서 종종 사용되는 거부, 반대, 불쾌, 짜증의 감탄사. 그러나 여기서처럼 유머, 익살, 또는 친근감을 표현하는 경우들도 자주 있다. 그래도 정중하고 격식을 차려야 하는 자리에서는 heck 또한 삼가는 것이 좋다.

> **example** Yes, **it** is impolite **to carry on** a telephone conversation while guests are waiting.

예, 손님들이 기다리고 있는 동안에 전화 대화를 하는 것은 무례합니다.

> **example** **It** is now nearly impossible **to find** clothes, toys, stereos, computers and many other items that are made in the United States.

미국에서 만들어진 옷, 장난감, 스테레오, 컴퓨터, 그리고 많은 다른 물건들을 찾는 것은 이제 거의 불가능하다.

186 so = 강조의 정도 부사

so bold
아주/대단히 대범하다, 용감하다

Cross-reference
비교: so = 정도의 지시 부사:
➡ (59) (431)

여기서 so는 '그렇게, 그리, 그다지, 그 정도로'로 번역될 수 있는 앞에서 언급된 정도를 가리키는 부사로 사용된 것이 아니라, 그 자체가 바로 뒤에 오는 형용사나 부사의 정도를 독자적으로 강조하는 강조어 (intensifier)로서 '아주, 너무도, 엄청, 크게, 대단히, 극히' (very (much), greatly, tremendously, extremely) 정도로 번역될 수 있다.
[➡ (39) (264) (277)]

example So many American-born students lack a love of learning and a work ethic. So many lazy middle-class kids have a sense of entitlement. So many low-income students are infected with an anti-achievement ethic. In vivid contrast, so many immigrant students love to learn, respect their teachers, work hard, and excel.

미국에서 태어난 너무도 많은 학생들은 배움을 사랑하는 자세나 성실히 일하는 윤리를 결여하고 있다. 너무도 많은 게으른 중산층 아이들은 당연한 권리 의식을 (자기들이 미국인이니까 당연히 잘 살고 시민으로서의 권리들과 혜택들이 당연한 것으로 느끼는 의식) 갖고 있다. 너무도 많은 저임금 층의 학생들은 성취를 반대하는 자세를 갖고 있다. 뚜렷하게 대조적으로 너무도 많은 이민자 학생들은 배우기를 좋아하고 선생님들을 존경하고 열심히 일하며 그리고 뛰어나다.

American-born 형 미국에서 태어난 (born in America). 주의: America가 아니라 형용사형인 American에 하이픈 (-)을 연결한다. 한국에서 태어난 학생들: Korean-born students **lack** 타동 ...를 결여하다, ...이 없다 **work ethic** 성실한 근로 윤리/정신 **a sense of entitlement** (본인은) 혜택을 받을 자격이 있다는 의식/태도 **be infected with** ...: ...에 감염되다 **anti-achievement ethic** 성공/성취에 반감을 가진 자세/태도 **in vivid contrast:** (앞에 언급한 내용과) 극명히 대조되게 **excel** 자동 뛰어나다, 탁월하다

187 It is + 성질 형용사 + of + 목적어

(It was) so **bold of you**.
당신 너무도 용감하셨네요/ 아주 대담하셨어요

Groundhog Day (사랑의 블랙홀)

주어 (It/that/this) + be 동사 + **성질/성격/성품 형용사** + **of** + 목적어 (흔히 사람)의 구조로 여기서 of 는 '...에 관해 말하자면, ...는' (as for ...; to speak of ...)이라는 의미의 전치사이다. 즉 이 구문은 '(of 뒤에 오는) 그 사람에 관해 말하자면 그 성질 형용사이다/하다' 라는 뜻을 나타낸다. 그리고 이 구문에서는 이 경우에서처럼 of + 목적어 (흔히 사람) 뒤에 그 사람 목적어가 행하는 동작이 to-부정사로 표현되어 뒤따르는 경향이 높으며, 그런 경우에 to-부정사는 '그 사람이 그 성질 형용사이다/하다' 라고 판단하는 근거를 나타낸다. 즉 이 경우에는 to chose that (그걸 선택하다니, 선택한 것을 보면), of you (당신은, 당신에 관해 말하자면), so bold (대단히 용감하다)라는 뜻이다. [➡ (145) (524)]

example

Mrs. Loomis (to her daughter, who is a high school girl): I don't think it's very **polite** **of** **you** **to** **turn** on the radio when I'm talking to you.

[*Splendor in the Grass* (1961 film)]

Mrs. Loomis (고등학생인 딸에게): 내가 너한테 얘기하고 있을 때 라디오를 켜는 건 별로 예의 바르다고 생각지 않는다.

188 must = 추측: 확실성, 필요성, 논리성

You must be a very, very strong person.

당신은 아주 아주 강한 사람이 틀림 없어요; 당신은 분명히 아주 아주 강한 사람입니다.

여기서의 must는 말하는 이가 주어에 대해 반드시 ...해야만 한다고 강하게 주장, 요구, 또는 명령을 하거나 의무를 지워 주거나 주어가 반드시 ...하고자 한다는 고집을 나타내는 것이 아니라, 상황적으로 또는 논리적으로 보아 반드시 ...함/임에 틀림없다는 **확실성**, 필요성, 또는 불가피성을 나타내는 추측, **단정**, **결론** 등을 표현하는 조동사이다. [➡ (125) (290)]

example

People ask me where I'm from. When I answer where I'm from, some shake their heads and laugh as if my answer **must** be a lie, and they say, "where are you really from?"

사람들은 내가 어디 출신이냐고 묻습니다. 내가 (미국) 어디서 왔는지 대답할 때 어떤 사람들은 고개를 저으면서 웃죠. 마치 내 대답이 거짓말임에 틀림없다는 듯이요. 그리고는 그 사람들이 말하죠. "당신 정말로 어디서 왔습니까?" 라고.

문화해설 미국에서 태어나고 살아 온 사람들이 주류 미국인들로부터 종종 겪는 인종차별적인 반응. 지금은 한 세대 전과 비교해도 많이 완화된 것이 사실이다. 미국은 Donald Trump 같은 사람과 제법 많은 무분별한 추종자들이 있지만, 대부분의 미국인들은 (사실 전 세계인들이) 다른 인종과 문화들에 의식적으로 또는 무의식적으로 과거나 예전보다 많이 open-minded 되어 있다.

Scene

Phil (to Rita, who is falling asleep): You're ⑱ the kindest, sweetest, prettiest person that I ⑲ 've ever met in my life. ⑲ The first time I saw you, something happened to me. I never told you, but I knew that I wanted to hold you ⑲ as hard as I could. ⑲ I don't deserve someone like you. But ⑲ if I ⑲ ever could, I would love you ⑲ for the rest of my life.

Rita (getting just a little awake) Did you say ⑲ something?

Phil Good night, Rita.

Rita (in an almost inaudible voice) Good night.

[*Groundhog Day* (1993 film)]

Words & Phrases

- **deserve** 타동 …를 받을/가질만한 자격이 있다
- **awake** 형 깨어 있는
- **inaudible** 형 들을 수 없는, 들리지 않는. audible의 반대어

장 면

Groundhog Day 축제를 취재한 후 한 호텔 방에서 거의 잠들고 있는 Rita에게 Phil이 사랑을 속삭이고 있다.

번 역

Phil (잠들고 있는 Rita에게): 당신은 내가 나의 인생 동안에 만난 가장 친절하고 달콤하고 예쁜 사람입니다. 내가 당신을 처음 봤을 때 내게 뭔가가 일어났습니다. 당신한테 얘기하지 않았지만 나는 내가 할 수 있는 최대한으로 꼭 당신을 안고 싶었다는 걸 알았습니다. 당신 같은 분은 나에게 과분합니다. 그러나 만약 내가 (당신을 사랑)할 수만 있다면 내 남은 인생 내내 당신을 사랑할 거예요.

Rita (아주 약간 깨면서) 뭐라고 하셨어요?

Phil 잘 자요, Rita.

Rita (거의 들리지 않는 목소리로) 굿나잇.

영어의 이해 with Dr. David

189 ever = 강조의 부사: 최상급 + ever

You're **the** kind**est**, sweet**est**, pretti**est** person **that** I've **ever** met in my life.
당신은 제가 지금까지 만나 본 가장 친절하고 달콤하며 예쁜 사람입니다.
저는 지금까지 당신처럼 친절하고 달콤하며 예쁜 사람을 만나 본 적이 없습니다

Cross-reference
비교: ever: 언제나 (always) 강조:
➡ (5)
비교: ever: 비교급 강조:
➡ (21)
비교: ever: 조건절 강조:
➡ (195)
비교: ever: 서수사 강조:
➡ (254)
비교: ever: 경우/경험 강조:
➡ (282) (551)
비교: ever: 부정 강조:
➡ (388)

최상급 (the + 최상급 + 명사) + that/관계사-절 (강조의 부사 **ever**를 포함)의 구조를 취하여 '지금까지 ... 해 본 (것으로는) 최고로/가장 ...한/인 ...이다, 이제까지/언제고 ...만큼 ...한/인 ...은 없(었)다'라는 뜻을 나타내는 최상급을 더욱 강조하는 어법이다. 이 어법에서의 ever는 최상급의 표현에서 쓰여 그것이 언제이건 (또는 언제였건) (at any time), 또는 어떤 경우에서이건 (또는 어떤 경우에서였건), 또는 혹시라도 (in any possible case, by any chance at all) 등의 뜻을 나타내는 강조의 부사이다.

그리고, 이 문장은 that-관계사절에서 다른 부분은 모두 생략하고 강조의 **부사 ever**만을 쓸 수도 있다. You're **the** kind**est**, sweet**est**, pretti**est** person **ever**. 또 이 강조의 **ever**가 사용되는 관계사절에서 가장 흔히 사용되는 시제는 **현재완료** 또는 **과거** 시제이다.

 Slavery is <u>the</u> <u>worst</u> evil <u>that</u> <u>ever</u> <u>was</u>.
노예제는 (세상에) 있었던 가장 나쁜 악이다.

 Abraham Lincoln is <u>the</u> great**est** American <u>who</u> <u>ever</u> <u>lived</u>.
Abraham Lincoln은 이제까지 살았던 (사람들 중에) 가장 위대한 미국인이다.

미국의 모든 대통령들 중에 가장 위대한 대통령으로 평가받는 Abraham Lincoln (1861-1865)이 태어나서 2세-7세의 어린 시절을 보낸, 미국 Kentucky 주 중부 시골 마을 Hodgenville의 Knob Creek에 있는 단칸방 통나무 오막집 (one-room log cabin (rebuilt, 재건축))   사진: ⓒ 박우상 (Dr. David)

Abraham Lincoln (1809-1865, 암살) 미국 16대 대통령 (1861-1865)

> example "Paul Newman's **the best** gentleman (that/whom) **I've ever** met in my 30 years of movies," recalls a film director.
>
> "폴 뉴먼은 내 영화 경력 30년에 내가 만났던 가장 훌륭한 신사다."라고 한 영화 감독이 회고하며 말했다.

Paul Newman (1926-2008): 영화 배우, 자선사업가
recall 타동 기억해 내다, 회상하다; remember, recollect

190 현재완료 = 경험

I've met in my life
내 인생에서 내가 만나 본 적이 있는

've는 have의 축약형이다. 여기서 현재완료 시제 (have + 과거분사)는 현재완료의 여러 용법들 중에 지금까지 '…한/인/해본 적이 있다'는 뜻의 경험을 나타낸다. [➡ (85) (206) (262) (334) (369) (550) (582)]

Cross-reference
비교: 현재완료 = 계속:
➡ (19) (88) (266) (400) (469) (552)

비교: 현재완료 = 완료 (+ 결과):
➡ (240) (445)

> example
> Hitch: So, Ellis Island.
> Sara: I have lived in New York my whole life and **I've** never **been** here.
> Hitch: Most people **haven't**.   [*Hitch* (2005 film)]
>
> [Most people haven't (been here).]
>
> Hitch: 자, Ellis 섬입니다.
> Sara: 난 평생 뉴욕에서 살아왔는데 여기 와 본 적이 전혀 없어요.
> Hitch: 대부분의 사람들이 그래요 (여기 와 본 적이 없어요).

장면 ▶ 연애 코치인 Hitch가 드디어 신문의 가십 칼럼니스트인 Sara와의 데이트에 성공하여, 두 사람이 수상 제트를 타고 역사적인 이민의 관문이었던 엘리스 섬에 도착하여 섬에 올라오면서 하는 대화이다.

영어와 문화 **Ellis Island:**
Manhattan 섬의 남서쪽, New York 만의 북부 (Upper New York Bay)에 위치한 27에이커의 작은 섬으로, 1808년 이후에 연방정부의 무기고 (arsenal)이자 요새 (fort)로 사용되어 오다가, 1892부터 1954년까지 이민자들이 미국으로 들어오는 가장 중요한 관문인 이민 항구로 사용되었다. 오늘날 모든 미국인들의 조상 거의 40%가 Ellis Island를 거쳐 미국 땅에 발을 디딘 것으로 추산된다. 1965년 이후부터는 같은 Upper New York Bay에 있는 the Statue of Liberty (자유의 여신상) National Monument의 일부로 관리되어 오고 있다.

[사진] 1905년에 배를 타고 대서양 (the Atlantic Ocean)을 건너 유럽으로부터 온 이민자들이 배에서 내리던 Upper New York Bay에 있는 Ellis Island.
사진 제공: the U.S. Library of Congress

[사진] 1910년에 이탈리아 (Italy)로부터 막 Ellis Island에 도착한 이민자 가족.
사진 제공: the U.S. Library of Congress

[사진] 오늘날의 Ellis Island에 있는 이민 역사박물관을 방문객들이 둘러보고 있다.
사진: ⓒ 박우상 (Dr. David)

191 time + (that/when = 관계부사)

The first <u>time</u> (that/when) I saw you
내가 당신을 처음 보았을 때

시간을 나타내는 말 (time, day, year, instant, moment 등)을 선행사로 하는 관계사절을 이끄는 관계사 (관계부사) that 또는 when이 생략될 수 있는 경우이다. 이 생략 현상은 구어체에서 더욱 현저하지만, 일상체적이고 비공식적인 글에서도 빈번히 생략된다. [➡ (260) (361)]

example Every <u>time</u> I go to a national park here, I, uh, I see foreigners who can speak, uh, speak our language very, very well, and I'm always embarrassed.

[Every time (that/when) I go ...]
나는 국립공원에 갈 때마다 우리 말을 아주 아주 잘 할 줄 아는 외국인들을 보는데, (그럴 때마다) 난 언제나 당혹스럽다 (부끄러워서 어쩔 줄 모른다).

embarrass 타동 난처하게 하다

> example America is a country where the **minute** one person stands up and says, "That's impossible," someone else walks in the door and announces, "We just did it."

[America is a country where the minute (that/when) one person stand up ...]
미국은 한 사람이 일어나서 "그건 불가능합니다."라고 말하는 순간 다른 누군가 문 안으로 들어오면서 "우리가 막 그 일을 해냈습니다."라고 발표하는 나라다.

192 비교급의 강조: as ... (as) + 주어 + can = as ... as possible; as ... as can be

as hard as I could
내가 할 수 있는 최대한으로 열심히/강하게

as ... as ...의 원급 비교 구문의 한 변형인 **as ... (as) + 주어 + can**의 형태로 '주어가 할 수 있는 한 가장 ...하게, 최대한/가능한 한 ...하게' 라는 의미의 <u>최상급적</u> 표현이다. 비공식체와 구어체에서 (그리고 이따금씩 글에서도) 원급 비교의 대상을 이끄는 접속사 as가 생략되는 경우들이 있는데, 바람직한 어법은 아니다. <u>as hard as I can</u> = <u>as hard as possible</u>; <u>as hard as can be</u>

> example There are more than 50,000 human genes, and scientists are working **as** rapidly **as** they **can** to identify the functions of each one. And biotechnology companies are working **as** fast (**as**) they **can** to patent those genetic processes that show commercial promise.

[... **as** fast (**as**) they **can** ...]
5만 개 이상의 인간의 유전자가 있으며, 과학자들은 각 유전자의 기능들을 밝히기 위해서 최대한 빠른 속도로 일하고 있다. 그리고 생명 테크놀로지 회사들은 상업적 희망을 보이는 유전자 과정들을 특허 내기 위해서 할 수 있는 한 신속하게 일하고 있다.

gene 명 유전자   **genetic** 형 유전자의, 유전적인   **identify** 타동 ...의 정체를 확인하다
patent 타동 ...를 특허를 받다/내다   **commercial promise** 상업적으로 성공할 전망

193 some: 부정문에 쓰인 some

I don't deserve **someone** like you.
전 당신 같은 사람을 가질 자격이 없어요; 당신은 제게 과분한 분이예요.

Cross-reference
비교: 의문문에서의 some:
➡ (154) (197) (412) (484)
비교: if-조건절에서의
some: ➡ (500)

부정문에서 부정 (비특정) 대명사 **someone**이 쓰인 경우이다. 이것은 한국의 영어 교육에서 some 과 (또는 something, someone, somebody, somewhere, somehow) any (또는 anything, anyone, anybody, anywhere, anyhow)의 사용은 같은 동전의 양면과 같아서, 그것이 쓰인 문장의 형태에 따라 기계적으로 결정된다. 즉, some은 서술문과 긍정문에, any는 의문문과 부정문 (그리고 if-조건절에), 기계적으로 선택된다고 가르치는 것이 대단한 오류이며 무지임을 말해 준다. 여기서처럼 부정문에서도 (의문문에서와 같이) **some**과 **any**는 독립적인 존재들로 독자적인 의미를 가지며, **some**이든 **any**든 문장의 종류에 상관없이 사용될 수 있다.

부정문에 쓰인 **any**는 (또는 anybody, anyone, anything은) 특정한 수량이나 종류나 성격/성질 등을 불문하고, 어떠한 것이 (문맥상 그러한 것, 사물, 또는 사람이) 하나라도 또는 조금이라도 없음을 (그것도 흔히는 강조적으로) 나타낸다.

부정문에 쓰인 **some**은 그것의 존재를 전제 또는 인정하면서 (그런 뉘앙스를 배후에 함축하면서) 술부를 부정하는 것이다. 여기서 부정문임에도 불구하고 someone이 쓰여 있는 것은 '당신같이 너무도 친절하고 달콤하고 예쁜 사람이 (내게 가까이) 있는데' (There's someone like you (close to me), 즉 그러한 당신의 존재를 기쁘게 인정하는 긍정적 뉘앙스를 배후에 함축하기 때문이다. 이 부정문은 그러한 아름다운 당신을 내가 사랑하는 사람으로 맞이할 그러한 자격이 있음 (deserve)을 부정하는 것이다. 만일 이 표현이 "I don't deserve anyone like you."라고 되어 있다면, 당신과 같은 사람이라면 그가 누구든 어떤 사람이든 상관없이 내가 차지할 자격이 없다는 뜻이 된다. (문맥에 따라서는 '내가 왜 당신 같은 나쁜 사람한테 당하고만 지내야만 하느냐'라든지 '당신 같은 (나쁜) 사람은 누구든 절대 사양한다는 뜻이 될 수도 있다.)

[부정문에서의 any]

example The biggest thing I don't like about New York are the foreigners. You can walk an entire block in Times Square and **not** hear **anybody** speaking English.

내가 New York 시에 관해 가장 싫어하는 것이 외국인들이다. Times Square에서 한 block을 완전히 걷고도 아무도 영어로 말하는 것을 들을 수 없다.

설명 ▶ 이 예문은 부정어 뒤에 대명사 anybody (any, anyone, anything, anywhere, anyhow 도 마찬가지다)가 쓰인 전형적인 경우로 어느 누구도 그렇지 않음을 뜻하는, 즉 **완전부정**을 나타내는 표현이다. 이렇게 '어느 것도 (단 하나도), 어느 누구도 …하지/이지 않다'는 절대적인 부정을 나타낼 때, 부정어 뒤에 any, anybody, anyone, anything이 따르는 부정문이 된다.

주목 그리고 여기서 <u>not</u> hear <u>anybody</u> speaking English는 hear <u>nobody</u> speaking English 보다 영어를 하는 사람이 없음을 강조적으로 표현한다.

배경설명 미국 Georgia 주 Atlanta 시의 프로야구단 the Atlanta Braves의 백인 투수인 John Rocker (성적부진으로 29세인 2003년에 은퇴)의 New York 시에 관한 그리고 동양인, 중남미계, 아랍계 등 소수인종에 대한 멸시적인 발언이다.

[부정문에서의 some]

example When you can**not** remember **someone**'s name, honesty is the best policy.

어떤 사람의 이름이 기억나지 않을 때는 정직이 최선의 방책이다 (솔직히 물어보라).

설명 **부정문**에 **someone**이 쓰인 경우로 '누군가를 기억할 수 없다'는 이 표현이 뜻하는 바는, 당신이 지금 이름이 기억나지 않는 그런 어떤 사람이 있음을 배후에 함축하는, 즉 그런 사람인 **someone의 존재를 긍정**하거나 **전제**로 하는 것이다. 이와 전혀 대조적으로 "You **cannot** remember **anyone**'s name."이라고 하면 (대화 내용 상의 어떤 그룹의 사람들의), 그 어느 누구의 (단 한 사람의) 이름도 기억할 수가 없다, 즉 그 모든 사람들의 이름이 어느 누구든 간에 기억나지 않는다는 (**완전부정**) 전혀 다른 의미를 나타낸다.

example A Zen practitioner in San Francisco says, "People always say don't just sit there, do something. We like to say **don't** just do **something**, sit there."

San Francisco에 있는 한 선불교를 하는 사람이 말합니다. "사람들은 언제나 거기 그냥 앉아 있지만 말고 뭔가를 하라고 말하죠. 우리는 (선을 하는 사람들은) 뭔가를 하지만 말고 거기 앉으라고 말하기를 좋아합니다."

Zen 명 (불교) 선
practitioner 명 (의사, 변호사 등) 개업해서 활동 중인 (practice 하는) 사람, 여기서는 수행자

[사진] (왼쪽)] San Francisco 시의 한 공원에서 울창한 sequoia 나무들 속에서 신선한 공기를 마시

며 선명상에 잠겨 있는 한 Zen practitioner. 사진 제공: © Gonezen.

[사진 (오른쪽)] 선불교를 한다고 해서 항상 골방이나 외진 곳에 홀로 있는 것은 결코 아니다. New Mexico 주의 Santa Fe 시에서 선불교도들이 연방 핵연구소 주변의 한 도로변에 일렬로 앉아 Bush 행정부의 이라크 침공을 침묵 속에 항의하고 있다. 사진 제공: © Joan Halifax

194 가정법 과거 = 열린 가능성: 소망/신중/정중

If I ever **could**, I **would** love you for the rest of my life.
제가 언제고 (또는 혹시라도) 그럴 수 있다면 (당신 같은 사람을 가질 자격이 있다면) 당신을 내 남은 평생 사랑할게요.

Cross-reference
비교: 가정법 과거 = 닫힌 가능성
➡ (397)

주목 ▶ 이 문장은 현재 또는 미래 시간의 일을 진술하는데, 가정을 나타내는 if-절과 주절에 과거시제인 could와 would가 사용되었으니 가정법 과거의 구문이다. 그러나, 여기서 절대 유의할 점은 한국의 영어교육에서 가르치는 대로 가정법 과거는 현재 사실의 반대 또는 실현이 불가능한 일을 반대로 가정하는 것으로 이해하면, 이 가정법 과거의 표현을 전혀 이해할 수 없게 된다.

이러한 유형의 가정법 과거 구문은 한국의 영어교육이 전혀 가르치지 않고 있을 뿐만 아니라 제대로 이해조차 하고 있지 못한 어법으로서, 현재 사실의 반대라든지 실현 가능성이 없는 가정이라는 한국인들이 기계적으로 가르쳐 온 가정법 과거의 용법과 전혀 달리, **가정법 과거**라는 구문적 형태를 사용하여 **미래 지향적**이고 **실현 가능성**이 있는 일에 대한 **정중한 부탁**이나 요청의 어감, 또는 이 경우에서처럼 때로는 강렬한 **소망**을 전한다.

가정법 과거 구문은 확률적으로는 현재 사실의 반대라든지 불가능한 일을 반대로 가정해 보는 경우들이 많은 것이 사실이지만, 이 문장의 경우에서처럼 엄밀하게 말하자면 실현 가능성이 열려 있는 경우들 또한 아주 흔히 있으며, 그런 경우 이 문장에서처럼 말하는 이의 강한 소망이나 (if-절과 직설법을 사용하는 경우보다) 신중하거나 정중한 전제와 주장을 나타내는 것이 보통이다.

이 표현의 경우 당신은 나에게 과분함을 절대 인정하며 내가 당신을 사랑할 수 있는 가능성이 지금 당장 바로 실현되거나 쉬운 일은 아님을 인정은 하지만, 그러나 그 가능성을 완전히 배제하는 것이 전혀 아니며, 그렇게 내가 당신을 사랑할 수만 있다면 정말 남은 평생 동안 사랑하겠다는 소망과 다짐을 표현하는 것이다. [➡ (68) (184) (202)]

195　ever = 조건절 강조: if ... ever

if I ever could
언제고 (또는 혹시라도) 그럴 수 있다면

여기서의 **ever**는 조건절에 쓰여서 그것이 언제이든 (**at any time**), 또는 어떤 경우에서든, 또는 혹시라도 (**in any possible case, by any chance at all**) 등의 뜻을 나타내는 강조의 부사이다.

Cross-reference
비교 ever: 언제나 강조:
➡ (5)
비교: ever: 비교급 강조:
➡ (21)
비교: ever: 최상급 강조:
➡ (189)
비교: ever: 서수사 강조:
➡ (254)
비교: ever: 서수사 강조:
➡ (282) (551)
비교: ever: 부정 강조:
➡ (388)

example

Jenny: Just if you're **ever** in trouble, don't try to be brave.
Forrest: O.K.　　　　　　　　　　　　　　　　[*Forrest Gump* (1994 film)]
Jenny: 혹시라도 문제에 빠지면 용감하려고 애쓰지 마.
Forrest: 알았어.

 베트남 전쟁에 징집된 Forrest를 만난 친구 Jenny가 순진한 Forrest에게 용감하지 말라고 부탁한다.

example

Doralee (to her boss): But I'll tell you one thing. If you **ever** say another word about me or make another indecent proposal, I'm gonna get that gun of mine, and I'm gonna change you from a rooster to a hen with one shot. Don't think I can't do it.　　　　　　　　　　　　　　　　　　　　[*9 to 5* (1980 film)]

Doralee (그녀의 직장 보스에게): 근데 내가 당신한테 하나 말할 게 있는데. 언제고 (혹시) 나에 관해 한마디 더 하거나 점잖지 못한 얘기를 하거나 하면, 내 저 총을 들고 한방에 당신을 수탉에서 암탉으로 바꿔버릴 거예요. 내가 그러지 못할 거라곤 생각도 말아요.

indecent 형 품위 없는, 점잖지 못한. < **decent** 형 꽤 좋은, 품위 있는
rooster 명 수탉　　**hen** 명 암탉
one shot 여기서는 총알 한 발　　**indecent proposal** (성적으로) 점잖지 못한 제안

 수년간 보스인 Mr. Hart에게 점잖지 못한 눈길과 말과 무시하는 잡일 등으로 시달려온 Doralee가 결국 더 이상 참지 못하고 폭발하면서 보스에게 경고한다.

[사진] 1980년 전후에 미국에서 폭넓게 자리 잡아가고 있는 feminism을 전형적인 workplace (직장)을 배경으로 코믹하게 그린 영화 *9 to 5* (1980 film) 포스터.
사진: © Twentieth Century Fox, IPC Films, et al.

196 for = 기간/지속

for the rest of my life
나의 남은 평생 동안

여기서 for는 어떤 기간/시간 동안 (period, duration)을 나타내는 전치사. 일상체적 구어체에서 이 의미의 전치사 for는 자주 생략된다.
[➡ (565) (573)]

Cross-reference
비교: for = 가격/댓가:
➡ (2)
비교: for = 목적지:
➡ (3)(269)
비교: for = 경우/입장:
➡ (23) (183)
비교: for = 이익/혜택:
➡ (44)
비교: for = 정체/동일성:
➡ (162)
비교: for = 의미/상징:
➡ (385)
비교: for = 추구:
➡ (562)
비교: 부사적 목적어:
➡ (94) (171)

example
Kiss me each morning **for** a million years
Hold me each evening by your side
Tell me you love me **for** a million years
Then if it don't work out, then if it don't work out
Then you can tell me goodbye.   [pop/country song, *Then You Can Tell Me Goodbye*]

백만 년 동안 매일 아침에 키스해 줘요
매일 저녁에는 당신 곁에 안아 주고요
백만 년 동안 사랑한다고 말해 줘요
그리고도 (사랑이) 되지 않는다면, 그리고도 되지 않는다면
그 때는 헤어진다고 해도 돼요

> **주목** If it don't work out에서의 don't 3인칭 단수 주어인 it에 doesn't이 아니라 don't가 따른 경우로 ❶ Uneducated English (저교육자 영어) 또는 ❷ 구수하고 사람들에게 친근한 어감을 주는 비격식의 구어체 표현. 여기서는 ❷의 경우이다.

197 some: 의문문에 쓰인 some

Did you say something?
뭐라고 얘기했어요

Cross-reference
비교: 부정문에서의 some:
➡ (193)
비교: if-조건절에서의 some: ➡ (500)

의문문에 대명사 something이 사용된 경우이다. 한국의 영어 교육에서는 부정 (비특정) 대명사 또는 형용사로 쓰이는 some (something, someone, somebody; 부사 somehow와 somewhere에도 적용)과 any (anything, anyone, anybody; 부사 anyhow와 anywhere에도 적용)의 용법에 관해, some은 긍정문에 any는 부정문 (그리고 if-조건절)에 쓰인다고 가르친다. 즉 some과 any의 사용은 그것이 사용된 문장이 긍정문인가 또는 부정문인가에 따라 서로 배타적으로 선택되는 것으로 가르친다. 그러나 이것은 some과 any에 관한 근본적인 무지와 오해이며, 한국의 영어 교육이 이해에 있어서 얼마나 피상적이고 생명력과 현실성이 없는지, 그리고 설명에 있어 얼마나 도식적이고 기계적인지 극명하게 보여 주는 한 단적인 예이다.

핵심적으로 설명하자면 some과 any는 같은 동전의 양면이어서 문장의 형태에 따라 이쪽 저쪽으로 기계적으로 면이 선택되는 것이 전혀 아니라, 둘 다 비록 비특정한 대상이나 수량을 가리키지만 서로 다르고 독자적인 의미와 뉘앙스를 가지며, some과 any 둘 다 어떠한 형태의 문장 (서술문이든 의문문이든, 긍정문이든 부정문이든, 그리고 조건절)에서도 쓰일 수 있다.

의문문에 쓰이는 대명사 any (또는 형용사로서의 any)는 그것이 지칭하는 사람/사물의 수량, 종류, 성격 등을 불문에 부치는 질문을 나타내며, 언급하고 있는 내용에 대해 종종 부정적이거나 회의적인 태도를 함축한다. 의문문에 some이 쓰이는 경우에는 그 some (또는 something, someone, somebody, somehow, somewhere)이 가리키는 대상물이나 사람에 대해 그 존재를 긍정적으로 전제, 가정, 또는 인정하는 어감에 기초하여 질문을 던지는 표현이 되며, 그것을 권유하거나 격려하거나 긍정적으로나 적극적으로 대하는 경우에 자주 쓰인다.

이 문장의 경우에는 Rita가 잠결에 무언가를 들은 듯한 느낌을 가진 것을 배후에 함축한 의미가 있다. 여기서 만일 "Did you say anything?"이라고 했다면 어떤 종류의 얘기든 무엇이든 혹시 한 얘기가 있었느냐 (속으로는 아마 내가 잘못 들었겠지 하는)는 전혀 다른 의미가 된다. [➡ (154) (412) (484)]

Donna (wife): Can I ask you **something**?
Michael (husband): Yes.
Donna: After you do all this work and become a big player at your company,

do you really think you're gonna have any more time for us? Or are things just gonna get even more out of control?　　　　　　　　　　　　　[*Click* (2006 film)]

Donna (와이프): 뭐 물어봐도 돼?
Michael (남편): 좋아.
Donna: 당신이 이 모든 일을 하고 나서 회사에서 중요한 사람이 되고 나면, 정말로 당신이 우리 (가족)을 위해 조금이라도 시간을 더 가지게 될까? 아니면 상황이 그냥 더 통제 불능까지 되고 말까?

big player 몡 중요한 사람, 거물; big shot, big wig, big cheese, big gun

언어설명 여기서 wife인 Donna가 Michael에게 묻는 "Can I ask you **something**?"으로 something을 사용한 것은 "I have something to ask of you." (당신한테 물어볼 게 뭔가 있어)라는, 즉 질문이 하나 있다는 긍정적인 전제 위에 그 질문을 하는 것이다. 여기서 "Can I ask you **anything**?"이라고 한다면 '내가 혹시 어떤/무슨 질문을 해도 좋으냐'라는 전혀 다른 의미가 된다.

장면 Architect (건축사)로서 자기가 일하는 건축회사의 중요 인물이 되고 성공하기 위해 계속해서 가정 생활을 거의 완전 희생하는 남편에게, 아내 Donna가 남편에게 정말 성공하고 나면 가정과 함께 할 시간을 더 가질 수 있을지 묻는다.

Scene

Phil　　**198**　No matter what happens tomorrow or for the rest of my life, I'm happy now because I love you.
Rita　　I think **199** I'm happy, too.

[*Groundhog Day* (1993 film)]

Words & Phrases

- **happen** 자동 일어나다, 발생하다; take place, occur, come to pass
- **tomorrow** 명 내일
- **rest** 명 나머지
- **too** 부 역시, 또한; also, as well

장면

Groundhog Day 댄스 파티에서 멋진 사람으로 변모한 Phil의 진가를 발견한 Rita와 Phil이 댄스가 끝나고 한밤에 눈 덮인 공원에 들러 낭만적인 분위기를 만끽하고 있다. Phil이 앞에 앉은 Rita의 두상의 얼음 조각을 예쁘게 마치자, Rita가 일어서고 포근한 눈이 내리기 시작하는 가운데 두 사람의 포옹하고 키스를 나눈다. 놀랍고도 아름다운 자기 변화를 이룬 Phil의 Rita에 대한 간절한 사랑이 열매를 맺는 순간이다.

번역

Phil 내일 또는 내 남은 평생 동안 무슨 일이 일어난다 해도 전 지금 행복해요. 당신을 사랑하기 때문에.
Rita 저 역시 행복하다고 생각해요.

영어의 이해 with Dr. David

198 whatever/no matter what-절 = 양보의 부사절

No matter what happens tomorrow
내일 무슨 일이 일어날지라도

Cross-reference
비교: whatever + 명사절:
➡ (28) (502)

No matter what은 흔히 관계대명사로 분류되는 whatever보다 비격식체적이고 구어체적인 표현으로, 그에 이끌리는 절 (문법적으로 양보의 부사절이라고 한다)의 내용을 양보 (인정)하더라도 그와 무관하게 (이 부사절의 내용이 does not matter (상관없다)이라는 뜻) 주절의 내용이 유효함 또는 성립함을 나타낸다.

Whatever-절/ no matter what-절은 흔히 '...할/일지라도, ...한다/이라 해도/하더라도' 정도로 번역될 수 있다. No matter what 대신에 whatever를 쓸 수 있는데 일반적으로 whatever가 보다 더 **격식체**적이고 덜 구어체적이다. 그리고 happens 대신에 인정/양보의 어감을 더하는 조동사 **may**를 더해서 may happen이라고 할 수 있는데, may를 사용하는 형태가 상대적으로 더욱 **격식**과 **문어체**의 어감을 띤다. [➡ (16)]

Phil: **No matter what** happens tomorrow, I'm happy now because I love you.
[= **Whatever** happen**s** tomorrow, ... **(비격식체, 일상체)** = **Whatever may** happen tomorrow, ... **(격식체, 문어체)**]
Rita: I think I'm happy, too.   [*Groundhog Day* (1993 film)]
Phil: 내일 무슨 일이 일어난다 해도 전 지금 행복해요. 당신을 사랑하기 때문에.
Rita: 저 역시 행복하다고 생각해요

199 타동사 + (that)-절 (= 목적어): 대표적 타동사들

I **think** (**that**) I'm happy, too.
저 역시 행복하다고 생각해요.

타동사 + (that)-절 (= 목적어)의 구조로 여기서 "I'm happy, too."는 앞에 오는 타동사인 think (...를/라고 생각하다)의 목적어로 무엇을 think 하는가를 설명해 주는 명사절인데, 이 명사절을 이끄는 접속사인 **that**이 **구어체**와 **일상체**에서 아주 **빈번히** 그리고 **격식성이 낮은 문어체**에서도 **종종 생략**되는 경우이다. [➡ (265) (310) (346) (557) (568)]

이렇게 **타동사 + (that)-절** (= 목적어절)의 구조를 취할 수 있는 동사들은 대부분 **추상적**이고 **인지적**인 행동을 하는 동사들로서 그 대표적인 예들을 들면 다음과 같다. 학습자들은 이 구문을 가능하게 하는 이 동사들을 숙지할 필요가 있다.

---

accept (...임을/라고 인정하다); **acknowledge** (...라는 것을 인정하다); **add** (...라고 말을 더 하다); **admit** (...라는 것을 인정하다); **advise** (...라고 충고하다); **affirm** (...라는 것을 긍정 또는 확인하다); **agree** (...라고 동의하다); **allege** (...라고 주장하다); **announce** (...라고 발표하다); **answer** (...라고 대답하다); **anticipate** (... 일 것으로 예상 또는 기대하다); **appreciate** (...라는 것을 충분히 인식하거나 고맙게 여기다); **argue** (...라고 주장하다); **ascertain** (...라는 것을 확인하다); **assert** (...라고 주장하다); **assume** (...라고 가정, 전제, 또는 추정하다); **believe** (...임을/라고 믿다); **bet** (...라는 것에 (그것을 확신하고) 내기를 걸다, ...라는 것을 보장하다); **boast** (...라고 자랑하다); **brag** (...라고 뻐기다); **care** (...임을 개의 또는 염려하다); **carp** (불평하다); **caution** (...고 주의시키다); **charge** (...라고 주장하다); **claim** (...라고 주장하다); **complain** (...라고 불평하다); **concede** (...임을/라고 인정 또는 양보하다); **conclude** (...라고 결론을 내리다); **concur** (...라고 동의하다); **confess** (...임을/라고 고백, 자백, 시인하다); **confide** (...라고 (속마음을) 털어놓다); **confirm** (...임을/라고 확인하다); **conjecture** (...라고 추측 또는 추정하다); **contend** (...라고 주장하다); **cry** (...라고 외치다, 울부짖다, 불평하다); **decide** (...라고 결정하다); **declare** (...라고 선언 또는 발표하다); **demand** (...할 것을 요구하다); **demonstrate** (...임을 시범 보이거나 입증하다); **deny** (...임을 부인하다); **desire** (...할 것을 바라다); **determine** (...라고 결정내리다); **direct**

(...할 것을/하라고 지시하다); **discern** (...임을 알아차리다); **disclose** (...임을 드러내다, 알리다, 누설하다); **discover** (...임을 발견하다, 알게 되다); **document** (...임을 서류나 기록으로 남기다, 제시하다, 입증하다); **doubt** (...임을/라는 것을 의심하다); **dream** (...라고 꿈꾸다); **emphasize** (...임을/라고 강조하다); **ensure** (...임을/라는 것을 확실히 하다, 보장하다): **estimate** (...라고 대략 예상 또는 추정하다); **exclaim** (...라고 감탄하다, 큰 소리로 말하다); **expect** (...라고 예상 또는 기대하다); **explain** (...라는 것을 설명하다); **fancy** (...라고 (근거없이) 상상 또는 생각하다); **fear** (...임을/일 것으로 두려워하다); **feel** (...라고 느끼다); **feign** (...인 체/척하다); **figure** (...라고 생각 또는 추측하다 또는 믿다); **find (out)** (...임을 알게 되다, 알아내다); **foresee** (...일 것을 예상하다); **forget** (...임을/라는 것을 잊다); **fret** (...라고 불평하거나 짜증내다); **gather** (...라고 생각 또는 추측하다); **get** (...임을 이해하다, 알아차리다, 깨닫다); **grumble** (...라고 불평하다, 투덜거리다); **guarantee** (...임을/라는 것을 보장하다); **guess** (...라고 추측하다); **hear** (...라고 듣다); **help** (...라는 것을 피하다, 멈추다); **hint** (...임을/라고 암시 또는 귀뜸하다); **hold** (...라고 주장하다, 믿다, 보다); **hope** (...일 것으로 희망하다, 바라다); **imply** (...라고 암시, 함축, 내포하다); **indicate** (...임을/라고 가리키다, 보이다); **insinuate** (...라고 슬쩍 암시하거나 알리다); **insist** (...라고 고집 또는 주장하다); **instruct** (...라고/할 것을 지시하다); **insure (= ensure)** (확실히 ...하다, ...하는 것을 보장하다); **intend** (...할/일 것을 의도하다); **intimate** (...임을/라고 암시하다, 간접적으로 슬쩍 알리다); **joke** (...라고 농담하다); **justify** (...인 것을/라고 합리화 또는 정당화하다); **know** (...인 것을 알다); **lament** (...인 것을 한탄하다); **learn** (...라는 것을 알게 되다); **like** (...인 것을/...라서 좋아하다); **love** (...인 것을/...라서 좋아하다, 너무도 좋다, 기쁘다); **maintain** (...라고 주장하다); **make believe** (...인 체/척하다); **make certain/ clear/ sure** (분명히 ...하도록 하다, ...하는 것을 확실히 하다); **mean** (...임을 뜻하다); **mention** (...라고 말하다); **mind** (...임을 개의하다, 싫어하다); **move** (...라고 제안 또는 발의하다); **note** (...라는 것/점에 주목하다, ...라는 것을 알아채다); **notice** (...임을/라는 것을 알아채다); **observe** (말하다, 논평하다); **perceive** (...임을 알아채다); **pledge** (...할 것을 약속하다); **point out** (...임을/라고 지적하다); **posit** (...라고 단정 또는 가정하다); **postulate** (...라고 가정 또는 전제하다); **pout** (입이 뾰루퉁해서 말하다); **pray** (...라고 기도하다); **preach** (...라고/할 것을 설교하다); **predict** (...라고 예견하다); **prefer** (...인/하는 것을 선호하다), **presume** (...라고 추정 또는 상정하다); **pretend** (...인 체/척하다); **proclaim** (...라고 선언 또는 선포하다); **profess** (...라고 공언하다); **promise** (...라고/할 것을 약속하다); **pronounce** (...라고 말하다, 발표하다); **propose** (...라고/할 것을 제안하다); **prove** (...임을/라는 것을 증명하다); **provide** (...라고/할 것을 규정하다); **rage** (...라고 격분해서 말하거나 소리치다); **realize** (...임을 깨닫다, 인식하다); **reason** (...라고 추론하거나 결론을 내리다); **recall** (...라는 것을 기억해 내다); **reckon** (...라고 추측 또는 생각하다); **recognize** (...임을 인정하다); **recommend** (...할 것을 권고 또는 추천하다); **regret** (...한 것을 후회하다, 유감으로 여기다); **remember** (...라는/하는 것을 기억하다); **reply** (...라고 대답하다); **report** (...라고 보고하다); **require** (...할 것을 요구 또는 필요로 하다): **resent** (...하는 것에 반감을 가지다, ...라는 것을 싫어하다); **resolve** (...할 것을 결의 또는 결심하다); **rule** (...라고 판결하다); **say** (...라고 말하다); **see** (...라는 것을 보다); **sense** (...라는 것을 알아채다, 눈치채다, 느끼다); **show** (...라는 것을 보이다, 입증하다): **signal** (...라고 신호하다); **sniff** (경멸적이거나 거만한 태도로 말하다); **sing** (...라고 노래하다); **speculate** (...라고 추

정하다); **state** (...라고 진술하다); **stipulate** (...라고 (계약 등의 조건 따위로) 규정하다); **stress** (...임을/라고 강조하다); **submit** (...라는 점을 (결재나 인준 등을 위해 말이나 글로) 제시, 제출, 제안하다); **suggest** (...할 것을 제안하다, ...라는 것을 시사하다); **suppose** (...라고 추측, 가정, 생각하다); **surmise** (...라고 추정, 생각, 추측하다); **suspect** (...일 것이라고 의심 또는 추정하다); **take care** (...하도록 유의, 조심, 배려하다); **teach** (...임을/라고 가르치다); **tell** (...라고 말하다); **testify** (...라고 증언하다); **think** (...라고 생각하다); **threat** (...라고 위협 또는 협박하다); **trust** (...임을/라고 믿다); **understand** (...라고/라는 것을 이해하다); **undertake** (...라는 것을 보장하다); **vindicate** (...라는 것을 정당화 또는 입증하다); **vote** (...라고/하는 것에 투표하다); **vow** (...라고 (신 앞에 또는 공적으로 엄숙하게) 약속, 서약, 공약하다); **wail** (...라고 울부짖다, 탄식하며 말하다); **wish** (...할 것을 소망하다, 바라다); **wonder** (...라는 것에 놀라와하다); **worry** (...라는 것을/라서 걱정하다); **write** (...라고 (편지나 글을) 쓰다).

> **example** I never **doubted that** the American dream begins with freedom.
> [참고: The American dream begin**s** with freedom. = 시공을 초월한/영원한 진리 = 항상 현재시제]
> 나는 미국의 꿈은 자유와 함께 시작된다는 것을 의심한 적이 없다.

> **example** Fifty-five percent of immigrant families **complained that** language barriers hampered their care in hospitals.
> 이민자 가족들의 55퍼센트가 언어 장벽이 자기들의 병원에서의 치료를 저해했다고 불평했다.

> **barrier** 명 장벽, 장애물   **hamper** 타동 to hinder; impede; hold back; curtail; interfere with ...; ...를 억제하다, 방해하다, 감소시키다

> **example** More women are **deciding that** marriage is not inevitable, **that** they can lead a fulfilling life as a single.
> (예전보다) 더욱 많은 여성들이 결혼은 불가피한 것이 아니며 자기들이 독신으로 만족스런 삶을 영위할 수 있다고 결정을 내리고 있다.

> **inevitable** 형 불가피한 < **evitable** 형 피할 수 있는; avoidable
> **a fulfilling life** 만족스러운/ 완전한 삶

> **example** President Jefferson **hoped** and **expected that** the Indians could be assimilated into American society. He even **thought that** intermarriage would eventually eliminate Indian identity.
> Jefferson 대통령은 (어메리컨) 인디언들이 미국 사회 속으로 동화될 수 있을 것으로 바라고 기대했다. 그는 인종간의 결혼이 인디언들의 정체성을 결국에는 없앨 것이라는 생각까지 했다.
> [Thomas Jefferson (1743-1826): 미국 제 3대 대통령 (1801-1809)]

assimilate 타동 동화시키다
intermarriage 명 다른 인종들 간의 결혼; interracial marriage
eventually 부 끝내는, 결국에는   **eliminate** 타동 제거하다, 없애다   **identity** 명 정체성

> example   Charleston **boasts that** it is "the most walkable city in America."

Charlston 시는 "미국에서 가장 걸어 다닐 수 있는 (걸어 다닐 만한) 도시다."라고 자랑한다.

> 영어와 문화   **Charleston, South Carolina:**

미국 동남부 South Carolina 주의 Charleston은 1670년에 세워진 도시로 현재 인구 약 110,000. 식민지 시대에는 경제적으로나 인구면으로나 아주 번성하던 도시였으며, 1861년에 남북전쟁 (the Civil War, 1861-1865)이 시작된 곳이기도 하다. 현재는 커다란 오크나무 (oak trees)와 노예제 시대부터 남아 있는 대농장들 (plantations), 그리고 역사적 유적들과 기념비들로 유명한 아담하고 고풍스런 도시이다. Charleston은 흔히 Georgia 주의 Savannah (서배너)와 함께 옛날의 남부 (the Old South)를 대표하는 쌍벽으로 꼽힌다. 오늘날 Charleston은 미국의 남부가 상당한 속도로 변화를 겪고 있음을 보여 주는 전형적인 예다. 오늘날의 Charleston은 오래된 남부 (the Old South)의 Charleston보다 육체적 그리고 외형적으로 훨씬 젊고, 문화적 그리고 인종적으로 다양하며, 정신적으로 활력이 있다.

[사진] 1861년에 남북전쟁이 시작된 South Carolina 주의 Charles 항구 안에 위치한 Fort Sumter (당시 연방군 진지로 남부군의 포격을 받음으로써 전쟁이 시작되었다)를 둘러보며 관련된 역사에 관한 설명을 듣고 있는 사람들
사진: ⓒ 박우상 (Dr. David)

[사진] 현대풍과 고풍이 어우러져 있는 Charleston 의 downtown의 한 뒷골목을 관광객들이 고풍스런 마차를 타고 돌아보고 있다. 사진: ⓒ 박우상 (Dr. David)

[사진] Charleston 다운타운의 예술 구역에 있는 한 화랑에서 Minnesota주 St. Paul출신의 가족이 그림을 감상하고 있다. 이렇게 북부인들이 이주해 오고 있을 뿐만 아니라 이민자들도 많이 들어오고 있으며, 외부로부터 들어오는 젊은 세대가 증가하고 있고 새로운 산업체들과 기업들이 들어오고 있다.
사진: ⓒ 박우상 (Dr. David)

Exercise

다음의 한국어 문장들을 각 문장에 hope, predict, show를 (이 순서대로) 사용하여 영작해 볼까요?

King 목사는 언젠가 모든 사람이 그의 피부색에 의해서가 아니라 그의 성품에 의해서만 판단되기를 간절히 바랬다. 오늘날에는 많은 사회와 문화 학자들은 피부색이 그 전통적인 의미의 상당부분을 장래에 잃게 될 것으로 예견한다. 실로 2008년 Barack Obama의 미국 대통령으로서의 당선을 포함한 세계 정세는 세계가 이미 그러한 방향으로 움직이기 시작했다는 것을 보여 준다.

Words & Phrases

목사: 직업으로서의 목사/성직자는 영어 문화권에서는 pastor가 가장 기본이다. 그 외에도 minister (기독교), priest (카톨릭), imam (회교), rabbi (유대교), monk (승려, 또는 수도 사제), preacher (설교자, 복음 (the gospel) 전파자) 등이 있다. 목사/성직자의 이름 앞에 붙이는 호칭으로는 'the Reverend (줄여서 Rev.) + 이름'을 사용한다.

King: Martin Luther King, Jr. (Junior): 미국 침례교회 목사, 미국 현대 흑인 민권운동의 기수 (1929-1968, 암살)

간절히 earnestly; in earnest   성격/성품 character (흔히 긍정적인 사람됨)   학자 scholar
사회 society   문화 culture   세계/국제 정세 world/international affairs
당선/선출 election   전통적인 traditional   의미 meaning   이미 already   방향 direction.
...한/인 방향으로 in ... direction

해설 Hope, predict, show 모두 접속사 that에 의해 이끌리는 목적어절을 취할 수 있는 동사들이다. 즉 주어 + hope/ predict/ show + (that) + 절 (= 주어 + 술부 = 완전한 문장)의 구조가 된다.

[모범 영작]

The Rev. King, Jr. earnestly hoped that someday every person would be judged by his character alone, not by the color of his skin. Today, many scholars of society and culture predict that the color of one's skin will lose much of its traditional meaning in the future. In fact, world affairs, including the 2008 election of Barack Obama as President of the United States, show that the world has already begun to move in that direction.

[사진] 미국 현대 민권운동 (civil rights movement)의 우뚝 솟은 지도자 Dr. Martin Luther King, Jr.이 1963년 8월 28일에 있었던 워싱턴 행진 (March on Washington)을 이끌고 'I Have a Dream' 연설을 하고 있다.   사진 제공: U.S. National Archives

Sweet Home Alabama

영화 내용 Plot Summary

미국의 가난한 남부 Alabama 주의 시골 고향을 떠난 지 7년이 되는 예쁘고 야심 있는 Melanie는 뉴욕에서 패션 디자이너로 급성장한다. 그리고는 뉴욕시 여시장의 부유하고 훤칠한 미남이자 정치적으로 촉망받는 아들 Andrew로부터 청혼을 받게 되는 Melanie는 숨겨진 과거로 인해 고민에 빠진다. 고등학교 시절에 사랑의 불장난으로 결혼하게 된, 제대로 배우지 못하고 건달 같은 남편인 Jake이 아직 법적인 배우자로 고향에 건재하고 있는 것. 휘황찬란한 미래에 대한 꿈에 부푼 Melanie는 이제 그녀의 장래를 가로막는 장애물일 뿐인 Jake로부터 이혼을 받아내기 위해 단숨에 고향에 달려 내려간다. 그러나 가난하고 무식한 놈팽이로만 알았던 Jake으로부터 자기를 떠나버린 아내에 대한 가슴속 깊은 사랑으로 인해 건실하게 변화해 있는 Jake를 발견하는 한편, 역시 가난하고 무식해서 북부 사람들의 비웃음거리인 것으로만 알았던 고향 Alabama로부터 가식 없고 소박하며 인간미 넘치는 아름다움을 발견하게 되는 Melanie는, Andrew와의 달콤한 결혼의 언약과 밝기만 한 미래를 결혼식 도중에 백지화하고 Jake와 새롭고 뜨거운 사랑에 빠지며 재결합한다.

감독 Andy Tennant
주연 Melanie 역: Reese Witherspoon; Jake 역: Josh Lucas; Andrew 역 Patrick Dempsey
Writing (story) Douglas J. Eboch; (screenplay) C. Jay Cox
작품 포스터/사진 © Touchstone Pictures, Original Film, D&D Films, Pigeon Creek Films, et al.

05
스위트 알라바마
2002 Flim

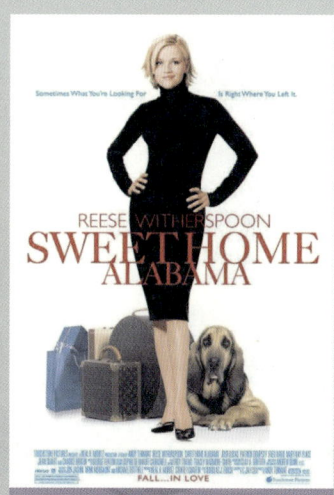

Scene

Andrew ⓐ Come on, let's call your parents.
Melanie No. I, I mean, uh, not ⓑ right this second. Honey, ⓒ would you mind ⓓ terribly if we ⓔ just kept this ⓕ to ourselves for a few days? I ⓖ haven't seen my folks ⓗ in ⓘ about seven years. And I just feel ⓙ like I ⓚ should probably tell them in person. And, um, I think I ⓚ should do it alone.
Andrew Is it because I'm a ⓛ Yankee?
Melanie ⓜ Well, ⓝ that and a Democrat. (They both chuckle.)
Andrew Okay. ⓞ Mum's the word.

[*Sweet Home Alabama* (2002 film)]

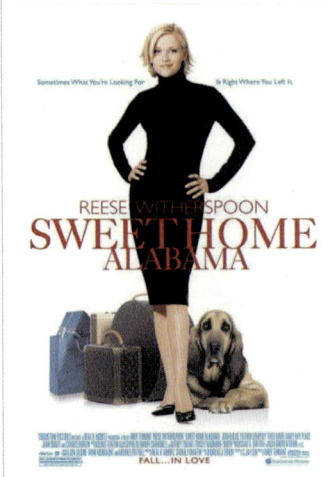

[사진] 뉴욕 패션계에서 돈과 명성을 추구하면서 성공의 도약을 거듭하면서 이제는 젊은 스타 정치인 신랑감까지 가진 Melanie. 그녀는 성공 가도의 걸림돌인 어린 시절 결혼한 남편과 이혼하기 위해 이혼 서류를 들고 옛고향 Alabama로 향한다. 그리고는 백수 건달로만 생각했던 남편 Jake의 이제는 건실한 자영업자의 모습을, 그리고 가난하고 무식한 것으로만 알았던 고향 Alabama가 투박하지만 실은 진실성과 인간미가 넘치는 곳임을 발견하고는 Jake와 재결합 한다. 유머 넘치고 아름다운, 그리고 미국 남부의 문화의 한 중요한 단면을 보여 주는 Sweet Home Alabama의 포스터.
사진: ⓒ: Touchstone Pictures, Original Film, D&D Films, Pigeon Creek Films, et al.

Words & Phrases

- **Let's** (+ 동사 원형) ...: '...하자/합시다'라고 상대방에게 제안하는 표현이다.
- **call** 타동 부르다, ...에게 전화하다
- **parent** 명 부모의 한 사람
- **second** 명 (시간) 초, 시각, 순간
- **mind** 동 개의하다, 신경 쓰다, 싫어하다, 언짢아하다
- **folks** 명 흔히는 말하는 이의 부모를 뜻하는데, 보다 넓은 의미로 가족/식구들을 뜻하기도 하고 문맥에 따라서는 더 넓게 친척들까지 포함하는 경우도 있으며, 일반적인 사람들을 가리키기도 한다. 여기서는 Melanie가 자기 부모를 가리킨다.

- **in person** 개인적으로 (personally; privately); 직접 만나서, 본인이 직접 나타나서 (in one's own physical presence)
- **alone** 부 혼자서, 홀로; by oneself
- **Democrat** 명 민주당원; a member of the Democratic Party (민주당). 공화당원은 Republican
- **chuckle** 자동 (기분 좋게) 껄껄 웃다

장 면 · · · ·

부와 명예에다가 핸섬한 용모까지 갖춘 젊은 스타 정치인 Andrew가 청혼하자 즉각 받아들인 Melanie. 그러나 Andrew의 리무진 (limousine) 안에서 미소 짓고 있는 지금 이 순간, 고향에 숨겨져 있는 한심이 건달 남편 Jake 생각 때문에 고민이 가득하다.

번 역 · · · ·

Andrew	자, 어서요, 부모님한테 전화합시다.
Melanie	아니예요. 저, 음, 바로 이 순간에는 아니라는 뜻이에요. 자기, 이 사실을 며칠간 그냥 우리끼리만 알고 있으면 아주 마음 상하시겠어요? 우리 식구들 거의 7년 동안 보지 못해서요. 그리고 아무래도 내가 식구들에게 직접 얘기해야 할 것만 같은 느낌이에요. 그리고, 음, 그 얘기를 저 혼자 가서 해야 할 것 같아요.
Andrew	그건 내가 북쪽 사람이라서인가요?
Melanie	음, 그것도 그렇고 게다가 민주당 사람이라서. (두 사람 다 껄껄거리며 웃는다.)
Andrew	좋아요. 비밀로 하죠.

영어의 이해 with Dr. David

200 Come on. = 재촉, 격려

Come on.

Come on.은 명령문의 형태를 취하여 감탄사 또는 부사적으로 쓰이는 표현으로, 기본적으로 두 가지 의미를 가질 수 있다.

의미-1 Come on.은 긍정적인 반응이 없거나 주저하는 듯한 상대방을 부추기거나 **재촉**하거나 **격려**하는 감탄사적 표현으로 흔히 쓰인다.

의미-2 Come on.은 상대방의 의견이나 진술에 **반대** 또는 **일축**하거나 재고를 청하는 구어체의 표현으로도 자주 사용된다.

여기서는 첫 번째의 의미로 쓰여 Andrew가 Melanie에게 내가 청혼까지 공식적으로 했으니 당신의 부모님에게 알리고 통화할 것을 재촉하는 표현이다. [➡ (89) (220) (427)]

201 right = 강조의 부사: 바로, 곧

right this second
바로 이 시각/순간에

여기서 right은 '바로, 곧, 딱, 정 ...' (exactly; precisely, directly)이라는 의미의 **강조**의 부사이다. [➡ (6)]

Derek: We're losing our right to pursue our destiny. We're losing our freedom so that a bunch of fucking foreigners can come in here and exploit our country. It's happening **right** here, **right** in our neighborhood, **right** in that building behind you.
[*American History X* (1998 film)]

Derek: 우리는 우리의 운명을 추구할 권리를 잃고 있어. 우리는 XX 같은 외국인 놈들이 여기 들어와서 우리 나라를 착취할 수 있게 우리의 자유를 잃고 있는 거야. 그런 일이 바로 여기서, 바로 우리 동네에서, 너네들 뒤 바로 저 건물 안에서 벌어지고 있어.

pursue 타동 추구하다   **destiny** 명 운명   **a bunch of ...** 한 무리의 ...
exploit 타동 이용하다, 착취하다, 악용하다

> **장면** ▶ 외국 이민자들의 증가와 미국의 전통적인 산업들 (예: 제조업)의 국제 경쟁력 약화와 수입의 증가 등에 극도로 분개하고 있는 젊은 차별주의자 Derek이, 동생들 정도 되는 젊은 남자들을 모아 놓고 이민자들을 증오하는 일장 연설 (hate speech)을 하고 있다.

202 가정법 과거 = 열린 가능성, 소망, 신중, 정중

Would you mind terribly **if** we just **kept** this to ourselves for a few days?
이걸 며칠간 우리 두 사람만이 알고 있는 것으로 한다면 크게 상관하시겠어요 (나쁠까요)?

Cross-reference
비교: 가정법 과거 = 닫힌 가능:
▶ (397)

이 문장은 현재 또는 미래 시간의 일을 진술하는데 가정을 나타내는 if-절과 주절에 과거 시제인 kept와 would가 사용되었으니 가정법 과거의 구문이다. 그러나, 여기서 절대 유의할 점은 이 가정법 과거는 한국에서 가르치는 것과는 달리, 현재 사실과 반대이거나 실현 가능성이 전혀 없는 가정과 결론을 나타내는 것이 전혀 아니라, 가정법 과거라는 구문적 형태를 사용하여 **미래 지향적**이고 **실현성**이 열려 있는 일에 대한 **신중**한 가정과 결론을 표현하며, 이 경우에는 며칠 동안 우리만이 알고 있는 것으로 해 달라는 **정중**한 부탁, **바램**, 요청 따위의 어감을 전한다. [▶(68) (184) (194)]

203 terribly = 강조의 정도 부사

mind **terribly**
크게/아주 개의하다

여기서의 terribly (terˊ·ə·blē)는 '나쁘게' (in a terrible/very bad manner) 라는 의미의 방식의 부사가 아니라 '아주, 대단히, 극히' (very much, extremely, greatly)를 뜻하는 정도의 부사로 비격식체적 구어체에서 흔히 쓰인다.

example

Mr. Rossi: Oh, Allison has been named valedictorian. Mrs. MacKenzie: Oh, that's wonderful! She'll be **terribly** pleased, and so am I. *[Peyton Place (1957 film)]*

Mr. Rossi (고등학교 졸업반인 Allison의 교장 선생님): 오, Allison이 (졸업 연설을 하는) 졸업생 대표로 지명되었습니다.
Mrs. MacKenzie (Allison의 엄마): 오, 너무 잘 됐네요! 그 애가 너무도 기뻐하겠어요. 저도 그렇고요.

> **참고** ▶ 졸업식에서 졸업 연설을 하는 **valedictorian**이 되는 것은 졸업생들 중에 최고의 영광이다. 대부분의 경우 최고의 학업 성적으로 졸업하는 학생이 된다.

> **example** The pancake breakfasts held in local communities of New England show a little slice of small-town life in a town no longer small. It's so **terribly** important to preserve the tradition.

[The pancake breakfasts (<u>that</u> <u>are</u>) held in local communities …]
[in a town (<u>that</u> <u>is</u>) no longer small]

미국 동북부 New England의 지역 공동체들에서 열리는 (타운이나 동네 사람들이 특히 주말이나 공휴일 아침에 나와 함께 먹는) 팬케익을 먹는 공동체적 아침식사는 더 이상 작지 않은 타운에서 (옛날의) 작은 타운의 삶의 작은 일면을 보여 준다. 그 전통을 유지하는 것은 아주 대단히 중요하다.

local community 지역 사회/공동체   **slice** 명 조각, 단면   **terribly** 부 끔찍하게. 여기서는 강조부사로 몹시, 아주, 매우   **preserve** 타동 보존하다   **tradition** 명 전통

[사진] 미국 동북부 Vermont 주의 한 작은 도시 Barre에서 주민들이 이웃들과 친구들과 한 토요일 아침에 도시 광장에 모여 대화들을 나누면서 blueberry pancake 아침 식사를 하고 있다.
사진: ⓒ 박우상 (Dr. David)

204 just: 강조의 부사 | just의 위치 = 본동사 앞 = just + 본동사

if we just kept this to ourselves
이것을 우리만이 알고 있으면

Cross-reference
비교: (only + 본동사):
➡ (335) (581)

여기서 just는 '바로 …, 오직 …, … 뿐/만' (only; nothing/no one other than …)을 뜻하는 강조의 부사이다. [➡ (139)]

이 어법의 just는 수식하고자 하는 말의 바로 앞에 위치시키는 것이 논리적이지만, 현대 영어에서는 수

식하고자 하는 말의 위치에 상관없이 **본동사 바로 앞**에 (또는 조동사나 be 동사 뒤에) 위치하는 **현저한 경향**이 있다.

격식체적이거나 상당히 문어체적인 표현에서, 그리고 특별히 강조하고자 하는 말이 '바로 이것이다'라고 뚜렷한 의식을 가지고 just를 수식하고자 하는 말 바로 앞에 놓는 경우들이 있지만, 구어체의 표현에서는 본동사 바로 앞에 위치시키는 경향이 현저하며, 일상적인 글에서도 그러한 경향이 상당하다.

이 경우에서도 just가 정말로 수식하는 것은 kept this가 아니라 to ourselves인데 일상체이며 구어체인 이 표현에서는 본동사인 kept 앞에 위치하고 있는 것이다. [➡ (130) (159) (398) (560) (584)]

example The backyard barbecue is the most delicious part of the American dream. And anyone can turn it into reality. It **just** takes a few friends, some great ingredients, and a hot grill.

[여기서도 just는 takes의 목적어인 a few friends, some great ingredients, and a hot grill을 수식하여 just a few friends, ... grill로 표현될 수 있지만 본동사인 takes의 바로 앞에 위치하고 있다.]

뒤뜰에서 하는 바비큐는 American Dream의 가장 맛있는 부분이다. 그리고 누구나가 그 꿈을 현실로 만들 수가 있다. 그것은 단지 몇 명의 친구들과 몇 가지 훌륭한 음식 재료들과 뜨거운 그릴 하나만을 필요로 한다.

reality 명 현실   **ingredient** 명 (음식의) 재료

205 to oneself

to ourselves
우리(끼리)만

흔히 keep/have (something) to ourselves의 형태로 쓰여 '우리(끼리)만 알다, 간직하다, 다른 사람에게 공개하거나 다른 사람과 나누지 않다, 독차지하다'라는 뜻이다. 여기서 to는 제한을 나타내는 전치사로 동사의 동작이나 행위를 to의 목적어에게로 제한함을 나타낸다.

example In many Arizona towns ranchers and other locals **had** the towns pretty much **to themselves** until the 1950s.

Arizona 주의 많은 타운들에서는 1950년대까지 농장주들과 다른 현지인들이 그 타운들을 거의 자기들끼리만 독차지하고 있었다. [20세기 후반에 들어서야 외지인들 (특히 은퇴한 노인들과 개발업자들)이 들어와 살게 되었다.]

rancher 명 ranch (가축 농장을 운영하거나 일을 하는) 농부
local 여기서는 명사로 지역/현지 사람   **pretty** 부 꽤, 제법, 아주

example Most university professors are oriented toward liberal politics, so conservative professors tend to **keep** their political views **to themselves**.

대부분의 대학 교수들은 진보적 정치 성향이 있어서 보수적인 교수들은 자기들의 정치적 견해들을 혼자만 지니고 있는 (남들과 공유하거나 드러내지 않는) 경향이 있다.

be oriented toward/to ...: ...쪽으로 성향이 있는   **liberal** 형 진보적인
conservative 형 보수적인

206 현재완료 = 경험

I **have**n't **seen** my folks in about 7 years.
저 거의 7년 동안 저희 부모님을 뵌 적이 없어요.

여기서 현재완료 시제 (have + 과거분사)는 현재완료의 여러 용법들 중에 지금까지 '...한/인/해본 적이 있다'는 뜻의 **경험**을 나타낸다.
[➡ (85) (190) (262) (334) (369) (550) (582)]

Cross-reference
비교: 현재완료 = 계속:
➡ (19) (88) (266) (400) (469) (552)

비교: 현재완료 = 완료 (+ 결과):
➡ (240) (445)

207 in = 시간의 폭

I **have**n't **seen** my folks **in** about 7 years.
저 거의 7년간이나 부모님을 뵙지 못했어요.

여기에서의 in은 '...동안/간'이라는 시간의 폭을 뜻하는 전치사로 다른 전치사 for와 의미상 유사한 면이 있지만, 대부분의 경우 for와 달리 그 기간 동안 어떤 사건이나 행위가 지속됨 (duration)을 나타내는 것이 아니라, 그 시간의 폭 (interval) 이내에 또는 그 시간의 폭이 지나면 어떤 사건이나 행위가 한 시점에 발생하거나 이루어짐을 나타낸다.

시간의 폭을 나타내는 **in**은 함께 사용되는 **동사의 시제에 따라** 표현이 가능한 경우와 그렇지 않은 경우가 있으며, 또 함축된 뉘앙스가 달라지는 경우들이 있으므로 주의해야 한다. In은 현재완료 시제와 함께 쓰일 때는 부정문에만 쓰일 수 있지, 긍정문에는 쓰일 수 없음에 유의해야 한다 (for는 긍정문이든 부정문이든 양쪽의 경우 다 쓰일 수 있다). [➡ (263) (465)]

[현재완료 시제의 경우]

(O) I <u>have known</u> you <u>for</u> 7 years. (나는 당신을 7년간 알아 왔습니다.)
(O) I <u>haven't seen</u> you <u>for</u> 7 years. (나는 당신을 7년간 만난 적이 없습니다.)
(X) I <u>have known</u> you <u>in</u> 7 years. (나는 당신을 7년간 알아 왔습니다.)

(O) I haven't seen you in 7 years. (나는 당신을 7년간 만난 적이 없습니다.)
(O) I haven't seen you for/in ages. (나는 당신을 아주 오랜 동안 만난 적이 없습니다/만나지 못했습니다.)

[과거 시제의 경우]

(O) Rome wasn't built in a day.
로마는 하루 만에 (하루 아침에, 하루라는 기간 안에, 단시간 내에) 세워진 것이 아니다. 여기서 in은 로마의 건설이 이루어진 기간의 폭을 나타낸다.

(X) Rome wasn't built for a day.
For a day가 하루 동안이라는 지속 기간을 나타내는데, 그러면 오랜 기간 동안 지속된 모양을 나타내는 것이 아니라 한 특정 시점, 또는 비교적 짧은 시간에 딱 이루어진 모양을 나타내는 Rome wasn't built와 의미가 조화를 이루지 못한다. 굳이 특정한 상황에서 가능한 해석을 내리자면, '로마는 하루만 지속/건재하도록 세워진 것이 아니다' (Rome wasn't built (to last) (just/only) for a day.)라는 의미로 볼 수 있다.

[현재 시제의 경우]

(O) Can you drive for three straight days across the American continent?
미국 대륙을 가로 질러 사흘 내내 동안 운전할 수 있으세요? 사건이나 행위가 지속적으로 일어나는 기간을 나타내는 for이다.

(O) You can drive across the American continent in three days.
미국 대륙을 사흘 만에/사흘 이내로 차로 횡단할 수 있습니다. 여기서 in은 어떤 시간의 폭 이내에 사건이나 행위가 이루어짐을 나타내며 이 의미로 for를 쓸 수 없다. 이 경우 in = within

(O) You can learn to drive in a day.
하루 만에 (하루라는 시간의 폭 내에) 운전을 배울 수가 있습니다. 여기서의 in도 어떤 시간의 폭 이내에 사건이나 행위가 이루어짐을 나타내며 이 의미로 for를 쓸 수 없다. 이 경우 in = within

[미래 시제의 경우]

(O) I'll see you for two days.
당신을 이틀간/동안 만나겠습니다. 여기서의 for는 이틀에 걸쳐 만난다든지 만나서 이틀 동안을 함께 한다든지 하는 지속을 나타낸다. 며칠 후에 또는 언제 만날 것이라는 뜻은 없다.

(O) I'll see you in two days.
이틀 후에 만납시다/ 이틀 지나면 뵙겠습니다. 미래 시제에서 쓰인 in은 그 기간의 폭이 막 지나고 나서, 그 시간의 폭 바로 이후를 뜻한다. 이 경우에는 이틀 후에, 이틀이 지나면/서, 이틀 있다가 당신을 만날 것이다/만나겠다는 뜻이다.
I'll see you in just ten (minutes). (딱 10분(만) 있다가/후에 봐.)

(O) I won't be able to see you for two days.
여기서 for는 이틀이라는 기간 동안 당신을 볼 수 없을 것이다, 당신을 볼 수 없는 기간이 이틀 동안이라는 뜻이다. 언제부터 이틀 동안인지는 얘기가 없다. 그리고 이 문장은 문맥에 따라서는 당신을 이틀 동안은 볼 수 없다, 그럴 시간이 내게는 없다, 예를 들면 하루나 반나절이면 몰라도 이틀 동안은 안 된다라는 뜻을 나타낼 수도 있다.

(O) I won't be able to see you in two days.
이틀이라는 시간의 폭이 지나면 내가 당신을 볼 수 없을 것이다라는 뜻이다 (그 전까지는 볼 수 있다).

> example

Narrator: They called the New Deal "relief," but it was a lot more than that. For the first time **in** a long time, someone cared. For the first time **in** a long time, you were no longer alone.　　　　　　　　　　　　[*Seabiscuit* (2003 film)]

나레이터: 사람들은 뉴딜을 "구호" (정책)라고 불렀지만 뉴딜은 그보다 훨씬 더 큰 것이었습니다. 오랜만에 처음으로 누군가 (사람들을) 염려해 준 것입니다. 오랜만에 처음으로 사람들은 더 이상 홀로 있는 것이 아니었습니다.

배경설명 영화의 시작 부분에서 나레이터가 1930년대의 미국의 Franklin D. Roosevelt 대통령 (여기서 "someone")과 the Great Depression (대공황)을 극복하기 위한 그의 the New Deal 정책의 큰 의미를 설명한다.

relief 명 구조, 구원, 구호; 안심, 안도감

208　about = 부사: 대략, 거의

about seven years
대략 7년, 7년 정도

여기에서의 about은 흔히 쓰이는 전치사가 아니라 '거의, 대략, … 가까이' **(almost; nearly; close to; roughly; approximately; some)**를 뜻하는 부사이다.

example Rocky Mountain National Park is **about** two hours' drive from Denver.
Rocky Mountain 국립공원은 (Colorado 주의) Denver로부터 약 두 시간의 운전 거리에 있다.

example **About** a third of colonial Americans opposed America's independence from Britain.
식민지 미국인들의 거의 3분의 1은 미국의 영국으로부터의 독립을 반대했다.

colonial 형 식민지의　**oppose** 타동 …에 반대하다. 사람 주어 + be + opposed + to … 형태로도 사용된다.　**independence** 명 독립

209　like = 접속사

like I should probably tell them in person
제가 아마 그분들 (부모님들)께 직접 뵙고 말씀 드려야 마땅할 듯이

흔히 비유나 예를 나타내는 전치사로 쓰이는 like가 여기서는 뒤에 주어 (I)와 술부 (should probably tell them in person), 즉 절을 이끌고 있으니 접속사이다. 여기서의 like은 접속사 that과 같은 기능을

하며, 보다 **구어체**적이고 자기 의견이나 주장을 that보다 **완곡**하고 덜 강하게 나타내는 어감을 가진다.
[➡ (163) (395) (438) (460) (528)]

example Don't say "Merry Christmas!" to everyone during the holiday season. Instead, say "Happy holidays!" Don't assume everyone's a Christian just **like** you are.

연말 할러데이 시즌에 모든 사람에게 "메리 크리스마스!"라고 하지 마세요. 대신에 "해피 할러데이즈!"라고 하세요. 당신이 기독교인인 것처럼 모든 사람이 기독교인이라고 가정하지 마세요.

instead 부 대신(에). 비교: **instead of** ...: 전치 ... 대신에; in place of ...
assume 타동 가정하다, 전제하다

210 should = 당위, 의무, 필요성, 바람직함

I **should** probably tell them in person.
아마도 제가 부모님/식구들에게 직접 (만나서) 말씀 드려야 하겠지요;
I **should** do it alone.
저 혼자서 해야죠 (그러는 것이 바람직하다)

여기서 should는 should의 기본적인 용법으로 주어가 ...함/임이 마땅함, 당연함, 올바름, 바람직함, 필요함, 의무임 등을 나타내는 조동사이다. [➡ (340) (377)]

example If people in our country cannot speak English or refuse to do so, they **should** go back to their own countries.

우리 나라에 있는 사람들이 영어를 할 줄 모르거나 그러기를 거부하면 그들은 자기들 나라로 돌아가야 한다.

refuse + to-부정사 ...하기를 거부/거절하다

211 Yankee의 이해

Yankee
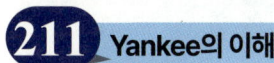
(ˈyang·kē) (앵키):

영어와 문화

영어의 Yankee는 문맥에 따라 기본적으로 다음 세 가지 의미들 중의 하나를 뜻한다.

의미-1 미국인, 미국 시민 (American, a citizen of the United States of America), 특히 국제적인 또는 외국에서 보는 관점이다.

의미-2 미 동북부인 (New Englander). 미국이 동부 대서양 연안을 중심으로 식민지로 성장한 이후 오늘날까지 미국 내에서 쓰이는 의미인데, 원래 1750년대에 처음 쓰이기 시작한 것으로 보이며, 그 초기에는 영국계 New Englander들을 (예를 들면 Massachusetts 주나 Connecticut 주의 또는 출신의 영국계 사람들)을 뜻했다.

의미-3 남북전쟁 (the Civil War, 1861-1865) 때 남부연합국 (미합중국으로부터 탈퇴하여 건국한 the Confederate States of America; 일명 the Confederacy 또는 소위 the South)을 패배시킨 미합중국 (the United States of America, 당시 the Union으로 불림; the North)에 속한 북부 주들 (Northern states)의 출신인 미국인, 즉 미 남부의 관점에서 본 북부 출신의 미국인을 뜻한다. 오늘날까지도 남부의 관점에서 북부의 미국인을 뜻할 때 쓰이고 있으며, 종종 빈정거림, 반감, 또는 분노의 감정을 내포한다.

이 영화 장면에서 쓰인 Yankee는 세 번째의 의미를 나타낸다. 다음 표현에서의 Yankee society는 두 번째의 의미인 미국 동북부의 New England 지역의 사회를 뜻한다.

example In the century after the American Revolution, **Yankee** society produced a flowering of individualism.

미국 독립혁명 (the American Revolution, 1775-1783) 후의 한 세기에 양키 사회 (미국 동북부)는 개인주의를 꽃피웠다.

[사진] Yankee: 흔히 국제적인 관점에서 Yankee는 미국인을 뜻한다.
사진: ⓒ 박우상 (Dr. David)

[사진] Yankee: 미국의 식민지 시대까지 거슬러 올라가는 의미로 Yankee는 동북부에 살거나 동북부 출신의 미국인을 (New Englander) 뜻하기도 한다. 사진은 1775년에 영국에 대항하여 무력충돌에 돌입하던 Massachusetts 주의 Lexington-Concord 주민들의 전의를 다지는 행진 (재현). 사진: ⓒ 박우상 (Dr. David)

Yankee: 19세기에 들어서 미국의 남부 (the South)에서 강한 반감을 가지고 쓰이게 된 의미로, 동북부인 뿐만 아니라 남부의 노예제에 반대하고 남북전쟁 (the Civil War, 1861-1865)에서 미합중국 (the United States of America)를 지지한 북부 전체의 사람을 뜻한다. 오늘날에도 많은 남부인들 (Southerners)은 북부인들을 Yankee로 부르면서 상당한 반감이나 흔히 불쾌한 감정을 표현하는 경우들이 종종 있다. 1863년에 Georgia 주의 Chickamauga에서의 남북 간의 처절한 전투를 그린 이 그림에서 왼쪽의 미합중국의 군인들은 오른편의 남부군의 입장에서는 Yankee들이다.
동판 원작: Kurz & Allison (1890); 사진 제공: the U.S. Library of Congress

212 well = 수정, 주저, 불찬성, 반박

Well
글쎄요, 근데요, 허나, 실은

Cross-reference
비교:
➡ (216) (298) (315)

한국의 영어 교육에서는 감탄사나 군더더기 말로 well을 접하면 무조건 '글쎄'라고 판에 박은 듯이 번역을 하도록 가르치는데, 그렇게 번역된 '글쎄'의 뉘앙스는 잘 이해하지 못한다.

여기서 well은 well의 구어체에서 흔히 쓰이는 의미와 기능들 중의 하나로, 앞에 온 진술에 대한 **반박**, **수정**, **주저**, 또는 **불찬성**을 가할 때 그 새로운 진술 앞에서 그 새로운 진술이 오는 것을 신호하고, 그 진술의 갑작스런 충격을 완화하거나 자기와 다른 의견을 표현한 상대방에 대한 **예의**나 **배려**를 표현하는 기능을 한다. 여기서는 앞에서 Andrew가 말한 자기가 Yankee라서 남부 Alabama의 부모님/식구들이 싫어할까 하는 표현에 Melanie가 'that and a Democrat' (게다가 민주당원이기까지 하다)라고 수정을 가하는 것이다. [➡ (422) (505)]

부유한 사람들만이 공화당원들이거나 지지자들 (Republicans)인 것은 아니다. 미국 남부의 많은 비교적 가난하고 교육 수준이 낮은 서민들 또한 특히 종교적 또는 보수적 성향 때문에 공화당을 지지한다.

example

Derek: On the Statue of Liberty it says, "Give me your tired, your hungry, your poor." **Well**, it's Americans who are tired and hungry and poor.

[*American History X* (1998 film)]

[your tired (people), your hungry (people), your poor (people)]
[여기서는 well이 앞에 온 표현에 대한 반론을 시작하는 감탄 부사로 사용되어 있다.]

Derek: 자유의 여신상 위에 쓰여 있는 말이 "나에게 지치고 배고프고 가난한 자들을 주라"고 해. 근데 (글쎄 그게 아니라) 지치고 배고프고 가난한 사람들은 미국인들이다.

---

statue 명 동상   **tired, hungry, poor** 여기서는 tired (people), hungry (people), poor (people)처럼 명사로 사용되었다.

---

example Are the Republicans always eager to cut the taxes of the richest people? **Well**, the one who pays the most in taxes should get the biggest cut.

[이 예문에서는 well이 앞의 진술을 지지하는 (민주당적 Democratic 입장을 반박하는) 표현을 이끌고 있다.]

공화당 사람들은 항상 부유한 사람들의 세금을 깎기를 열망한다고요? 글쎄요, 세금을 가장 많이 내는 사람이 가장 많은 세금 감면을 받아야 합니다.

213 A and B = not only/just A but (also) B

that and a Democrat
게다가 민주당원이에요

여기서 that은 앞에서 언급된 당신이 (Andrew가) Yankee라는 사실 (the fact that you are a Yankee)을 가리키며 and는 '거기에다가 덧붙여'라는 의미로 and also/ too/ additionally (더해서, 추가적으로)라는 의미를 가진다. 즉 이 표현은 (미국 남부 대부분의 과반수인 공화당 Republican 지지자/유권자들이 싫어하는) Yankee라는 것/사실뿐만 아니라 게다가 민주당원이기까지 하다는 표현이다.

that and a Democrat = not only/just/merely/simply that (= a Yankee) but (also) a Democrat; a Democrat besides (being) a Yankee; and a Democrat to boot; and a Democrat as well; and a Democrat, too; and also a Democrat

214 Mum's the word.

Mum's the word.
아무에게도 얘기 안하기예요, 우리끼리 만의 얘기예요

Mum은 '말하지 않는, 조용한' (silent; saying no word)이라는 뜻의 형용사 또는 '쉬, 조용!' 따위를 뜻하는 감탄사로 쓰이는데, **Mum is/ Mum's the word.**라고 하면 '당신 또는 우리만이 알고 있어야 합니다. 우리가 방금 얘기한 내용은 비밀이니 발설하지 마세요' (Do not reveal what I've told you or what we know/ have talked about.; (Let's) keep silent.; (Let's) keep this confidential/ secret/ private.)라는 뜻으로 상대방에게 비밀을 지켜 줄 것을 요청하거나, 서로 어떤 일을 비밀로 지키자고 약속할 때 쓰는 비공식체적 표현이다.

다른 비공식체 표현으로 **Don't spill the beans.** (콩알들을 흘리지 마라, 흘린 콩들을 따라와서 남들이 우리를 추적할 수 있다, 우리가 발각될 수 있다라는 뜻에서 유래)라고도 한다 (**Don't spill the works.**라고도 한다). 또는, **Don't let the cat out of the bag.** (고양이를 가방에서 꺼내지 마세요)라고도 하는데, 이는 특히 부주의하거나 얼떨결에 비밀을 누설하지 않도록 하는 경우에 주로 쓰인다.

example You truly believe you are underpaid? And you believe **mum's the word** for you? No. You'd better speak up.
당신이 정말로 급료를 적게 받는다고 믿으십니까? 그런데도 비밀을 지키는 것이 당신을 위해 좋다고 믿으세요? 아닙니다. 이야기 하시는 것이 낫습니다.

underpaid 형 (급료나 보수를 일의 양이나 질이나 평균보다) 적게 받는
speak up/out 의견을 주저 없이 말하다

Scene

Jake   Now, how 215 can I help you?
Melanie 216 Well, 217 for starters, you 218 can get your stubborn 219 ass down here and give me a divorce.
Jake   (speechless, dumbfounded)
Melanie 220 Come on, Jake. 221 I mean it. The joke's over.
Jake   You're 222 223 shittin' me, 224 right? You show up after seven years 225 without so much as a "Hey, 226 there, Jake, 227 remember me, your wife?" or a "Hi, Honey, 227 lookin' good. How's the family?"

[*Sweet Home Alabama* (2002 film)]

Words & Phrases

- **stubborn** 형 고집불통인, 완강한, 다루기 힘
- **ass** 명 (저속어) buttocks; sex
- **divorce** 명 이혼. 동사로도 자주 쓰인다.
- **speechless** 형 (잠시) 말을 잃은; 말로 표현할 수 없다. < speech (말) + less (without, minus, …없는)
- **dumbfound** 타동 황당하거나 충격적이어서 말을 잃게 하다.
- **joke** 명 농담. 여기서 the joke는 '우리의 결혼' (our marriage)을 뜻한다.
- **over** 형 끝난 (finished, ended, done, past)
- **shit** 타동 to exaggerate or lie to; …에게 뻥치다, 거짓말 하다, 갖고 놀다, 농담하다
- **show up** 나타나다, 출현하다 (appear)
- **there** 여기서는 이름을 모르는 상대방을 부르는 비공식체의 말
- **honey** 사랑하거나 아끼는 사람을 부르는 애칭; sweetheart, sweetie, baby, darling

> **장면** • • • •
>
> New York 시에서 새로이 촉망 받는 패션 디자이너가 된 Melanie가 Andrew의 청혼을 받고, 7년 만에 부랴부랴 남부 Alabama 주의 한 시골 타운에 살고 있는 법적 남편인 Jake에게 달려왔다. 허름한 작은 그녀의 옛집의 현관 앞에 도착하기가 무섭게 Melanie는 Jake에게 자기가 가지고 내려온 이혼 서류들에 서명할 것을 요구하는데, Jake는 능청을 부리고 놀리며 일축한다.

> **번역** • • • •
>
> Jake 아, 어떻게 도와 드릴까?
> Melanie 음, 우선, 네 고집불통인 엉덩이를 이 아래로 내려놓고 나 이혼해 줘.
> Jake (황당해 하며 말을 잃고 있다)
> Melanie 자, 어서,
> Jake 나 이거 진짜야. 농담은 끝났어.
> Jake 날 놀리고 있는 거지? 7년 후에 나타나서는 "여봐, 거기, Jake, 나, 당신 아내, 기억나?"라든지 "아, 자기, 좋아 보이네. 식구들은 어때?" 같은 인사조차 없으시나?

영어의 이해 with Dr. David

215 can = 제안, 부탁, 권고

How can I help you?
어떻게 도와 드릴까?

여기서의 조동사 can은 주어가 …할 능력 (ability)이 있거나 허락 (permission)을 받았음을 나타내는 용법이 아니라, 주어가 …할 것을 제안, 요청, 권고, 조언, 주문, 부탁, 또는 부드러운 톤으로 요구 또는 명령하는 용법으로 쓰인 것이다. 여기서는 제안을 나타낸다. [➡ (140) (158) (218) (313)]

example

Billy: Dad?
Ted: Huh?
Billy: If you ever get lonesome, you **can** call me up, O.K.?
[*Kramer vs. Kramer* (1979 film)]

Billy: 아빠?
Ted: 응?
Billy: 언제든 혹시 외로워지면 나한테 전화해.

| get + 형용 ...하게 되다 | lonesome 형 외로운; lonely |

장면 아빠와 엄마가 헤어진 지 1년 반 동안 아빠와 함께 살아 온 꼬마 Billy가 법정에서 양육권을 얻은 엄마에게 가기 위해 아빠와 작별하면서 아빠가 외로워질 때면 자기에게 전화하라고 말한다.

216 well = 새로운 또는 중단되었던 이야기를 도입 또는 계속하거나 상대방의 이야기를 이어받을 때

Well, ...
음, 자, 예, 근데, ...

Cross-reference
비교: well = 수정, 불찬성, 반박:
➡ (212) (422) (505)

한국의 영어 교육에서는 감탄사나 군더더기 말로 well을 접하면 무조건 '글쎄'라고 판에 박은 듯이 번역을 하도록 가르치는데 문맥과 상황에 적절하게 이해해야 한다. 여기서의 well은 well의 구어체에서 흔히 쓰이는 의미와 기능들 중의 하나로, 새로운 이야기를 도입하거나, 다시 계속하거나, 또는 상대방의 이야기를 이어받을 때 이야기에 앞서 이야기를 불쑥 던지는 느낌이나, 갑자기 자기 주장을 너무 강하게 내미는 느낌을 완화시키거나, 말하는 이에게 할 이야기의 내용이나 적당한 어구나 구문 형태 또는 스타일 등을 찾는 시간을 주는 기능을 한다. [➡ (298) (315)]

example My husband was a private chauffeur. **Well**, in the Depression, they didn't want private chauffeurs – everybody who had a car drove it himself. So he had an awful time for 10 years before he died at age 40. I think that the Depression killed him.

제 남편은 개인 운전수였어요. 근데, 대공황 시대에는 사람들이 개인 운전수를 원하지 않았죠. 차가 있는 사람은 누구나 자기가 직접 차를 몰았지요. 그래서 남편은 10년간 아주 어려운 시대를 겪다가 나이 40에 죽었습니다. 전 그 대공황이 그 사람을 죽였다고 생각해요.

| chauffeur 명 운전사, driver |
| the (Great) Depression 미국 경제의 대공황 (1929-1930년대) |

example President Theodore Roosevelt clenched his fist and said, "Sometimes I wish I could be President and Congress too." **Well**, he is not the only President that has that idea.
[President Franklin D. Roosevelt, 6-12-1936]

Theodore Roosevelt 대통령이 주먹을 꾹 쥐고 말했어요. "가끔씩 난 내가 대통령이자 의회이기도 했으면 하고 바래요." 음, 근데 그분만이 그런 생각을 가진 유일한 대통령이 아니죠.

| clench 타동 꽉 쥐다, 꼭 잡다   fish 명 주먹   Congress 명 미국 연방 의회. 주 (state) 의회는 주로 state assembly 또는 state legislature 라고 한다. |

[사진] 미국 역대 대통령들 중에 Roosevelt 대통령이 두 사람이 있다. Theodore "Teddy" Roosevelt ("TR", 1858-1919, 26대 대통령 (1901-1909)) (왼쪽 사진)과 Franklin Delano Roosevelt ("FDR", 1882-1945, 32대 대통령 (1933-1945)) (오른쪽 사진). 두 대통령은 모두 네덜란드계 혈통으로 먼 친척이었으며, TR은 개혁적인 공화당 (Republican)이었고 FDR은 진보적인 민주당 (Democrat)이었다. 한국인들은 (루즈벨트)라고 발음하는데, 네덜란드어 (Dutch) 식으로 (rō´•zə•ve/əlt`) (로우저벨트 또는 로우저벌트)라고 발음한다. 사진 제공: the Library of U.S. Congress

217 For starters

for starters:

'우선, 먼저, 첫 번째로' (to begin with; in the first place; as the first step; for the beginning; first of all) 정도로 번역될 수 있는, 어떤 일을 시작할 때 무엇으로 시작할 것인지 말을 여는 비공식체의 표현으로 앞에 관사 없이 항상 starters라고 복수형으로 쓴다.

같은 의미의 다른 표현들:
to begin with; first (of all); first off; firstly; in the first place; first and foremost (가장 중요해서 가장 먼저 얘기한다든지 가장 우선적으로 주목해야 한다는 뉘앙스); above all; above everything (else); before everything else

example We'd like two Margaritas **for starters**, please.
(식당이나 바에서 주문할 때) 우리 우선 마거리타 칵테일 두 개를 주세요.

example **For starters**, Madison, Wisconsin, is such a liberal place.
무엇보다 먼저 (지적 또는 주목할 것은) Wisconsin 주의 Madison은 대단히 진보적인 곳이다.

218　can = 제안, 부탁, 권고

You can get your stubborn ass down here.
고집불통씨 이 아래로 내려오시지.

여기서의 조동사 can은 주어가 ...할 능력 (ability)이 있거나 허락 (permission)을 받았음을 나타내는 용법이 아니라, 주어가 ...할 것을 제안, 요청, 권고, 조언, 주문, 부탁, 또는 부드러운 톤으로 요구 또는 명령하는 용법으로 쓰인 것이다. 여기서는 "Get your stubborn ass down here."라는 메시지를 조금 부드러운 완곡어법으로 표현한 것이다. [➡ (140) (158) (215)]

219　ass

ass:

엉덩이 (buttocks, 줄여서 butt이라고도 한다)를 뜻하는 명사 (저속어, vulgar word)인데, 성행위나 성기를 뜻하는 속어로도 쓰인다. 때로는 언급의 대상인 사람이나 물건 또는 상황에 관한 분노, 불쾌감, 불만족을 나타내기 위해 사용하기도 한다. 예를 들어 앞에 가는 차가 가지 않고 있거나 너무 느리게 가고 있을 때, 짜증스럽게 "Hey, move your ass!" ("야, 좀 (빨리) 가라!") 라고 하는 사람이 있다.

그러나, 저속어이기 때문에 친하지 않거나 낯선 사람에게 또는 공식적이거나 점잖은 상황에서 사용하는 것은 금물이다. 그런데 친한 사이나 의도적으로 익살스럽거나 너무 점잖을 떨지 않기 위한 제스쳐로 사용하는 경우들이 있다. 여기서는 남부의 가난하고 교육수준이 낮은 시골에서 어릴 때부터 함께 자라서 일찍 결혼한 Jake와 Melanie 간의 꾸밈없고 때로는 거칠기도 한 언어 문화의 일면을 보여 준다. (물론 지금 Melanie는 자기 인생의 유일한 장애물인 이 놈팽이 남편인 Jake에 대해 대단히 화가 나 있으니 이렇게 거칠게 막말을 하는 이유가 되기도 한다.) [➡ (257)]

example

Tess (to Cynthia, her friend and co-worker): I'm trying to make my life better. I'm not gonna spend the rest of my life working my ass off and getting nowhere.

[*Working Girl* (1988 film)]

Tess (친구이자 직장 동료인 Cynthia에게): 난 내 인생을 더 좋게 만들려고 노력하고 있는 거야. 내 나머지 인생을 죽어라 일하고 아무런 발전 없이 보내지 않을 거야.

work my ass off bust my ass; work like mad/crazy/hell; 열심히 (죽어라) 일하다/노력하다
get nowhere 아무 진전/발전이 또는 성과가 없다

220 Come on. = 재촉, 격려

Come on, Jake.
Jake, 어서/제발

Come on.은 명령문의 형태를 취하여 감탄사 또는 부사적으로 쓰이는 표현으로 기본적으로 두 가지 의미를 가질 수 있다.

의미-1 Come on.은 긍정적인 반응이 없거나 주저하는 듯한 상대방을 부추기거나 **재촉**하거나 **격려**하는 감탄사적 표현으로 흔히 쓰인다.

의미-2 Come on.은 상대방의 의견이나 진술에 **반대** 또는 **일축**하거나 재고를 청하는 구어체의 표현으로도 자주 사용된다. 여기서는 (아래의 예문 역시) 첫 번째의 의미로 쓰여 있다. [➡ (89) (200) (427)]

example

Mr. Keating: I stand up on my desk to remind myself we must constantly look at things in a different way. You see, the world looks very different from up here. Come see for yourself. **Come on**. **Come on**. Just when you think you know something, you have to look at it in another way. Even though it may seem silly or wrong, you must try. Boys, you must strive to find your own voice.
[*Dead Poets Society* (1989 film)]

Mr. Keating (영어 학급 학생들에게): 내가 책상 위에 서 있는 이유는 나 자신에게 우리는 사물을 끊임 없이 다른 식으로 봐야만 한다는 것을 상기시켜 주기 위한 거야. 있잖아, 이 위에서 보면 세상은 아주 달리 보이거든. 와서 스스로 봐. 자, 자 어서. 너 자신이 뭔가를 안다고 생각할 때 그것을 다른 식으로 봐야만 해. 그러는 것이 미련하거나 잘못된 듯할지라도 시도는 해 봐야해. 여러분, 여러분 자신만의 목소리를 발견하도록 노력해야만 해.

remind 타동 상기시켜 주다   **constantly** 부 끊임없이, 항상, 계속해서
strive + to-부정사: ... 하도록 노력하다; endeavor/try + to-부정사. Try의 경우는 일상체/구어체에서 주로 쓰이고, strive와 endeavor는 격식체/문어체에서 사용된다.

221 I mean it.: 유사한 표현들

I mean it.
나 이거 진짜야.

여기서 it은 앞에 진술된 또는 문맥상 이해되는 내용으로서, '나는 그것을 정말로 뜻한다, 진심이다,

내 이 말 또는 내가 이러는 것 장난이 아니다'라는 뜻이다.

example
Emma: I really don't feel sick.
Patsy (friend): Emma, why don't you come to New York for a visit? My treat. **I mean it**! [*Terms of Endearment* (1983 film)]

[**Why don't you come to New York?**: 문자 그대로 왜 New York에 오지 않는지 이유를 묻는 것이 아니라 New York에 오라고 제안 또는 초대하는 표현이다. = **Come to New York (, please).; How about coming to New York?; You can come to New York.**]

Emma: 나 정말 아픈 느낌이 안들어.
Patsy: Emma, 뉴욕에 방문하러 오는게 어때? 내가 낼께. 정말야.

장면 어린 세 아이들의 엄마가 된 Emma가 Nebraska 주의 한 병원에서 암 진단을 받는다. 소식을 듣고 뉴욕시로부터 날아 온 친구 Patsy가 Emma에게 여행 경비를 낼 테니까 뉴욕시에 와서 쉬었다 가라고 제안한다.

I mean it! 유사한 표현들: **I'm serious.; No kidding/ joking.; I'm not kidding/ joking.; I mean business.; I'm talking business/ turkey.**

222 shit

You're shittin' me.
너 날 놀리고 있어, 나한테 뻥치고 있네.

여기서 shit은 타동사로서 bullshit과 같이 '...를 놀리다, ...에게 말도 되지 않는 소리를 하다, ...에게 거짓말하거나 속이거나 과장하다'라는 의미로 저속한 (vulgar) 속어이다. 이것은 다른 유사한 표현들인 You're kidding me.; You're fooling/making fun of me.; You're playing (with me).; You're lying to me.; You're teasing me.; You're tricking me.와 달리 저속한 표현임으로 대부분의 경우에 사용을 자제하는 것이 바람직하다.

example "All that the government was doing was just **shit**ting us," said a man who was a student activist in the Sixties.
"정부가 하는 거라곤 우리한테 개소리 하는 것 뿐이었죠" 라고 60년대에 학생 운동가였던 한 남자가 말했다.

a student activist in the Sixties: 1960년대에 (미국 대학 캠퍼스에서의) 학생운동가

223 -in' (현재분사/동명사)

shittin':

여기서 shittin'의 -in'은 동사의 진행형인 -ing의 [-ng] 음이 완전하지 못하게 비교적 빨리 [-i/ən]으로 끝맺는 발음을 표기한 것으로, 저교육자층이나 흑인들 간에 이렇게 발음하는 경향이 현저하다. 주목할 점은 상대방이 흔히 그렇게 발음하는 사람(들)인 경우, 친근감을 주기 위해 또는 소박하거나 비격식적인 느낌을 주기 위해 교육 수준이 높은 사람도 의도적으로 그렇게 발음할 경우들도 제법 있다. (이 현상은 동명사의 어미 -ing의 불완전한 -in' 발음에서도 아주 흔히 볼 수 있다.) [➡ (239)]

[현재분사 -in']

example How many seas must a white dove sail before she sleeps in the sand? The answer, my friend, is blowin' in the wind. The answer is blowin' in the wind.
　　　　　　　　　　　　　　　　　　　[Bob Dylan, *Blowin' In the Wind* (1963 folk song)]

하얀 비둘기는 모래밭에서 잠들기까지 몇 개의 바다를 항해해야만 하나? 그 대답은, 내 친구여, 바람 속에 불고 있다네. 그 대답은 바람 속에 불고 있다네.

example
(I'm) Savin' nickels, savin' dimes
Workin' till the sun don't shine
Lookin' forward to happier times
On Blue Bayou　　　　　　　　　　[Linda Ronstadt, *Blue Bayou* (1977 song)]

[여기서 'Savin' nickels, savin' dimes'의 nickels와 dimes 그리고 반복되는 -in'의 [n] 발음은 이 노래의 서민적이고 비격식적인 일상성을 부각시킨다.]

| 푼돈을 모아가면서 | | 태양이 저물 때까지 일을 하면서 |
| 더 행복할 날들을 내다봅니다 | | 블루 바이유에서 |

[동명사 -in']

example Cajun cookin' is now the hottest eatin' around.

(미국 남부 Louisiana 주 일대의 매콤한 토속 요리인) 케이전 요리는 요즘 주위에서 가장 뜨고 있는 식도락이다.

example
Oh, that boy of mine by my side,
The silver moon, and the evening tide,
Oh, some sweet day,
(Are) gonna take away this hurtin' inside.　　　[Linda Ronstadt, *Blue Bayou* (1977 song)]

오, 내 곁에는 나의 사랑하는 그 사람이, 그 은빛 달과 저녁 물결이, 오, 어느 행복한 날엔가 내 안의 이 아픔을 씻어 줄 거예요.

224 부가 의문문: ..., right?

You're shitting me, right?:

'서술문, + 부가 의문문?'의 구조에서 부가 의문문이 흔히 (조)동사 + 주어로 도치 어순을 취하지만 언제나 서술문과 같은 주어와 (조)동사의 형태를 취하는 것은 아니다. 여기서는 '서술문, + right?'의 구조에서 right?는 부가 의문문의 기능을 하여 말하는 이가 듣는 이에게 서술문의 내용을 **재다짐**, **확인**, 또는 **촉구**하거나 **동의**를 구하는 표현을 더한다.

이러한 특수한 형태의 부가 의문문으로 자주 쓰이는 표현들로는 **(all) right?, O.K.?, (you) see?, you know?, huh?** 등이 있으며 구어체에서 대단히 자주 사용된다. 즉 이 문장은 You're shitting me, aren't you?와 기본적으로 같은 의미이지만 보다 대단히 비공식체적이며 구어체적이다.

[➡ (139) (173) (291) (309) (325) (331) (455)]

Cross-reference
부가 의문문의 기본
➡ (67) (75) (91) (478)

example The biggest fights with your partner seem to emerge from the littlest stuff, **right?** Like household cleanup.
파트너 (배우자나 같이 사는 boyfriend나 girlfriend)와의 가장 큰 다툼은 가장 자질구레한 것으로부터 시작되는 것 같죠? 집안 청소 같은 것 말이에요.

emerge 자동 나타나다, 등장하다 **household cleanup** 집안 대청소

225 without so much as ...

without so much as a "Hey, there, ..."
여봐요, 거기, ... 조차도 없이

without so much as ...는 원래 동등 비교 구문의 부정형 (not so much as ...: ... 만큼/조차도 아니다/않다)에서 유래한 것으로 '... 조차 없이/ ... 조차 하지 않고' (without even ...)라는 뜻이다.

Cross-reference
부가 의문문의 기본
➡ (67) (75) (91) (478)

example Lots of the radical students of the '60s and '70s have turned quite conservative **without so much as** a blush.

1960년대와 1970년대의 급진적인 학생들의 상당수는 얼굴 한번 빨개지지 않고 꽤 보수적이 되었다.

radical 형 급진적인, 과격한   **conservative** 형 보수적인   **blush** 명 얼굴 붉힘, 홍조

example In Boston, as many as five roads join together **without so much as** a "Yield" sign.

Boston에서는 다섯 개나 되는 길이 (많을 때는 다섯 개의 길들이) "양보" 표지판 하나 없이 한데 모인다.

yield 자동 양보하다, 지다, 굴복하다

226   there = 상대방을 부를 때

there
여봐요, 거기

Cross-reference
비교: hello, hi, hey, yo:
➡ (49) (245)

여기서의 there는 '거기에'라는 장소의 부사로 쓰인 것이 아니라, 이름이나 정체를 모르는 상대방을 부르는 호칭이다 (때로는 그런 사람을 가리키는 대명사로 쓰일 수도 있다). 예를 들어 이름이나 모르는 사람을 부를 때 Hello(,) there.; Hi(,) there.; Hey(,) there. 등으로 부를 수 있는데, 이것들 중에 Hello로 부르는 것이 가장 점잖고 Hey로 부르는 것이 가장 친근하고 덜 정중하다. Hey는 공식적인 상황에서나 많은 연장자나 윗사람에게는 경박하거나 무례하게 들릴 수 있다. (정중한 표현을 할 때는 sir/ma'am을 사용하는 것이 바람직하다).

Excuse me, there, please. (저/거기 실례 좀 하겠습니다)나 Thanks a lot, there. (저, 거기 대단히 감사합니다) 등의 표현을 쓰기도 한다. 이름을 모르는 상대방을 부르거나 인사하는 감탄사로 yo (yō) 도 있는데, 이는 이들 중 가장 비공식체적으로 격의가 없고 특히 흑인들 사이에 많이 쓰인다.

격식성의 정도 (가장 격식적 - 가장 비격식적): **hello - hi - hey - yo**

example Excuse me. Excuse me, **there**. Is this the right way to Grand Central Station?
실례합니다. 저기요, 실례합니다. 이쪽이 Grand Central 역으로 가는 올바른 길인가요?

227 주어 + (술부 동사)의 생략

Remember me, your wife? 나, 당신 아내 기억나?;
Lookin' good. 좋아 보이네

비공식체적 구어 표현에서 문맥상 또는 상황적으로 이해되는 주어 (또는 주어 + 술부동사)가 생략된 경우이다. 문어체 정어법으로 표현하자면 **You/Do you** remember me, your wife? **You're** looking good.이 된다. [➡ (144) (297) (326) (344)]

example Remember eating meatloaf on a tray when Mom and Dad were going out for the evening? The humble frozen meal was first introduced to American households in 1953.

[(**Do you**) remember ...?]
아빠 엄마가 저녁 데이트를 나갈 때 쟁반 위에 놓인 meatloaf 먹던 것 기억나세요? 그 조촐한 냉동 식사는 미국 가정들에 1953년 처음으로 소개되었습니다.

---

meat loaf 간 고기 (ground meat)에 빵가루, 야채, 양념 등을 다져 덩어리로 만들어 구운 식사로 특히 미국에서 1953년에 냉동 패키지로 TV에 광고 되어 판매되기 시작한 (그래서 소위 'TV dinner'라는 냉동 식사의 한 주종이 되었다) 이래로 오랜 동안 (30-40년간) 큰 인기를 누려왔다.
tray 명 쟁반   **frozen meal** 명 냉동음식   **household** 명 집안 (살림), 가구, 가족

Scene

Jake (to Melanie) **228** Hell, I'm **229** just a simple country boy. **230** There's words I can't even pronounce.

[*Sweet Home Alabama* (2002 film)]

Words & Phrases
- **simple** 형 간단한, 단순한, 소박한
- **country** 형 시골의
- **word** 명 낱말, 단어
- **pronounce** 타동 발음하다

장면

Melanie는 7년 만에 옛집에 돌아와 아직도 법적으로는 남편인 Jake에게 이혼 서류에 서명을 하라고 요구하는데, Jake은 그 이혼 법정 서류에는 자기 같은 촌놈은 발음조차 할 줄 모르는 낱말들이 있다고 자기를 비하하고 빈정거리면서 서명할 것을 거부한다. (Melanie는 나중에 이 'simple country boy' 가 실은 얼마나 인간미 있고 자기를 사랑하는지, 그리고 그 사랑에 의해 얼마나 건실한 사람으로 변화해 있는지를 발견하고 Jake와 다시 뜨거운 사랑에 빠진다.)

참고 ▶ 미국의 이혼문화:

Melanie가 Jake과 이혼하기 위해 Jake의 동의가 반드시 필요한 것은 아니다. 오늘날 미국의 전 50개 주에서 이혼은 반드시 사유를 필요로 하지 않는, 즉 배우자의 fault (잘못)를 전제로 하지 않으며 (그래서 미국에서의 이혼을 법적 요구조건의 관점에서 'no-fault' divorce라고 부른다) 배우자의 동의를 필수로 하지 않는다. 이 영화 전반부에서 Melanie의 문제는 Andrew의 청혼을 받아들이고 준비하기 위해서는 Jake와의 이혼을 대단히 빠른 시일 내로 법적으로 마무리 지어야 하는 데 있다. 여기서 만일 Jake이 바로 서명해 주지 않고 분쟁과 재산 정리 등에 시간을 끌면 Jake의 동의가 없어도 이혼은 결국 되지만, 비록 아이가 없고 재산 형태가 비교적 단순해도 법적 절차상 1-2년의 시간이 소요될 수 있기 때문이다.

번역

Jake (Melanie에게)   젠장, 난 그냥 단순한 촌놈이야.
(이 이혼 서류에는) 내가 발음조차 할 수 없는 단어들이 있어.

영어의 이해 with Dr. David

228 hell

Hell

원래 지옥을 뜻하는 명사인 hell은 여기서는 불쾌감, 분노, 짜증, 역겨움, 반감, 좌절감, 놀라움 등을 강하게 표현하는 감탄사이다. 한국어로 '젠장, 제기랄' 또는 대부분 그 이상의 강한 감정을 나타내며, 아무리 기분이 불쾌하더라도 듣는 이에게 불쾌감을 주거나 무식하고 무례하게 들리기 때문에 공식적인 또는 점잖은 자리에서나 그다지 친하지 않은 사람들 앞에서는 절대 피해야 할 표현이다.

물론 자기의 격한 감정을 예를 들어 옳지 않은 일에 대한 정당한 감정일 때, 또는 아주 친한 사이에 굳이 감추지 않고 의도적으로 드러내고자 할 때 사용할 수 있지만, 대부분의 경우에 hell의 미화법적 변형인 heck을 사용하여 보다 순화된 감정으로 표현한다. 그러나 heck 역시 공식적인 또는 점잖은 자리에서는 피하는 것이 좋다.

example Savannah is not part of the New South. "**Hell**," one businessman who grew up there told me, "We're not even on the map anymore."

Savannah는 'the New South' (문화적, 경제적으로 현대화 된 새로운 남부)에 속하지 않는다. 거기서 자란 한 사업가가 나에게 말했다. "제기랄, 우린 이제 더 이상 지도에도 안 올라 있다." (아무도 모르거나 알아주지 않는다는 뜻)

참고 남북전쟁 (the Civil War, 1861-1865) 이후로 보는, 근대 미국 이전의 옛 남부 미국 (the Old South)를 상징하는 2대 쌍벽의 도시인 Georgia 주의 Savannah와 South Carolina 주의 Charleston을 비교하는 표현이다. 오늘날의 Charleston은 다이내믹한 경제적 그리고 문화적인 변화를 거치면서 소위 새로운 남부 (the New South)의 얼굴로 변모하고 있는데, Savannah는 옛 남부 시절의 모습으로 정체되어 있음을 지적하는 표현이다.

[사진] 미국 남부 South Carolina 주의 Charleston 시와 함께 the Old South를 대표한 도시 Georgia 주의 Savannah. 1730년대부터 도시 계획과 주거의 기본이 된 정사각형의 정원/공원식의 town squares가 대단히 인상적이다.
사진: ⓒ 박우상 (Dr. David)

example "Hell, the Klan is a bunch of old farts who ride around shooting and cussing, burn a cross and then go home. These kids will get worked up and go out and kill somebody."

"젠장, 클랜은 총 쏘고 욕설이나 지껄이면서 차 타고 돌아다니며 십자가를 불태우고는 집으로 돌아가는 한 떼의 밥맛 없는 녀석들이죠. 이 녀석들 자극 받으면 나가서 누군가 죽입니다."

[Alabama 주에서 흑인들에게 폭력을 가한 KKK 단원들을 체포한 경찰관의 표현]

---

fart (färt) 방귀를 뜻하는 명사인데 저속어임에 유의. 여기서는 밥맛 없는 사람, 멍청하거나 한마디로 웃기는 녀석이라는 뜻의 속어   **cuss** 자동 (비격식체) 욕하다
work up 자극 또는 흥분시키다, 들뜨거나 욱하게 만들다, 벌컥하게 하다

영어와 문화   the **Ku Klux Klan** (**KKK**, 또는 줄여서 **the Klan**):
미국의 남북전쟁 (the Civil War, 1861-1865) 직후에 조직되어 지금까지 존재하고 있는 폭력적인 인종차별 집단이다. 한편으로는 백인종의 우수성과 순수성을 또 다른 한편으로는 (오도된) 기독교 신앙을 주장하면서, 흰 두건 (hood)을 쓰고 불타는 십자가를 들고 다니며 흑인들을 (때로는 다른 소수 인종들과 유대인이나 가톨릭인 등 문화적 소수인들까지) 죽이고 고문하고 협박하던 KKK의 세력과 기반이 오늘날에는 많이 약해져 있다. 그러나 Donald Trump 대통령 취임 이후로 Proud Boys, Qanon 등 다양한 극우 백인우월주의 집단들이 급격히 등장하고 세력을 증가시킨 것으로 보인다.

[사진] 근래에 미국 남부의 한 타운에서 집회 중인 지역 KKK 멤버들. 흰색 두건을 쓰고 흰색 가운을 입고 남북전쟁 (the Civil War, 1861-1865) 당시에 미합중국 (the United States of America)과 처절한 전쟁을 벌였던 미국 남부연합국 (the Confederate States of America)의 전투 깃발이었던 Confederate flag를 들고, 2차 세계대전 때의 독일의 히틀러 (Hitler)식과 유사하게 경례하고 있다.
사진 제공: © (익명 요청)

229　just = 강조의 부사 = only, merely, simply, nothing more than

just a simple country boy
그냥 한 단순한/소박한 촌놈에 불과하다, 촌놈일 뿐이다

여기서의 just는 부사로서 just가 수식하는 (just에 뒤따르는) 말이나 표현의 의미의 정도를 최소화하거나 감소시키는 기능을 하여, '단지/불과/그냥 ...일/할 뿐 (그 이상은 전혀 아니다)' (only; merely; simply; nothing more than)이라는 뜻을 나타낸다. 이러한 부사로서의 just의 어법은 동사, 형용사, 부사, 명사, 또는 절을 수식할 수 있다.

여기서는 '나는 그냥 한 단순한 (또는 소박한) 시골 촌놈에 불과하다, 불과할 따름/뿐이다'라는 뜻이 되게 한다. [➡ (55) (70) (324) (330) (541) (584)]

example　In "When Harry Met Sally ...," Meg Ryan and Billy Crystal are **just** friends for most of the movie.
Harry가 Sally를 만났을 때 (1989 film)에서 Meg Ryan (Sally 역)과 Billy Crystal (Harry 역)은 영화의 대부분 동안 친구에 불과하다/그냥 친구일 뿐이다.

230　There is + 복수 명사 (= 주어)

There**'s** word**s** ...
... 낱말들이 있다.

주목　..가 있다는 존재를 나타내는 There + be 동사 + 주어 구문에서 be 동사의 수는 그 뒤에 따르는 주어의 수에 일치하는 것이 논리적이고 문법적이다. 그러나 현대 영어에서, 특히 지난 한 세대 남짓한 기간에 걸쳐, 구어체에서 (비공식체나 일상적인 구어체에서만이 아니라 교육 수준이 높은 사람들 간에도 그리고 상당히 공식적인 자리에서도 말을 할 때는) 주어의 수가 복수형일 때도 be 동사가 단수형으로 일치하는 경향이 현저하게 증가하여, 오늘날에는 일상 대화에서 주어가 복수일 때 There are + 복수 주어를 사용하여 말을 하면 오히려 어색하거나 문법적으로 지나치게 까다롭고 현실감 없는 사람으로 느껴지게 된다. 그러나 글을 쓸 때는 말하듯이 쓰거나 아주 비공식적인 스타일이 아닌 경우에는, 복수 주어 앞에 복수형 be 동사로 일치시키는 것이 정어법이다.

example　Gavin: **There was** two kind**s** of girls back then. You had your nice girls. Then you had your punchboards. Nowadays, even nice girls like to screw.
[*Everybody's All-American* (1988 film)]
Gavin (왕년의 대학 미식축구의 스타 Gavin이 친구 Donnie와 친구의 부인 그리고 자기 약혼녀에게): 그 옛날에는

여자애들이 두 부류가 있었지. 참하다고 ("nice" 하다고) 하는 애들이 있었고. 그리곤 발랑 까진 애들이 있었지. 요샌 참한 애들조차 재미 보길 좋아해.

---

punchboard 명 속어로 성적으로 헤프거나 끼가 있는 여자나 성적 대상물로서의 여자를 뜻한다. 그냥 punch라고도 하며 요즈음은 더욱 흔하게 slut이라고 한다. 모두 여성을 비하하는 저속한 (vulgar) 표현들이다.　　**screw** 자동 (vulgar, 비속어) 섹스를 하다.

---

example

Helen: <u>There**'s**</u> different kind**s** of love, darling. Some people you love no matter what, and others you love if the situation is right. To me, the best kind of love is the no-matter-what kind.　　　　　　　　　　　　[*Inventing the Abbotts* (1997 film)]

[... you love에서의 **you**는 듣는 이 특정인을 가리키는 것이 아니라 누구에게나 적용될 수 있는 **일반인**을 가리킨다.]

Helen (고등학교 졸업반인 아들 Doug에게): 얘야, 사랑에는 (서로) 다른 종류들이 있단다. 어떤 사람들을 우리가 무슨 일이 있어도 (무조건적으로, 절대적으로) 사랑하고 다른 사람들은 우리가 상황이 적합하면 사랑하지. 나한텐 가장 훌륭한 종류의 사랑은 그 무조건적인 거야.

---

no matter what 부 무슨 일이 있어도, 어떤 상황에서도; under any circumstances; in any kind of situation; regardless. 뒤의 no-matter-what은 형용사 (무슨 일이 있어도 하는, 조건이나 상황에 무관한)

---

example "When I sit in a restaurant in New York or other cities, <u>there**'s**</u> black **people**, white **people**, Asian**s**, Hispanic**s**. Why can't we see that America on TV?"
[**Why can't we** see that America on TV? = **We should** be able to see that America on TV (too).]
뉴욕이나 다른 도시들에서 식당에 앉아 있으면 흑인들도 있고 백인들도 있고 동양인들도 있고 중남미 인들도 있죠. (그런데) 왜 그런 (다인종 다문화적인) 미국을 TV에서는 볼 수 없나요?

231 　관계 대명사의 생략: 관계대명사 = 타동사의 목적어

There's words (**that**/**which**) I can't even **pronounce**.
내가 발음조차 할 수 없는 낱말들이 있어.

Cross-reference
비교: 전치사의 목적어인 관계대명사의 생략:
➡ (546)

관계대명사의 기본적인 용법을 보여주는 구문이다. 이 문장은 There's <u>words</u>. (낱말들이 있다)와 I can't even pronounce <u>them/those words</u>. (난 그 낱말들을 발음조차 할 수 없다)의 두 문장이, 공통의 명사어구인 words (= them/those words)를 소위 선행사로 하는 관계대명사 that (또는 which)에 의해 하나의 더 큰 문장으로 연결된 것이다. 그리고서는 관계대명사가 관계사절 안의 타동사의 (이 경우 pronounce) 목적어일 경우 생략될 수 있는 경우로 that (또는 which)이 생략된 것이다.
[➡ (151) (253) (285) (549) (577)]

There's words. + [I can't even pronounce them/those words (= that/which)].
= There's words (that/which) I can't even pronounce.

example The freedoms we enjoy today and the privileges we have today are really the reflection of Abe Lincoln's convictions, his vision, and his toughness.
[= The freedoms (that/which) we enjoy today and the privileges (that/which) we have today are ...]
오늘날 우리가 누리고 있는 자유들과 특권들은 실은 Abe Lincoln의 확신들, 그의 비전, 그리고 그의 강인함의 반영입니다.

privilege 명 특권, 특전   **reflection** 명 반영, 반사, 성찰   **conviction** 명 신념, 확신

Exercise

다음의 문장들 중에서 밑줄 친 관계대명사를 생략할 수 없는 것은 어느 것입니까?

❶ Abraham Lincoln is the president <u>whom</u> people respect the most.
❷ Long history and advanced civilization are the two things <u>which</u> the British are especially proud of.
❸ The Midwesterners are people <u>who</u> like beer and are down-to-earth.
❹ Pizza is the most favored casual party food <u>that</u> there is in the American food market.

[정답과 해설]

해설 >>>
문장 ❶에서 whom은 whom이 이끄는 관계사절 (whom ... most)에서 타동사 respect의 목적어이며 ❷에서의 which는 관계사절 (which ... of)에서 전치사 of의 목적어이다. 관계사절 안의 타동사 또는 전치사의 목적어인 관계대명사는 생략이 가능하므로, ❶과 ❷에서의 whom과 which는 생략이 가능하다.

주목 ❸에서의 who는 관계사절 (who ... down-to-earth)에서 주어의 역할을 하는 주격관계대명사이며, 주격관계대명사는 관계사절이 there is/are에 의해 이끌리는 경우가 아니면 (즉 관

계대명사가 there is/are의 주어인 경우가 아니면), 극히 일부 저교육자의 영어 (uneducated English) 또는 비정어법 영어 (non-Standard English)가 아닌 정어법에서는 절대로 생략되지 않는다. ❹에서의 관계대명사 that은 뒤따르는 there is의 주어이다. 주격관계대명사는 there is/are 구문의 주어일 경우에만 생략될 수 있으므로 이 that은 생략이 가능하다.

번역 >>>
❶ Abraham Lincoln은 사람들이 가장 존경하는 대통령이다. [주목: 여기서의 the most의 the는 강조의 어법으로 (thē)로 발음된다.]
❷ 오랜 역사와 발전된 문명은 영국인들이 각별히 자랑스러워 하는 두 가지이다.
❸ 중서부인들은 맥주를 좋아하고 실제적인 사람들이다.
❺ 피자는 미국 음식 시장에 있는 가장 선호되는 일상적인 파티 음식이다.

정답: ❹

advanced 형 진보한, 앞선　**civilization** 명 문명　**especially** 부 각별히, 특히
favor 타동 총애/선호하다　**casual** 형 일상적인, 격식을 차리지 않는
down-to-earth 형 실질적인, 현실적인

Scene

Melanie (shouting)　Jake! You dumb, stubborn ㉜ redneck hick! The only ㉝ reason you ㉞ won't sign these ㉟ papers is ㊱ 'cause I want you ㊲ to!

Jake (shouting back)　Wrong! The only ㉝ reason I ㊳ ain't ㊴ signin' is ㊱ 'cause you ㊵ 've turned ㊶ into ㊷ some hoity-toity ㊸ Yankee bitch. And ㊹ I'd like nothin' better right now than to piss you off.

[*Sweet Home Alabama* (2002 film)]

Words & Phrases

• **dumb** 형 멍청한, 벙어리인. 발음 주목: m 뒤의 b는 발음되지 않는다.
　예: **comb** (koum) 명 빗　**Lamb** (læm) 명 새끼 양
• **stubborn** 형 고집센, 완강한, 다루기 힘든
• **these papers** 이 (이혼) 서류들

- **hoity-toity** (ˈhɔi·ti·ˈtɔi·ti) 형 거만한, 시건방진, 다른 사람들을 업신여기는
- **bitch** 명 (속어) 악질적인, 밥맛 없는, 못된, 성적으로 헤픈 여자 등 여자를 경멸적으로 표현하는 낱말
- **piss (someone) off** (속어: 점잖은 자리에서는 피해야 할 표현) 성나게 하다, 대단히 불쾌하게 하다. **piss**는 흔히 오줌 (을 누다)이라는 뜻의 명사 또는 자동사로 쓰인다.

장 면

이혼을 요구하며 한창 열을 받고 있는 Melanie와 빈정거리며 발뺌을 하는 Jake간에 옥신각신하는 설전이 벌어지고 있다.

번 역

Melanie (소리치면서)   Jake! 너 띨띨하고 고집불통인 무식쟁이 촌놈아! 니가 이 서류에 서명을 하지 않으려는 건 내가 그걸 원하기 때문인 이유 밖에 없어!

Jake (맞받아 소리치면서)   틀렸어! 내가 서명을 안해 주는 유일한 이유는 니가 어떤 시건방진 양키 년이 되었기 때문이야. 근데 난 바로 지금 널 약 올리는 것보다 더 좋은 게 없거든.

영어의 이해 with Dr. David

232   redneck/hick

redneck hick
무식쟁이 촌놈

Redneck (ˈred·nek)은 교육과 소득 수준이 낮고, 문화적으로 좁고 편견적이며, 보수적이고 세련되지 못한 백인을 (특히 미국 남부 시골의 저교육, 저소득, 육체노동 계층을) 경멸적으로 또는 조롱하듯이 일컫는 속어이다. 밖에서 뙤약볕에 육체노동을 해서 목덜미가 빨갛게 익은 사람이라는 의미에서 유래한 말이다. Hick (hik) 또한 유사한 낱말로, 특히 시골 지역의 교육 수준이 낮고 문화적으로 세련되지 못한 사람을 모욕적이고 조롱하듯이 일컫는 비공식체적인 낱말이다.

example   When popular eals with racism, we almost always talk about **redneck** stereotypes, <u>seldom</u>, <u>if</u> <u>ever</u>, about corporate executives or highly educated

people. But upper- and middle-class whites can hurt the minorities the worst way because they have the power.
[seldom, if (we) ever (talk about)]
[... (in) the worst way ...]

대중문화가 인종차별주의를 다룰 때, 우리는 거의 항상 저교육 막노동층이 가진 고정관념을 말하지 회사 중역들이나 교육 수준이 높은 사람들은 이야기한다 하더라도 거의 하지 않는다. 그러나 상류층과 중산층 백인들이 소수인종들에게 최악으로 상처 낼 수가 있다. 그들이 권력을 가지고 있으므로

---

deal with ...: ...를 다루다; handle, treat **stereotype** 명 고정관념 **seldom, if ever,** ...: ... 한다고 해도 거의 ...하지 않다 **corporative executives** 명 회사 중역들 **whites** 명 백인들 **minorities** 명 소수 인종들. 요즘은 사회문화적 소수 그룹들도 종종 포함한다.
(in) the worst way: 최악으로

 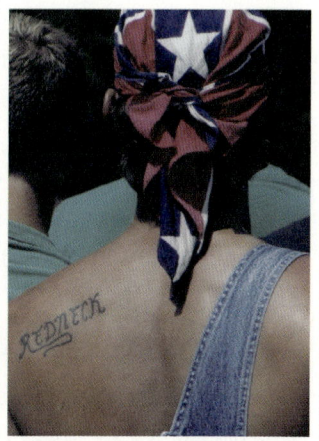

[사진 (왼쪽)] 매년 여름에 미국 동남부 Georgia 주의 East Dublin에서는 소위 "the Redneck Games" 게임 축제가 열린다. 북부인들에 의해 주로 장악되고 있는 미국의 미디어와 문화계 그리고 학계가 남부의 평민들을 redneck이라고 정형화 하는 풍조에 반발하여, '그래 우린 무식쟁이 redneck들이다, 어쩔래'하는 반감으로 모여서 사진에서처럼 진흙탕 구덩이에 배를 앞으로 다이빙하기, 자동차 바퀴 커버 던지기, 화장실 변기 자리 던지기, 겨드랑이에서 소리내기, 흠뻑 젖어 몸에 착 달라붙은 T-셔츠 자랑 등 온갖 기상천외의 투박한 게임들을 하고 음악, 춤, 음식, 불꽃놀이 등을 즐기며 논다.

[사진 (오른쪽)] 이 the Redneck Games에서 온몸이 빛에 그슬린 한 백인이 어깨 위에 "redneck"이라고 새긴 문신 (tattoo)를 드러내 놓고 있다. 머리에는 노예제를 지지하는 상징인, 미국의 남북전쟁 (the Civil War, 1861-1865)에서 미합중국 (the United States of America)에 대항하여 전쟁을 치렀던 미 남부 연합국 (the Confederate States of America)의 국기 모양의 bandanna를 둘러 쓰고 있다. 사진 제공: ⓒ Bud Lacine

Sweet Home Alabama (스위트 알라바마)   115

233 reason + (why/that/for which = 관계부사)

The only reason (why/ that/ for which) you won't sign these papers is ...
당신이 이 (이혼) 서류들에 서명을 하지 않으려고 하는 유일한 이유는 …야.

reason 바로 뒤에 그 reason이 어떤 reason인지를 수식하는 관계사절인 you won't sign these papers가 따르고 있는데 reason 바로 다음에 관계부사인 why 또는 that이 생략되어 있는 경우이다. 이 생략 현상은 필수적인 것이 아니라 선택적인 것이며, 특히 일상적 구어체에서 흔히 그리고 비공식체적인 문어체에서도 종종 생략된다.

The only reason + [You won't sign these papers for that reason] + is …
= The only reason + [(why/ that/ for which) you won't sign these papers] + is …

example A major reason (why/ that/ for which) people love to visit the St. Petersburg area is for aquatic adventures.
사람들이 St. Petersburg를 방문하길 좋아하는 한 주된 이유는 물에서 하는 모험들 (수상 또는 수중 스포츠들이나 레저 활동들)을 위해서다.

St. Petersburg 미국 동남부 Florida 주의 서부에 있는 인구 약 25만이 넘는 해변도시. 별명: 햇살의 도시 (the Sunshine City)

example Today kids' sports are appalling. The only reason (why/ that/ for which) youngsters play is to win, not for the pleasure of just playing.
오늘날 아이들의 스포츠는 끔찍하다. 애들이 경기를 하는 유일한 이유는 이기기 위해서지, 그냥 노는 (경기 또는 운동을 하는) 즐거움을 위한 것이 아니다.

appalling 형 끔찍한, 섬뜩하게 하는   **youngster** 명 어린이, 젊은이
the pleasure of just playing 그냥 놀이하는 즐거움

234   will = 주어의 의지; won't = 거부/거절

You won't sign these papers.
당신은 이 (이혼) 서류들에 서명하지 않으려고 해

Cross-reference
비교: Will you?:
➡ (320) (406)
비교: will = 추측:
➡ (104) (128) (316) (323) (372) (472)
비교: will = 말하는 이의 의지:
➡ (138)

여기서의 조동사 will ('ll: will의 축약형)은 will의 기본적인 어법의 하나로 (다른 기본적인 어법인 말하는 또는 글 쓰는 이가 주어의 미래 (때로는 현재) 행위나 상태에 관해 추측이나 예견을 하는 것이 아니라), 현재나 미래의 사건이나 행위에 관한 '주어의' (주어가 I 또는 We인 경우에는 동시에 말하는 또는 글 쓰는 이의) 의지, 소망, 계획, 고집 등을 (부정문 (will not; won't)의 경우에는 거부나 거절을) 나타낸다.
[➡ (117) (121) (142) (174) (320) (527) (580)]

example   Bush is plagued by a hostile Congress, sinking polls, and an unending war. Yet he **won't** budge. Is he resolute or delusional?
Bush는 적대적인 연방의회, 떨어지는 여론 지지도, 그리고 끝나지 않는 전쟁으로 곤경에 처해 있다. 그러나 그는 물러서지 않으려 한다. 그는 (과연) 결단이 굳은 것인가 아니면 망상을 하고 있는 것인가?

plague (전염병 (plague)이 지역이나 사회를 괴롭히듯이) 괴롭히다   **hostile** 형 적대적인   **sink** 자동 가라앉다, 내려가다   **poll** 명 여론조사, 투표   **budge** 자동 (약간) 움직이다, 꼼짝하다, 입장을 바꾸다   **resolute** 형 결심이 굳은   **delusional** 형 망상의, 헛 생각을 하는   **delusion** 명 망상, 착각

example

Lem: Hey, hey, I'm the one who's been on six interviews. Six! They **won't** hire me. So, what'd you know about being a black man anyway?
[*Soul Food* (1997 film)]
Lem: 야, 야, 여섯 번이나 (직업을 찾으러) 인터뷰를 했던 사람이 나야. 여섯 번이나! 그자들 날 고용하지 않겠대. 그래, 네가 흑인 남자인 게 뭔지 도대체 뭘 알겠어?

 직장에서 해고되고 나서 새 일자리를 구하러 여섯 번이나 일자리 인터뷰를 하고도 아직 찾지 못한 젊은 흑인인 Lem이 빈정대는 아내에게 자기의 좌절감을 터뜨린다.

example

Katherine: I, I thought that I was headed to a place that would turn out tomorrow's leaders, not their wives.
Bill: Calm down, please.

Sweet Home Alabama (스위트 알라바마)

Katherine: No, I **will not**!   [*Mona Lisa Smile* (2003 film)]

Katherine: 저, 전 아내들이 아니라 내일의 지도자들을 배출하는 곳으로 향하고 있었다고 생각했어요.
Bill: 진정해요.
Katherine: 아녜요, 저 진정하지 않을 거예요!

turn out 타동 배출/산출/생산하다; produce

장면 ▶ 명문 여자 사립대학에서 처음 교편을 잡은 미술사 교수 Katherine이 학교측과 많은 학생들이 보수적이고 속물적임을 깨닫고 너무도 깊은 실망감을 토로한다. 동료인 이탈리아 문학 교수인 Bill이 진정하라고 하자 Katherine이 진정하기를 거부한다.

235   papers: 물질명사-s

these papers
이 서류들

Cross-reference
비교: a + 물질명사:
➡ (301)
비교: a + 추상명사; 추상명사-s:
➡ (295) (452)

막연히 종이라고 하면 물질명사여서 그 앞에 관사가 없으며 흔히 조수사를 써서 수량을 나타낸다. 그러나 복수형으로 papers라고 하면 구체적이며 셀 수 있는 명사로서, 하나 이상의 서류들이나 (학기 중이나 기말의 또는 학회 같은 곳에서 발표하는) 논문들 또는 신문들 따위를 뜻할 수 있다 (물론 그런 것 하나를 뜻할 때는 a paper라고 한다).

이 문맥에서는 Melanie가 가져온 이혼 서류들을 뜻한다.

다음의 문장에서는 (불가산) 물질명사로서의 paper를 500장 묶음의 단위인 ream을 조수사로 사용하여 양을 구체적으로 나타낸다.

example   It will take lots of paper - at least two **reams of paper** - to print the mayor's budget proposal.
그 시장의 예산안을 인쇄하려면 많은 종이가, 적어도 두 단의 종이가 필요할 것이다.

1 ream 종이 한 단 500 sheets (장)   **budget** 명 예산

다음의 예문에서는 paper를 물질로 사용한 제품, 즉 특정한 형체를 갖추고 셀 수 있는 신문을 뜻하는 가산 보통명사로서의 paper이다.

example   The mayor starts his day's work reading at least three or four (news)

papers in the morning.
그 시장은 아침에 적어도 서너 개의 신문을 읽으면서 그의 하루 일과를 시작한다.

236 'cause

'cause
...이/하기 때문에; ...이/하니까

이유를 나타내는 접속사 because의 비공식체적인 구어체의 표현이다. 교육 수준이 낮은 사람들의 발음에 특히 현저하다. 앞의 **apostrophe** (')는 앞에 생략된 것이 있음을 나타내기 위해 쓰는 구두점 (punctuation)인데, 이 경우는 be 소리의 생략을 나타낸다. 이 발음과 표기는 공식적이거나 신중해야 할 자리에서는 피하는 것이 좋으며 격식을 갖춘 글을 쓸 경우는 피하는 것이 마땅하다.

> example   I'm struggling to send my kid to private school **'cause** public schools are too violent.
> 공립학교들이 너무도 폭력적이기 때문에 나는 애를 사립학교에 보내기 위해 (경제적 부담이 커서) 안간힘을 쓰고 있다.

[그림] 미국의 공립 중고등학교들에 설치된 metal detector (금속탐지기)에 관한 찬반 양론
사진제공: © OpinionFront

[사진] 영화 Pay It Forward (2000 film)에서 중학생 Trevor가 학교 건물에 들어서서 metal detector를 통과할 때, 옆에서 한 불량 학생이 칼 (knife)을 metal detector 옆으로 빼돌리면서 통과하는 모습을 목격한다. 사진: © Warner Bros-Bel Air Entertainment-Tapestry Films

> **example** Where I come from, Brooklyn, beer was like water. You drank at weddings, and you drank at funerals. You drank **'cause** you were happy, or **'cause** you were sad.
> 나의 출신지 Brooklyn에서는 맥주는 물과도 같은 것이었다. 결혼식들에서도 마시고 장례식들에서도 마셨다. 기쁘니까 마시거나 슬프니까 마셨다.

> **funeral** 명 장례식
> **'cause** 접속. 앞의 be를 종종 발음하지 않는 because의 비격식 구어체 발음의 표기

> **문화배경** New York City는 Manhattan, Queens, Brookly, Staten Island, 그리고 the Bronx 5대 행정구역 (boroughs)로 구성되어 있으며, 각각이 독자적인 체제와 방식들을 갖고 운영되며, 상당히 뚜렷한 문화적 특징들을 보인다. Brooklyn은 전통적으로 블루칼라 (blue-collar) 지역이며, 음주 문화로는 맥주를 대단히 많이 마신다.

[사진] New York City의 한 행정 구역인 Brooklyn의 한 아파트 옥상에서 세 여자 친구들이 일과 후 맥주를 마시며 대화를 나누고 있다.
사진 제공: ⓒ Quentin Zamfir

237 짤린 (clipped) to-부정사

I want you to (sign these papers).
난 네가 (이 서류들에 서명하기)를 원해

여기서 to는 앞에서 표현된 sign these papers를 표현의 경제를 위해 (반복을 피함으로써) 생략한 경우로, to-부정사의 부정사 (동사 원형) 부분이 생략되고 to만 짤려 남은 소위 '짤린 (clipped) to-부정사'라고 불리는 어법이다. [➡ (124) (535)]

> **example** We can do anything we want **to** if we stick to it long enough.

[Helen Keller]

[... we want to (do) ...]
우리는 하고싶은 일은 충분히 오래 물고 늘어지면 무엇이든 해낼 수 있습니다.

stick to ... ...를 고수하다, 지키다; cling/adhere/keep to ...

example American women work because they have to.
[... because they have to (work).]
미국 여성들은 일한다. 왜냐하면 그래야만 (일해야만) 하기 때문에.

238 ain't: 어법 (1) (2) (3)

ain't

한국의 영어 교육에서 거의 가르치지 않거나, 가르친다 해도 흑인 영어에서 쓰이는 부정어라고 간단히 지적하고 넘어가는 정도의 표현이다.
Ain't는 기본적으로 세 가지 어법이 가능한 표현이다.

어법-1 Ain't는 **be 동사의 부정형**으로, 흑인들 가운데 현저하지만 (여기서의 Jake처럼) 백인들 가운데서도 종종 쓰일 수 있는 기본적으로 **저교육층** 구어체에서 사용된다. 여기서는 주어가 I이니 부정형인 am not이 사용되어야 하는데 대신에 ain't가 사용되었다.

어법-2 Ain't는 또 **have/has not, do/does not**, 또는 **did not**을 나타내는 수가 있다. 이 역시 특징적으로 저교육자층의 구어체적인 표현이다.

어법-3 한국의 영어교육에서는 전혀 가르치지 않지만 실제의 영어에서 종종 사용되는 어법으로, ain't가 백인들을 포함하여 상당한 교육을 받은 사람들 가운데에서도 **유머**스런 어감을 나타내기 위해, 또는 청자나 독자에게 **친근감**을 표시하기 위해, 또는 부정을 **강조**하기 위해 의도적으로 사용되는 경우들이 있다.

어법-1

example Things don't change much here. But the roads that used to be dirt **ain't** (= **aren't**) anymore. I went to a one-room school with 13 kids. Now there's a big high school.
여긴 별로 변하는 것들이 없어요. 그래도 흙먼지였던 길들이 없어졌고요. 전 열세 명의 애들하고 교실이 하나뿐인 학교에 다녔는데요. 지금은 큰 고등학교가 들어서 있지요.

things 구어체 영어에서 일상적으로 대단히 자주 사용되는 표현으로 주위의 이런 저런 상황들이나 일들이 굴러가는 모습을 나타낸다.   **dirt** 명 흙(먼지)

Sweet Home Alabama (스위트 알라바마)

[미국 Appalachia 산맥 안에 있는 Kentucky 주의 한 가난한 시골 마을에 사는 어느 노인의 표현]

어법-2

example Ali was once denied an autograph by his idol, Sugar Ray Robinson ("Hello, kid, how ya doin'? I **ain't** got time."), and vowed he would never turn anyone down.

[(Substandard English: 비표준 영어) I **ain't** got time. = (Standard English) I **don't** have time.]

(권투 역사의 거장 Muhammad) Ali는 한번 그의 우상인 Sugar Ray Robinson한테 서명을 거절당하고는 ("야, 꼬마야, 잘 있니? 시간이 없단다.") 자기는 (챔피언이 되면) 어느 누구도 거절하지 않겠노라고 맹세했다.

deny [타동] 부정/부인하다, 거절하다 **autograph** [명] 친필 서명 **vow** [명] 맹세하다
turn down ... ...를 거절/거부하다

어법-3

example "If it **ain't** broke, don't fix it." Well, our health care system is broken, and we have to do something about it.

[(Substandard, Folksy, 비표준, 서민적 구수한 영어) If it ain't broke = (Standard English) If it isn't broken]

"고장 나지 않았으면 고치지 마라."라고 하죠 (영어 격언). 근데 우리의 의료 시스템은 (확실히) 깨져 있어서 뭔가 조치를 취하지 않으면 안 됩니다.

broke [형] Broken의 비격식 구어체. 고장난, 기능을 하지 않는, 파산한, 돈이 떨어진

[미국 전국 교사 연맹 회장 (백인)이 미국 의료/보험 제도의 개혁을 요구하는 표현]

example **Ain't** been to Duluth? The beautiful natural harbor brought wealth-seeking settlers to this city nearly 150 years ago.

(Minnesota 주의) Duluth에 가본 적이 없다고요? 그 아름다운 천연 항구는 150년 전에 부를 쫓는 정착인들을 이 도시에 데려왔습니다.

have been to + 장소 ...에 가본 적이 있다 (경험) **natural harbor** 천연 항구
wealth-seeking settlers settlers who/that were seeking wealth: 부를 쫓는 정착인들

239 -in' (현재분사)

sign in'
서명하고 있는

여기서 signin'의 -in'은 동사의 진행형인 -ing의 [-ng] 음이 완전하지 못하게 비교적 빨리 [-i/ən]으로 끝맺는 발음을 표기한 것으로, 저교육층이나 흑인들 간에 이렇게 발음하는 경향이 현저하다. 상대방이 흔히 그렇게 발음하는 사람(들)일 경우, 친근감을 주기 위해 또는 소박하거나 비공식체적인 느낌을 주기 위해, 교육 수준이 높은 사람도 의도적으로 그렇게 발음할 경우들이 제법 있다. 이 현상은 동명사의 어미 -ing의 불완전한 -in' 발음에서도 아주 흔히 볼 수 있다. [➡ (223)]

240 현재완료 = 완료 (+ 결과)

You've turned ...
넌 ...식/사람으로 변해 버렸어, 변해 있어

Cross-reference
비교: 현재완료 = 계속:
➡ (19) (88) (266) (400) (469) (552)
비교: 현재완료 = 경험:
➡ (85) (190) (206) (262) (334) (369) (550) (582)

여기서 've (= have의 비공식체적 구어체적 축약형) turned는 have + 과거분사의 형태를 취하는 현재완료 시제이며, 이는 현재완료 시제가 나타낼 수 있는 여러 가지 의미들 중에도 과거의 어떤 한 시점에서 또는 과거의 어떤 기간에 걸쳐 어떤 행위나 동작이 시작되었거나 이루어졌으며, 현재 시점을 기준으로 보면 그 행위나 동작이 완료된 상태에 있음을 (그리고 흔히 추가적인 의미로 그 완료된 동작의 결과가 현재에 보이거나 남아있거나 영향을 미치고 있음을) 나타낸다.

[현재완료 = 완료 + 결과] 이 예문의 경우 남편 Jake이 보기에는 아내인 '너 Melanie 이제 보니까 좀 시건방진 북쪽 년 (Yankee bitch)의 물을 한참 먹었구나, 옛날에 이곳 Alabama 시골에서 나랑 소박하게 놀던 네가 이제 전혀 아니다.'라는 어감이다. [➡ (445)]

> **example** Horse racing **has gone** from the sport of kings to the sport of nobody.
> 경마는 왕들의 스포츠로부터 아무도 하거나 즐기지 않는 스포츠가 되었다. (이제 예전의 중요성이나 의미를 잃어버렸다.)

> **example** Buddhism **has** by now establish**ed** itself in the American consciousness.
> 불교는 이제 미국인들의 의식 속에 자리를 잡았다.

establish 타동 설립/수립하다. 자리잡게 하다   **consciousness** 명 의식

> example   Since 1979, 200 of the nation's 544 tribes **have** introduc**ed** gaming of some sort.
> 1979년 이후로 이 나라 (미국)의 544개 원주민 (Native-American) 부족들 중 200개 부족이 (어떤 종류의 것이든) 일종의 도박을 도입하였다. (그래서 현재 시행 중이다.)

gaming 명 Gambling (도박)의 새로운 미화법적 낱말이다

> 참고   Native Americans (미국 원주민들)이라고 해서 단일 민족이나 정치/행정의 단위가 아니다. 종종 부족의 전체 수가 변화하며, 현재로서는 (2022년 1월 기준) 574개의 **Native American tribes (nations)**가 연방정부 (the United States of America)에 의해 공식적으로 인정받는 독립적인 tribe들이다.

241 into = 변화의 결과

into some hoity-toity Yankee bitch
한/어떤 시건방진 양키년으로

여기서 into는 변화의 결과를 나타내는 전치사이다. [➡ (393)]

> example   You've turned **into** some hoity-toity Yankee bitch.
> [*Sweet Home Alabama* (2002 film)]
> 너 어떤 시건방진 양키 년이 되어버렸구나.

> 장면   7년 전 가난한 시골 Alabama 주의 고향에서 어린 나이에 high school sweethearts로 결혼한 Jake와 Melanie. 이제 뉴욕의 패션계에서 성공해서 이혼 서류를 들고 내려와 서명해 줄 것을 요구하는 Melanie에게 Jake가 소리치며 말한다.

> example   Rental cars often turn tourists **into** robbery victims.
> 임대차들은 종종 여행객들을 강도의 희생자들로 만든다.

rental car 흔히 출장 또는 여행 중에 하루, 며칠, 또는 길면 몇 주 정도 빌린 차량으로, 이따금씩 rent car 또는 rented car라고도 한다. 한국에서 '렌터카' (renter car)라고 하는 것은 콩글리쉬이다.

> example   Mainers eat wild blueberries raw, bake them as pies, stir them **into** pancakes, and freeze them for consumption in the bitter winds of January.
> (미국 최동북부의) Maine 주 사람들은 야생 블루베리를 날로 먹고, 파이로 구워 먹고, 휘저어서 팬케이크로 만들고, 1월의 혹독한 바람들이 불 때 먹기 위해 얼린다.

Mainer 미국 Maine주 사람들　　**raw** 형 익히지 않은, 날것인　　**stir** 타동 휘젓다
consumption 명 소비　　**bitter** 형 (맛이) 쓴, 가혹한; harsh

> example　Here in America individuals of all nations are melted **into** a new race of men.

이곳 미국에서는 온갖 민족 출신인 개인들이 하나의 새로운 인종으로 융합된다. (융합되어 하나의 새로운 인종으로 형성된다.)

individual 명 개인. '개인의, 개인적인, 개별적인' 이라는 형용사로도 자주 사용된다.
be melted into ... 녹아서 ...가 되다 (변화)

242　some + 단/복수 명사 (사람/사물) = 비특정한 사람/사물

some hoity-toity Yankee bitch
어떤 건방진 양키 년

Some은 많은 경우에 약간의 비특정한 수나 양을 가리키면서, 복수의 가산 명사 또는 물질 명사를 가리킨다. 그러나 여기서의 some은 그렇게 약간의 비특정한 어느 정도의 수량을 나타내는 것이 아니라, 특정화되거나 정체가 밝혀지지 않은 (indefinite; unspecified) **어떤 (certain)** 사람이나 사물을 (여기서는 사람을) 나타낸다 (단수 또는 복수일 수 있다). 즉 이 표현은 '어떤 시건방진 양키 년'이라는 거친 표현이다. [➡ (336) (542)]

> example
> Claudia's mother: Boys don't like you if you get too smart.
> Claudia: Mom, I'm doing this so I don't have to depend on **some** dumb guy the rest of my life.　　　　　　　　　　　　　　　　　[*Stand and Deliver* (1988 film)]

클로디아의 엄마 (수학을 열심히 공부하고 있는 고등학생 딸에게): 너 너무 똑똑해지면 남자애들이 안 좋아해.
클로디아: 엄마, 내 남은 평생 동안 어떤 띨띨한 녀석한데 의존해 살지 않으려고 이걸 (수학 공부를) 하는 거야.

I'm doing this <u>so</u> (that) I don't have to ...　　**dumb** 형 멍청한　　**(for) the rest of my life**

243　Yankee

Yankee bitch
양키 년

영어의 Yankee는 문맥에 따라 기본적으로 세 가지 의미를 가질 수 있다. [➡ (211)]

244 부정 + 비교급 = 최상급

I'd like nothin' better right now than to piss you off.
지금 당장 난 널 뿔따귀 나게 하는 것보다 더 바라는 게 없어

이 구문은 비교급 구문 (better ... than ...)을 부정함으로써 최상급의 효과를 노리는 어법이다 (부정 + 비교급 = 최상급). 이 문장은 '지금 이 순간 너를 뿔따귀 나게 하는 것보다 내가 더 하고 싶어하는 것은 없어'라는 비교급의 문장 형태를 취하면서, 즉 '너를 뿔따귀 나게 하는 것이야말로 바로 지금 내가 가장 하고 싶어하는 것이다'라는 의미상 최상급의 효과를 노리는 표현이다.

= <u>The</u> <u>best</u> thing I'd like right now is (to) piss you off.
= To piss you off is what I'd like (<u>the</u>) <u>best</u> right now.

piss off (slang, 속어) 타동. ...를 뿔따귀 나게 하다; anger; infuriate

example **No** right-wing attack against Democrats is **more** electric **than** the charge of elitism.
민주당 사람들에 대한 우파의 공격 중에 어떠한 것도 (민주당 사람들의) 엘리트주의를 비난하는 것보다 신나는 (충격적인) 것은 없다.

right-wing 형 우파의, 보수파의   **Democrat** 명 민주당원 또는 지지자
electric 형 신나는, 충격적인   **charge of elitism** 엘리트주의라고 비난/추궁하는 것

example The charge of elitism is **the most** electric attack of the right-wing against Democrats.
우파가 민주당 사람들을 공격하는데 있어서 민주당 사람들을 엘리트 주의자들이라고 규탄하는 것은 가장 신나는 (충격적인) 공격이다.

example There's **no better** way to celebrate the Fourth of July **than** with a backyard barbecue.
뒤뜰에서의 바베큐보다 7월 4일 (미국 독립기념일, Independence Day)을 더 잘 기릴 방법은 없다.

= The Fourth of July can be **best** celebrated with a backyard barbecue.
7월 4일은 뒤뜰에서의 바베큐로 가장 잘 축하할 수 있다.

Scene

Melanie   (245) Hey, cowboy! (246) Apparently, (247) you and I (248) are still hitched.
Jake   Is that right?
Melanie   Yeah.
Jake   What is (249) it about you Southern girls? (250) (251) You can't make the right decisions till you tried all the wrong (252) ones?
Melanie   You are the first boy (253) I (254) ever kissed, Jake. And I want you to be (255) the last.
Jake   Maybe (247) you and I had our chance.
Melanie   (shouting) Fine! Have (249) it (256) your way, you stubborn (257) ass!
Jake   Oh! What do you want to be married to me (258) for, anyhow?
Melanie   (259) So I can kiss you (260) any time I want.

[*Sweet Home Alabama* (2002 film)]

Words & Phrases

- **cowboy** 명 (비공식체적) 무모하거나 무책임한 사람. 여기서의 의미는 무식하고 거친 사람이나 촌놈; redneck, boor, hick, yokel, country bumpkin
- **apparently** 부 명백하게, 자명하게, 분명하게
- **hitch** 타동 (단단하게) 묶다, 연결하다; (속어) 결혼시키다; marry; wed
- **Southern** 형 그냥 막연히 '남부/쪽의'라는 뜻이 아니라 '미국 남부의 (또는 미국 남부에 관련된)'라는 뜻으로, 이런 경우 S를 대문자로 쓴다
- **decision** 명 결정, 판단
- **maybe** 부 아마도, 어쩌면; perhaps, possibly [주의] 확률적으로 매우 높은 probably 또는 likely보다 많이 낮다. 그럴 수도 있지만 그렇지 않을 수도 있는 확률이다.
- **stubborn** 형 고집불통인, 완강한, 다루기 힘든
- **ass** 명 엉덩이 (buttocks)를 뜻하는 저속어 (vulgar word)인데 여기서는 상대방을 경멸적으로 부르는 표현이며, 성행위나 성기를 뜻하는 속어로도 쓰인다.
- **anyhow** 부 아무튼, 어떤 식으로; in any way whatever; in any case; at all events

장면 • • • •

"So I can kiss you any time I want." (내가 원하는 때는 언제나 자기를 키스할 수 있을려구")
Melanie는 New York 시의 시장의 핸섬하고 부유하며 정치적으로 촉망 받고 있는 아들과의 결혼을 식이 진행되는 중에 극적으로 백지화하고, 옛 남편 Jake를 찾아 천둥과 번개가 내리치고 있는 한 들판으로 뛰쳐 나온다. 폭우가 쏟아지고 천둥이 으르렁거리며 수도 없는 번개가 바로 근처 여기 저기에 내리치는 가운데, 비에 흠뻑 젖은 Melanie와 Jake는 열정적인 포옹과 입맞춤을 나누며 참사랑을 재발견한다.

번역 • • • •

Melanie	야, 이 촌놈아! 분명히 너랑 나랑은 아직 결혼한 사이야.
Jake	그런가?
Melanie	그래.
Jake	너네 남부 여자애들 어떻게 된거야? 모든 잘못된 결정을 하고 날 때까지 제대로 된 결정을 할 수 없으니.
Melanie	Jake, 넌 내가 처음으로 키스했던 남자애야. 그리고 난 네가 (내가 키스할) 마지막 남자이길 원해.
Jake	어쩌면 우리에겐 기회가 (이미) 있었잖아.
Melanie	(소리치면서) 좋아! 네 식대로 해, 이 고집불통 녀석아.
Jake	오! 암튼 왜 나랑 결혼해 있고 싶으신가?
Melanie	내가 원하는 때는 언제나 널 키스할 수 있으려고.

영어의 이해 with Dr. David

245 비교: hey, hello, hi, yo

hey

격식성의 정도 (가장 격식적 - 가장 비격식적): hello - hi - hey - yo [➡ (49)]

Cross-reference
비교 (there):
➡ (226)

246 문장 부사: 부사, + 문장 = It is + 형용사 + (that)-절

Apparently, you and I are still hitched.
(보아하니) 분명하게도 너랑 난 아직 결혼한 상태야

여기서 apparently처럼 흔히 문장의 맨 앞에 와서 (때로는 문장 중간이나 맨 뒤에 오는 경우도 있다) 뒤따르는 문장 전체를 수식하는 부사들이 있다 (그 문장 전체에 관한 판단, 평가, 해석 등을 내린다). 이것은 본 저자가 문장부사 (sentential adverb)라고 부르는 것으로서, 문두에 위치할 때, 글로 표현할 때, 바로 뒤에 쉼표 (comma)를 찍는 것이 정어법이다 (문중에 위치할 때는 그 앞과 뒤에, 그리고 문미에 위치할 때는 바로 앞에 쉼표를 찍는 것이 정어법이다).

이 어법이 적용되는 '문장부사, + 문장'의 구조는 It is + 형용사 + (that) + 절 (주어 + 술부)의 구조로 표현할 수 있다.

주목 문장부사로 쓰일 수 있는 부사들의 대표적인 예들:

apparently ((보기에) 분명하게), **certainly** (확실하게), **clearly** (뚜렷하게, 확실하게), **evidently** ((증거가 있듯이) 뚜렷하게), **fortunately** (다행히), **importantly** (중요하게), **interestingly** (흥미롭게), **ironically** (모순/역설적으로), **logically** (논리적으로), **naturally** (자연스럽게), **oddly** (이상하게도), **obviously** (분명히), **paradoxically** (역설적으로), **predictably** (예측할 수 있는 것으로/것이지만), **presumably** (추정하건대), **sadly** (슬프게도), **significantly** (의미 깊게), **strangely** (이상하게도), **surprisingly** (놀랍게도), **tellingly** (놀랍게도, (이야기, 진술, 묘사가) 강력하게), **undoubtedly** (의심의 여지 없이), **unfortunately** (불행/불운하게도), **unquestionably** (의심의 여지 없이).

example **Evidently**, poetry reading is a mainstream cultural activity already in North America and many European societies.
[= **It is evident that** poetry reading is ...]
명백하게도 시 낭송은 북미와 많은 유럽 사회들에서는 이미 주류의 문화 활동이다.

mainstream 형 주류의. 명사로도 자주 사용된다.

[사진] 미국 Wisconsin 주 Madison의 한 서점에서 한 시각 장애인 시인이 호랑이의 멸종 위기와 환경보호의 절박성에 관한 대중적 의식을 고양하는 자신의 환경보호 시 (중국어 어구 서예를 보조로 활용한 영어 시)를 낭송하고 있다. 사진: ⓒ 박우상 (Dr. David)

example A brilliant military tactician, Crazy Horse never lost a battle. **Ironically**, he was killed not in war, but while parleying with the U.S. Army.
[**Ironically**, he was ... = **It is/was ironic that** he was ...]
두뇌가 뛰어난 전술가인 Crazy Horse는 한 번도 전투를 진 적이 없다. 역설적으로 그는 전쟁에서 죽은 것이 아니라, 미 육군과 협의 중에 죽었다.

tactician 명 전술가. **tactic** 명 전술 비교: **strategy** 전략 (tactic보다 큰/높은 개념)
parley 자동 (대개는 비공식적으로) 협의하다. 명사로도 자주 사용

Crazy Horse: Native American 지도자들 가운데 최대로 추앙 받는 지도자, 1842/49?-1877

[사진] 미국 원주민들 (Native Americans)의 박해 받은 그러나 아름다운 역사를 기리기 위해, South Dakota 주의 Mount Rushmore에서 가까운 아래쪽에 아직도 새겨지고 있는 **Sioux**족 원주민들 (Native Americans)의 지도자이자, 미국의 전 원주민의 역사상 모든 American Indian의 지도자들 중에 최고로 추앙 받는 **Crazy Horse** (1842?/1849?-1877)의 Memorial. 사진: © 박우상 (Dr. David)

247 ... and I

You and I are still hitched.
당신이랑 나랑은 아직도 결혼한 상태야
You and I had our chance.
너랑 나랑은 기회를 (이미) 가졌어.

주어가 나 (I)를 포함한 다수일 때 I는 대부분의 경우 '... and I'의 형태로 맨 뒤에 온다. (목적어의 경우에도 흔히 '... and me'로 me가 맨 뒤에 온다).

물론 일단 I/me를 유일한 주어/목적어로 일단 생각하고 말을 꺼낸 뒤에, 다시 생각하고 다른 주어/목적어를 덧붙이는 경우에는 당연히 I/me가 앞에 온다.

 My husband **and I** maintain both joint and separate credit-card accounts.
내 남편과 나는 공동 신용카드와 개별 신용카드 두 가지를 다 갖고 있다.

Conrad (to his psychiatrist): My mother **and I** don't connect. What do people have in common with mothers anyway? It's all surface junk, you know? Clean your room, brush your teeth, get good grades, na na na …
[*Ordinary People* (1980 film)]
[여기서의 surface: superficial, 피상적인]
Conrad (정신과 의사에게): 제 어머니랑 전 연결 (소통)이 되지 않아요. 아무튼 사람들이 어머니랑 무얼 공통으로 나누겠어요? 그 모든 게 다 피상적인 쓰레기 같은 거잖아요? 네 방 청소해라, 이 닦아라, 좋은 성적 받아라, 등등등 …

surface 흔히 '표면, 피상적인 모습'을 뜻하는 명사. 여기서는 형용사 superficial의 의미로 쓰였다.
junk 명 폐품, 쓰레기

 For Father's Day this year, the kids **and I** will insist Dad relax in the hammock while we do the grilling.
[..., the kids and I will insist (that) Dad (should) relax ...]

금년 아버지의 날 (6월 셋째 일요일)을 위해서는 애들과 나 (부인)는 우리가 (아버지의 날 바비큐를) 굽는 동안 아빠는 (흔히 집 밖에 나무 같은 곳에 매다는) 그물침대에서 쉬라고 할 것이다.

> **insist** 타동 우기다, 주장/고집하다. 'insist + (that) + 주어 + (should) + 원형동사 …' 구문이 사용되었다. '주어가 … 해야 한다고 우기다/고집부리다.

[사진] 한 Father's Day에 미국 Wisconsin 주의 Madison에서 한 가정의 두 어린 딸이 스테이크를 직접 그릴에 구워서 아빠에게 대접하고 있다. 사진: ⓒ 박우상 (Dr. David)

248 수동태 = 상태, 결과, 영향

You and I are still hitched.
너랑 나랑은 아직도 결혼한 상태야

be 동사 + 과거분사 (hitched)의 구조를 취한 수동태 구문이다. 수동태 구문은 동작을 받는 순간, 과정, 또는 행위를 묘사하기도 하지만, 여기서는 그러한 동작의 이후에 남겨진 결과나 영향 또는 **상태**를 묘사한다.

이 경우에는 주어 (you and I)가 현재 hitch되고 (연결되는, 짝지어지는, 결혼시켜지는) 있는 동작이나 사건을 나타내는 것이 아니라, 그런 동작이나 사건의 결과로 현재 이루어져 있는 상태를 묘사한다. 즉 우리가 (옛날에 짝 지워져) 지금도/아직까지 결혼해 있는 상태를 나타낸다.

> **example** Texans **are** surround**ed** by the best Mexican food in America.
Texas 주 사람들은 미국에서 가장 훌륭한 멕시코 음식에 의해 둘러싸여 있다.

Texan 명 Texas 사람. '텍사스의' 라는 형용사로도 자주 사용된다
surround 타동 ...를 둘러싸다, 포위하다

> **example** Courts in the United States **are** divid**ed** into two separate systems: federal and state.
미국에서의 법원들은 두 개의 다른 체제로 나누어져 있다: 연방 법원들과 주 법원들로.

court 명 법원   **separate** 형 별개의, 분리된   **federal** 형 연방의

249 it = 상황의 it

What is it about you Southern girls?
(니네 남부 여자애들은 어떻게 된 거냐, 뭐가 문제냐?)
Have it your way.
네 식대로 해/너 좋을 대로 해.

여기서의 대명사 it은 앞에 이미 언급된 어떤 특정한 단수의 사물을 지칭하는 것이 아니라, 상황이나 문맥에 의해 이해 되는 소위 **'상황의 it'** (situation it)으로 특히 구어체에서 대단히 자주 사용되는 it의 어법이다. 이 문장은 '너네들 남부 여자애들에 관해서 말해 보자면 너희들 정체 (본질이나 성격 등)나 문제 따위가 도대체 뭐냐'는 뜻으로, 일상적인 구어체인 What's with you Southern girls? (너네들 남부 여자애들 도대체 어떻게 된 거야, 뭐가 문제야?)와 실질적으로 같은 표현이다.

두 번째의 Have it your way.에서의 it 역시 '상황의 it'으로 문맥상 (너랑 나랑 이미 잘해 볼 기회가 있었는데 이미 끝난 것 아니냐는) 너의 판단이나 결정을 나타내어 '네 식대로 맘대로 해 봐라'라는 냉소적인 표현이다. [➡ (13) (102) (150) (305) (394) (415) (468)]

Paulie: You know, tomorrow's Thanksgiving. Why don't you come over and talk to my sister?
Rocky: Sure.
Paulie: Tomorrow you come for some bird, right?
Rocky: Absolutely. You got **it**.
                                                                    [*Rocky* (1976 film)]

You got it. 여기에서의 it은 문맥/상황으로 보아 내가 너의 부탁을 이해했고 꼭 들어줄 테니 기대하라는 것을 뜻한다.　**some bird** some turkey (meat)

Paulie: 내일이 추수감사절 (11월 넷째 목요일)이잖아. 와서 내 여동생한테 말 좀 걸래?
Rocky: 물론 그렇게.
Paulie: 내일 새 (turkey, 칠면조) 좀 먹으러 오기다, 그지?
Rocky: 꼭 그렇게. 알았어.

Michael (to his 7-year-old son): Life's about kissing ass, playing **it** safe, making your boss a lot of money in hopes one day he might throw you a stinking bone, alright?　　　　　　　　　　　　　　　　　　　　　　　　[*Click* (2006 film)]

인생이란 건 아부 떨고 안전한 길을 선택하고 상사가 구린내 나는 뼈다귀나 하나 나한테 던져 줄 거라는 희망에 상사에게 많은 돈을 벌어 주는 거야, 알겠니?

kiss ass 속어 (저속어)로서 아부하다; 알랑방귀 뀌다; fawn; be obsequious; suck up; toady; butter up someone
play it safe '안전한 길을 택하다, 안전하게 쉽게 쉽게 하다' 등의 뜻인데 it이 구체적으로 무엇인지는 문맥이나 상황에 의해 이해된다. 여기서는 직장생활이나 출세 길을 뜻한다.
... in hopes (that) one day ... 언젠가 ...할 것이라고 바라면서, ...할 것이라는 희망으로. 주목: 구어체에서는 동격의 명사절을 이끄는 접속사 that 역시 종종 생략된다. 그러나 격식을 갖춘 문어체에서는 생략하지 않는 것이 좋다.

250　not A till/until B

You can't make the right decisions **till** you tried all the wrong ones.
너네들은 (남부 여자애들은) 잘못된 결정을 다 해보고서야 제대로 된 결정을 내릴 수 있어

Not A until/till B의 구문으로 'B 할/일 때까지 A 아니다/못하다'라는 뜻을 나타내는데, 이 뜻은 흔히 'B 하/이고 나서야 (또는 B 하/이면) A 하/이다' (A only after (또는 when) B) 라는, 또는 'A 하려면/이려면 ... B 이후가 (적어도 B가) 되어야 한다' 라고 해석하면 이야기의 흐름이 부드럽게 이해된다. 즉 이 경우는 '모든 잘못된 결정들을 해 봤을 때까지 제대로 된 결정들을 내리지 못한다'라는 것은 '잘못된 결정들을 다 해 보고 나서야 제대로 된 결정들을 내릴 수 있다'라는 뜻이다. [➡ (359)]

example Kids should**n't** watch siblings **until** they're at least in middle school.
아이들은 적어도 중학생일 때까지는 (어린) 형제나 자매를 돌보아서는 안 된다.; 아이들은 적어도 중학생이 되고 나서야 (어린) 형제나 자매를 돌볼 수 있다.; 아이들이 (어린) 형제나 자매를 돌보려면 적어도 중학생은 되어야 (된 이후리야) 한다.

sibling 명 오빠, 누나, 언니, 남동생, 여동생 (중의 하나)

example **Until** the environment becomes an economic issue, we'll **never** be able to battle the lure of economic gain from its riches.
[= We'll be able to battle the lure of economic gain from the riches of the environment (**only**) **after** the environment becomes an economic issue.]

환경을 경제적인 이슈로 만들 수 있는 길을 찾을 때까지 우리는 환경의 부 (자원)으로부터 얻어지는 경제적 이득의 유혹과 결코 싸울 수가 없다.; 환경을 경제적인 이슈로 만들 수 있는 방법을 찾은 이후에만 우리는 환경의 부 (자원) 으로부터 얻어지는 경제적 이득의 유혹과 싸울 수가 있다.

battle 타동 ...과 싸우다   **lure** 명 미끼, 유혹   **gain** 명 이득   **riches** 명 부 (wealth)

251 서술문 + ? = Yes-No 의문문: 어법 (2): 감정적, 주관적

You can't make the right decisions till you tried all the wrong ones?

너네들은 (남부 여자애들은) 잘못된 결정을 다 해보고서야 제대로 된 결정을 내릴 수 있다는 말이야?

Cross-reference
비교: 서술문 + ? = Yes-No 의문문: 중립적, 객관적:
➡ (300) (411) (457) (485) (489)

이 문장은 구문 형태상으로만 주어 + 술부의 어순을 취하고 있는 서술문이지 의미, 의도, 기능, 효과 모든 면에서 의문문이다 (서술 의문문이라고 한다). 서술의문문은 서술문의 형태를 취하여

어법-1 객관적, 감정 중립적으로 묻는 어법과

어법-2 상대방의 진술에 대해 놀라움, 믿기 어려움, 역겨움, 반감, 반대, 빈정거림, 비판 등 **감정적** 반응이나 **주관적** 판단을 표현하는 유형의 두 어법이 있다.

두 어법 모두 기본적으로 일상적 구어체 표현이나 비격식체의 스타일이며, Yes-No 의문문에서처럼 문미에서 어조가 올라가며, 글로 쓸 때는 의문부호로 끝맺는다. 이 문장은 [어법-2]의 문장으로서 '너네 남부 여자애들은 잘못된 결정을 다 해보고서야 제대로 된 결정을 내릴 수 있다니 놀라운 또는 웃기는 애들이다' 라고 놀라움이나 빈정거림을 나타내는 표현이다.
[➡ (37) (81) (99) (178) (304)]

example
Jake (to Melanie, his wife): What is it about you Southern girls? **You can't** make the right decisions till you tried all the wrong ones?

<u>What</u> <u>is</u> <u>it</u> <u>about</u> you Southern girls?
= <u>What's</u> <u>with</u> you Southern girls?
= <u>What's</u> <u>wrong</u>/ <u>What's</u> <u>the</u> <u>problem</u>/<u>matter</u> <u>with</u> you Southern girls?
Jake (아내 Melanie에게): 너네 남부 여자애들은 뭐가 문제니? 잘못된 결정을 다 해본 후에나 제대로 된 결정을 할 수 있다는 거야?

장면 ▶ High school sweethearts로 일찍 결혼한 Jake와 Melanie. 7년 간의 부재 후에 느닷없이 나타나 이혼을 요구하더니, 이제는 결혼을 계속 유지하겠다고 마음을 돌린 Melanie에게 Jake가 놀리면서 말한다. 두 사람은 이제 서로의 뿌리 깊은 사랑을 확인하고 재결합을 한다.

252 one(s) = 대체어 (대명사)

You can't make the right **decisions** till you tried all the wrong **ones**?:

여기서의 one은 하나라는 수사로 쓰인 것이 아니라, 흔히 앞에서 언급되거나 함축된 사람이나 사물 따위의 명사어구 (a thing or person of the kind indicated or mentioned previously)를 받는 대체어 (substitute)의 구실을 하는 대명사이다. one이 단수이고 그 앞에 형용사에 의해 수식될 때 그 맨 앞에 부정관사 a가 놓인다 (하나인 수사 one이 올 수도 있다).

대부분의 경우에 이 one은 앞에서 특정하게 지적된 명사어구를 가리키지만, 여기서처럼 이따금씩 그 가리키는 명사어구의 정체가 표면에 나타나지 않고 문맥상 이해되는 (또는 말하는 이와 듣는 이 간에 암묵적으로 이해되는) 경우도 있다. 여기서 ones는 앞에서 언급된 복수 명사인 decisions를 가리킨다.
[➡ (177) (576)]

example All work and no play makes Jack not just a dull **boy** but, in the long run, a less happy **one**.
공부만 하고 놀지 않는 것은 남자애를 재미 없는 소년으로 만들 뿐만 아니라 장기적으로는 덜 행복한 소년으로 만든다.

dull 형 지루한, 따분한   **in the long run** 부 장기적으로는, 장기적으로 보아서는; in the long haul; over the long run; over the long haul
여기서의 **Jack**은 일반적인 소년을 상징하는 고유명사   **dull** 형 재미 없는, 지루한, 우둔한

253 관계 대명사의 생략: 관계대명사 = 타동사의 목적어

You're the first boy (**that**/**whom**) <u>I ever kissed</u>, Jake.
넌 내가 난생 처음으로 키스한 남자애야

Cross-reference
비교 (전치사의 목적어인 관계대명사의 생략): ➡ (546)

관계대명사의 기본적인 용법을 보여주는 구문이다. 이 문장은 You're the first boy. (넌 첫 남자애야) 와 I kissed the first boy. (난 그 낱말들을 발음조차 할 수 없다)의 두 문장이 공통의 명사어구인 the first boy을 소위 선행사로 하는 관계대명사 that (또는 whom)에 의해 하나의 더 큰 문장으로 연결된 것이다. 그리고 관계대명사가 관계사절 안의 타동사의 (이 경우 kissed의) 목적어일 경우 생략될 수 있는 경우로 that (또는 whom)이 생략된 것이다. [➡ (151) (231) (285) (549) (577)]

example You're <u>the first boy</u>. + [I ever <u>kissed the first boy</u> (= <u>that</u>/<u>whom</u>).]
= You're <u>the first boy</u> (<u>that</u>/<u>whom</u>) I ever <u>kissed</u>. 번역 없음?

example Like New York state, Massachusetts has almost anything a vacationer could imagine – the ocean shore, mountains, islands, pastoral farmland, gorgeous summers, picturesque falls and some of North America's craziest drivers.

[= ... almost <u>anything</u> (<u>that</u>) a vacationer could <u>imagine</u> - ...]
New York 주처럼 Massachusetts는 어떤 휴양객이라도 상상할 수 있는 거의 모든 것 (바닷가며 산들이며 섬들이며 목가적인 농지며 멋들어진 여름들이며 그림 같은 폭포들 그리고 북미에서 가장 미친 운전자들 일부며)를 갖고 있다.

pastoral 형 목가적인; idyllic   **gorgeous** 형 아주 멋진, 아름다운; wonderful; fabulous; fantastic   **picturesque** 형 그림 같은

254 ever = 강조 부사: 서수사 + ever

the first boy I **ever** kissed
언제고 내가 키스한 첫 번째 남자애

여기서 **ever**는 '(시간적으로 그것이) 어느 때이든, 어떤 식으로든, 어떤 경우에서든' (at any time, in any possible case, by any chance)이라는 의미의 강조의 부사로 앞에 오는 서수사를 강조하는 기능을 한다.

이 경우에서는 the first를, 즉 첫 번째임을 강조한다.

Cross-reference
비교: ever: 언제나 강조:
➡ (5)
비교: ever: 비교급 강조:
➡ (21)
비교: ever: 최상급 강조:
➡ (189)
비교: ever: 조건절 강조:
➡ (195)
비교: ever: 경우/경험 강조:
➡ (282) (551)
비교: ever: 부정 강조:
➡ (388)

example In *Rebel Without a Cause* (1955), Judy (Natalie Wood) sits on the fender of a dark Mercury and pants with excitement. She was **the first** girl the movies **ever allowed** to have sexual hysteria on the screen.
[She was <u>the</u> <u>first</u> girl (<u>that</u>/<u>whom</u>) the movies <u>ever</u> <u>allowed</u> ...]

[여기서 ever는 the first를 강조]
'이유 없는 반항' (1955 film)에서 Judy (Natalie Wood역)는 짙은 색 머큐리 승용차의 펜더 (자동차 타이어 위의 바디 옆 부분) 위에 걸터앉아 흥분해서 헐떡인다. (그러한) 그녀는 영화계가 은막에서 최초로 성적 히스테리를 부리도록 허용한 첫 번째 여자 (배우)였다.

fender 명 차량의 앞뒤쪽 옆면　　**Mercury** 명 미국 Ford사 계열의 자동차 제조사. 여기서는 제품
pant 자동 헐떡이다　　**excitement** 명 신남, 흥분　　**allow** 타동 허용/허락하다]

[Natalie Wood: actress 여배우, 1938-1981. 주요 영화들: *Rebel without a Cause* (1955); *West Side Story* (1961); *Splendor in the Grass* (1961)]

[사진] 전 미국 사회, 정치, 문화가 냉전 (the Cold War)의 보수 물결에 휩쓸리고 있을 무렵에 1960-70년대의 youth culture (청년 문화)의 반체제적 문화의 등장을 예고한 영화 *Rebel Without a Cause* (1955 film). 주연 James Dean과 Natalie Wood의 부모와 사회로부터 소외되고 억압 당하는 젊은이들의 심리를 묘사한 연기가 뛰어나다. 이 두 actor와 actress는 아직도 youth culture의 아이콘 (icons)로 남아 있다.
사진 (포스터): © Warner Bros.

> example　Judge Ruth Ginsburg became, at the age of 60, **the second** woman **ever** to join the U.S. Supreme Court.

[여기서 ever는 the second를 강조]
Ruth Ginsburg 판사는 나이 60에 미연방 대법원에 참여한 (임명된) 두 번째 여자가 되었다.

Ruth Bader Ginsburg (1933-2020) 연방 대법관 (Justice of the U.S. Supreme Court) 임명, 1993. 참고: 미국 연방 대법원의 최초의 여성 대법관은 Sandra Day O'Connor (1930-): 대법관 임명, 1981

255　생략: 표현의 경제를 위한 생략

And I want you to be the last (boy).
그리고 난 네가 (나의) 마지막 남자이길 바래.

경제적이고 신속하고 효과적인 의사소통을 위해 반복되는 표현을 생략하는 것은 자연스러운 언어 현상이다. 여기서는 앞에서 이미 언급된 어구인 the first boy에서의 boy를 표현의 경제를 위해 (반복을 피하기 위해) 생략한 것이다. [➡ (304)]

example America is the only world power, and I thank God that we are.

[... I thank God that we are (the only world power).]

미국은 유일한 세계적인 파워이며 나는 우리가 그렇게 세계적인 파워인 것에 대해 하느님께 감사드린다.

example As recently as 1991, seventeen percent of Americans believed Elvis might still be alive. Certainly his spirit is.

[Certainly his spirit is (still alive).]

최근 1991년까지만 해도 미국인들의 17 퍼센트는 (rock-'n'-roll의 왕) Elvis Presley가 아직 살아 있다고 믿었다. 분명 그의 정신은 아직도 살아 있다.

Elvis Aron Prelsey (1935-1977): rock-'n'-roll 가수; the "King of rock-'n'-roll," 또는 단순히 "the King")

example We're more **likely** to live with a partner of another race than we are to marry one.

[... than we are (likely) to marry one.]

우리는 다른 인종의 파트너와 결혼할 가능성보다 동거할 가능성이 높다.

256 전치사의 생략: 방식의 in의 생략

(in) your way
네 (방)식대로, 너 좋을 대로

Cross-reference
전치사의 생략: 부사적 목적어:
➡ (94)

여기서 your way는 형태상으로는 명사구이지만 실은 방식을 나타내는 전치사 in이 생략된 경우로 앞에 오는 표현인 have it ((행동)하다, 굴다, 상황을 처리하다)을 어떻게 하는 것인지를 수식하는 방식의 부사구이다.
이렇게 방식을 나타내는 전치사구를 이끄는 in이 현대 영어에서 (특히 일상체와 구어체에서) 생략되는 경향이 증가하고 있다.

example A rich Latino and a poor Latino don't necessarily see the world **the same way**.

[... (in) the same way.]
부유한 중남미계 사람과 가난한 중남미계 사람은 세상을 반드시 똑같은 식으로는 보지 않는다.

Latino 명 중남미계 사람. Hispanic 또는 Chicano라고도 한다.
not necessarily ... 반드시/꼭 ...하는 것은 아니다 (부분부정)

257 ass

ass

[➡ (219)]

다음의 대화에서 Charlie의 표현 중의 ass는 난처하거나 힘든 상황을 뜻한다.

example

George: Chas, I'm pulling an all-nighter. Without that book, I'm dead, okay?
Charlie: If it's not back by 7:30, it's gonna be my **ass**.
George: Oh, I promise. I promise   [*Scent of a Woman* (1992 film)]

George: Chas, 난 (오늘) 밤 새워 공부하거든. 저 책 없으면 난 죽어, 알았지?
Charlie: (내일) 7:30까지 반납되지 않으면 난 죽음이야.
George: 오, 약속해. 약속할께.

pull an all-nighter 밤새도록 공부하다.   **burn the midnight oil** 밤 늦게까지 공부하다
..., it's gonna be my ass.: ..., I'll be in big trouble/in such a difficult situation.
ass 여기서는 어떤 일이 일어나지 않으면 큰일 난다, 끝장이다, 큰 골치나 처벌이나 부정적인 결과가 있다는 의미

장면 미국 동북부의 한 사립 기숙 고등학교에서 Thanksgiving weekend에 학교 도서관에서 알바를 하고 있는 Charlie에게 George가 예약되어 있어서 대출이 되지 않는 책을 하루만 대출하자고 부탁한다.

258 의문사 + 전치사?; 전치사 + 의문사?

What do you want to be married to me **for**, anyhow?
아무튼 넌 왜 나랑 결혼해 있고 (부부이고) 싶은데?

여기서의 의문사 what은 문미에 오는 전치사 for의 목적어이다.

For + what에서 의문사(어구)인 What이 Wh-의문문을 구성하기 위해 문장의 맨 앞에 놓인 것이다. 이렇게 의문사가 전치사의 목적어인 경우, 일상체의 영어에서는 대부분의 경우 구어체든 문어체든 전치사를 의문문의 끝에 위치시킨다 (이 경향은 구어체에서 더욱 현저하다). 그러나 의문사와 전치사의 거리가 너무 멀어 (다른 많은 또는 복잡한 구조의 어구들이 의문사와 전치사 사이에 있어서) 의문사와 전치사의 결속력이 듣는 또는 읽는 이에게 바로 이해가 되지 않는 경우, 전치사를 의문사 앞에 (즉 의문문 맨 앞에) 위치시키는 수가 있다.

이 문장은 보다 문어체적이고 격식체적인 문장에서는 의문사 what을 지배하는 전치사 for를 문두에 둘 수가 있다: **For what** do you want to be married to me, anyhow? [➡ (160) (384)]

그리고 이 표현에서 want (...를 바라다, 원하다)의 목적어는 to marry me (나랑 결혼하는 것)이 아니라 to be married to me (나랑 (이혼하지 않고) 혼인해 있을 것, 계속 내 와이프일 것)라는 상태를 나타낸다.

[일상체/구어체] **What** do you want to be married to me **for**, anyhow?
[격식체/문어체] **For what** do you want to be married to me, anyhow?

example

Blanche: Stanley, **what** sign were you born **under**?
Stanley: What sign?
Blanche: Astrological sign.   [*A Streetcar Named Desire* (1951 film)]
[(일상체/구어체) **What** sign were you born **under**?
= (격식체/문어체) **Under what** sign were you born?]
Blanche: Stanley, 무슨 싸인 아래에 태어났어요?
Stanley: 무슨 싸인요?
Blanche: 별자리 싸인 말이에요.

astrological sign a sign of the zodiac (12 별자리의 한 싸인). 첫 번째 sign: Aries (âr´•ēz), 3월 21일-4월 20일; 열두 번째 sign: Pisces (pī´•sēz), 2월 19일-3월 20일

259 so + (that) + 절 (주어 + may/can/will ...) = 목적/의도 + 가능

So (that) I **can** kiss you any time (that/when) I want.
내가 원하는 때는 언제나 널 키스할 수 있도록

이 문장은 I want to be married to you so I can kiss you any time I want.에서 앞에서 Jake가 이미 말한 I want to be married to you (나는 당신에게 결혼한 상태로 있다: 앞의 Jake의 입장에서 보면 당신은 나에게)를 반복을 피하기 위하여 생략하고, 그 말의 이유나 목적을 설명하는 (접속사 so에 이끌리는) 부사절이 남은 경우이다. 즉 any time (that/when) I want (내가 원하는 때면 언제나) I can kiss you (당신을 키스할 수 있도록)라는 뜻이다.

여기서 **so**는 '…할 수 있도록'이라는 의도/목적 + 가능을 나타내는 상관접속사 so that에서 **that**이 생략된 경우로, **so that**이 다분히 **문어체적**이고 **격식**을 갖춘 표현에서 쓰이는 반면, (여기서처럼 **that**을 생략하고) so만을 사용하는 어법은 **일상 구어체적** 표현이나 **비격식체적** 글에 자주 쓰인다. 그리고 **대단한 격식체/문어체**에서는 **that만이 사용**되기도 한다.

아울러 주목할 것으로 so 뒤에 따르는 주어 뒤에 조동사로 흔히 **may**나 **can**이 따르며 이따금 **will**이 쓰이는 경우도 있는데, 이런 **조동사가 사용되지 않는 경우**도 있다. 접속사 so가 이렇게 목적이나 의도를 나타내는 경우에는 so의 다른 어법인 '그래서 …하게 (또는 할 수 있게) 되다라는 결과, 효과, 또는 결론을 나타내는 경우와 달리, 글로 표현할 때 so 앞에 쉼표 (comma)를 찍지 않는 것이 정어법이다.

[➡ (34) (57) (278)]

example Dr. King gave his life **so that** others all across America **would** have better lives.
King 박사님은 미국 전역에 있는 다른 사람들이 더 나은 삶을 살도록 자기 삶을 바치셨습니다.

Exercise

다음의 표현들 중에 의미가 다른 하나는 어느 것입니까?

❶ Lincoln worked very hard so that he could become a self-made man.
❷ Lincoln worked very hard so he could become a self-made man.
❸ Lincoln worked very hard that he could become a self-made man.
❹ Lincoln worked very hard, so he could become a self-made man.

[정답과 해설]

해설 >>>
❶에서의 주절 + so that + 종속절 (주어 + may/can/will …)의 구조는 기본적으로 문어체로서 '종속절의 주어가 …할 수 있도록'이라는 가능 + 목적/의도가 결합된 의미를 나타낸다. ❷에서 that이 생략되고 so만이 사용된 형태는 같은 의미로 so that보다 구어체적인 형태이며 ❸에서 so가 생략되고 that만이 사용된 것은 이 세 가지 형태 중에 가장 격식체적이며 문어체적이다. 격식성/문어체적 스타일의 정도는 ❸ > ❶ > ❷가 된다. ❹에서는 **A절, so + B절**.의 구조로 A절이 이유, **B절이 결과**를 나타낸다. 여기서의 so는 '그래서, 따라서'로 번역이 되는 소위 대등/등위 접속사이다. 즉 의미에 있어서 ❶❷❸과 다른 ❹가 정답이 된다.

> 번역 >>>
> ❶ ❷ ❸ Lincoln은 자수성가한 사람이 될 수 있도록 아주 열심히 일했다.
> ❹ Lincoln은 아주 열심히 일해서 자수성가한 사람이 될 수 있었다.
>
> 정답: ❹

260 time + (that/when = 관계부사)

any time (that/when) I want (to kiss you)
내가 (당신을 키스하길) 원할 때는 언제나

시간을 나타내는 말 (time, day, year, instant, moment 등)을 선행사로 하는 관계사절을 이끄는 관계사 (관계부사) that 또는 when이 생략될 수 있는 경우이다. 이 생략 현상은 구어체에서 더욱 현저하지만 일상체적이고 비공식적인 글에서도 빈번히 생략된다. [➡ (191) (361)]

example I'm a fool, but I'll love you dear until **the day I die**.
[*A Fool Such As I*, a popular song sung by Elvis Presley & many others]

[... until the en) I die.]
나는 바보예요, 하지만 난 죽는 날까지 당신을 소중히 사랑할 겁니다.

Message in a Bottle

영화 내용 Plot Summary

이혼 후 어린 아들을 며칠간 전남편에게 보내고, 홀로 미국 동북부 대서양 가의 아름다운 휴양지인 Cape Cod에서 휴가를 보내던 Chicago의 한 신문사의 연구 직원인 Theresa Osborne은, 해변에서 조깅 중에 한 통의 편지가 둥글게 말려 들어 있는 병을 하나 발견한다. 그 병 속에서 발견된 한 남자의 병약한 몸으로 세상을 떠난 아내에 대한 절절한 사랑의 메시지에 너무도 가슴 깊이 감동된 Theresa는 이 미지의 남자를 찾아 나선다. 전문적인 추적 끝에 그 메시지의 주인공이 North Carolina 주의 한 해변가의 작은 타운에서 나무 돛단배를 재건하는 일을 하면서 아내를 잃은 슬픔을 달래면서 살아가고 있는 Garret Blake임을 알게 된다. 사랑의 배신의 상처를 딛고 일어서려는 여자 Theresa와 못다 이룬 옛사랑을 쉽게 떨치지 못하는 한 남자 Garret 사이에 서로의 과거를 배려하느라 조심스러우면서도 간절한 새 희망을 담은 깊은 사랑이 꽃핀다. 그러나 그 사랑은 Garret이 오랫동안 꿈꾸어 오던 자신이 직접 건조한 배를 시험 항해 하던 중에, 근처에서 거친 풍랑에 휩싸여 익사 직전에 있는 3인 가족의 두 사람을 구조하고 마지막 사람을 구하기 위해 주저 없이 대서양 연안의 거친 파도 속에 뛰어들었다가 비극적으로 살아 돌아오지 못함으로써, 두 사람에게 또다시 못다 이룬 – 너무도 아름다우면서 너무도 슬픈 – 사랑으로 마감한다.

Director Luis Mandolin
Actor/Actress Garret Blake 역: Kevin Costner; Theresa Osborne 역: Robin Wright Penn
Writing (novel) Nicholas Sparks; (screenplay) Gerald Di Pego
작품 포스터/사진 © Bel Air Entertainment, DiNovi Pictures, Tig Productions

06

병 속에 담긴 편지

1997 Flim

Scene

Dear Catherine,

(261) I'm sorry I (262-a) haven't talked to you in (264) so long. (265) I feel (266) I've been lost. No bearings, no compass. I (267) kept crashing into things. A little crazy, I guess. I (262-b) 've never been lost before. You were my true north. I could always steer (269) for home when you were my home. But I'm doing better now. (270) The work helps me. Most of all, you help me.

You came into my dream last night with (271) that smile of yours (272) that always held me (273) like a lover, rocked me (273) like a child. All I remember from that dream is a feeling of peace. I woke up with that feeling and tried to keep it alive (274) as long as I could.

I'm writing (275) to tell you I'm (276) on a journey toward that peace and to tell you I'm sorry about (277) so many things. (261) I'm sorry I didn't take better care of you (278) so that you never (279) spent one minute being cold or scared or sick. (261) I'm sorry I didn't try harder to tell you (280) what I was feeling. (261) I'm sorry I never fixed the screen door. (281) I fixed it now. (261) I'm sorry I (282) ever fought with you. (261) I'm sorry I didn't apologize more. I was too proud. (261) I'm sorry I didn't bring you more (283) compliments, (284) on everything (282) you wore and every way (286) you fixed your hair. (261) I'm sorry I didn't hold on to you with (287) so much strength that (288) even God couldn't pull you away.

All my love,
G.

Words & Phrases

- **feel** 타동 느끼다
- **lost** 형 잃어버린, 길을 잃은
- **bearing** 명 중심축, 주축
- **compass** 명 나침반
- **crash** 자동 (와르르 하면서 또는 요란한 소리를 내면서) 깨지다, 부서지다. crash into ...: (와장창 하면서) ...에 들이받다, 충돌하다
- **crazy** 형 미친, 제정신이 아닌
- **guess** 자동 추측하다
- **north/North** 명 북쪽. 여기서는 길/방향을 가리키는 중심이라는 뜻으로 북극성 (the North Star; Polaris) 또는 북극 (the North Pole)을 뜻한다.
- **steer** 자동 (어떤 방향으로) 조종하다, 나아가다
- **dream** 명 꿈
- **remember** 타동 기억하다
- **peace** 명 평화
- **woke up** wake up (깨어나다)의 과거형
- **alive** 형 살아있는
- **journey** 명 여행
- **take better care of you** (당신을 더욱 잘 돌보다): take good care of you (당신을 잘 돌보다)의 비교급
- **spent** spend (자동 보내다, 소비하다)의 과거형
- **minute** 명 (시간) 분; 짧은 시간
- **scared**: scare (타동 겁나게 또는 놀라게 하다)의 과거분사형
- **sick** 형 아픈, 병든
- **fix** 자동 고치다, 수리하다
- **screen door** 벌레 따위가 들어오지 못하게 하는 스크린 (방충망)이 달린 또는 그런 스크린으로 된 문
- **ever** 부 항상, 언제나, 계속해서; always; at all times; all the time; continuously
- **fought** fight (자동 싸우다)의 과거형
- **apologize** 자동 사과하다
- **proud** 형 오만한, 자랑스러워 하는, 자랑스런
- **wore** wear ((옷 따위를) 입다)의 과거형
- **hold on to ...** ...를 꼭 붙잡다
- **strength** 명 강함, 강한 힘. strong (형 강한)의 명사형
- **pull ... away** ...를 떨/멀어지게 하다, ...를 떼어내다, 철회하다

장면

Cape Cod의 해변에서 조깅을 하던 Theresa는 바닷물 가 모래 속에 반쯤 박혀 있는 병 하나를 발견한다. 그녀는 그 병 속에 들어 있는 둥글게 말린 종이를 꺼내어 그 종이에 타자로 찍힌 이 메시지를 읽으면서 놀라운 감동에 압도된다. (이 글은 North Carolina 주에 사는 한 남자가 병약한 몸으로 세상을 떠난 아내를 그리워하며 그녀의 영혼에게 적은 편지로 그는 이 편지를 병에 넣어 대서양의 물결 속으로 던져 넣은 것인데, 이 병이 미 동부 연안의 대서양의 조류에 밀려 북쪽으로 떠가다가 Cape Cod의 해변 모래밭에 이르러 Theresa에게 발견된 것이다.)

번역

사랑하는 Catherine,
너무도 오랫동안 당신에게 말을 건네지 못해 미안해. 길을 잃고 헤매 온 느낌이야. 아무 중심도 없이, 아무 나침반도 없이. 이런저런 일들에 계속 좌충우돌 했어. 좀 미쳤나 봐. 전에는 길을 잃고 헤맨 적이 없었는데. 당신은 나의 진정한 북쪽 (북극성과 같은 존재)이었어. 당신이 나의 집이었을 땐 난 언제나 집으로 향할 수 있었지. 그래도 지금은 나아. 일이 내게 도움이 돼. 그 무엇보다 당신이 날 돕고 있지.
당신은 어젯밤 내 꿈에 찾아왔어. 언제나 나를 애인처럼 껴안아 주고, 나를 아이처럼 흔들어 주던 당신의 그 미소를 띄고서. 그 꿈으로부터 내가 기억하는 모든 것은 어떤 평화로운 느낌이야. 난 그 느낌을 가지고 깨어나 그 느낌을 최대한 오랫동안 간직하려고 했어.
내가 이 편지를 쓰고 있는 것은 내가 그 평화를 향한 여행 중에 있다는 것 그리고 너무 많은 것들에 관해 미안하다는 것을 당신에게 말해 주기 위해서야. 당신이 단 일분도 춥거나 두렵거나 아프게 보내지 않도록 당신을 더 잘 돌봐 주지 못해서 미안해. 내가 뭘 느끼고 있는지 당신에게 말해 주려고 더 노력하지 않아 미안해. 방충망이 달린 문을 결코 고치지 않아 미안해. 지금은 고쳤어. 항상 당신과 싸워서 미안해. 더 많이 사과하지 않아서 미안해. 내가 너무 오만했어. 당신이 입은 모든 것과 당신이 손본 모든 머리 모양새에 관해 더 많은 칭찬을 하지 않아 미안해. 신조차도 당신을 뺏아갈 수 없을 정도로 그렇게 강한 힘으로 당신을 붙들지 않아 미안해.
내 모든 사랑을 (당신에게),
G.

영어의 이해 with Dr. David

261 형용사 + (that)-절 (= 부사절 = 감정의 이유)

I'm sorry (that) I haven't talked to you in so long.
당신한테 너무도 오랫동안 얘기하지 못해 미안해

Cross-reference
비교:
➡ (50)

감정을 나타내는 형용사 뒤에 그 감정의 이유나 근거를 설명하는 절 (부사절)을 이끄는 접속사 that이 생략된 경우이다. 이 생략 현상은 비공식체적 구어체에서는 빈번히 일어나며 일상적인 문어체에서도 상당히 자주 일어난다.

이렇게 감정의 이유나 근거를 나타내는 that-절을 취할 수 있으며 또 that의 생략을 허용할 수 있는 감정의 형용사들의 대표적인 예들:
angry (화난), **anxious** (조바심나는, ...이길 크게 바라는), **eager** (...이길 크게 바라는), **glad** (기쁜), **guilty** (죄스러운), **happy** (행복한, 기쁜), **lucky** (운 좋은), **proud** (자랑스러운), **sad** (슬픈), **sorry** (미안한, 안된, 유감인), **unhappy** (행복하지 않은, 기쁘지 않은). [➡ (351) (409)]

> example I'm a stay-at-home mom. I adore my daughter and I'm **guilty** (**that**) I'm not happy being with her 24/7.

> 주목 ▶ 여기서 접속사 and는 앞의 진술을 부정, 번복, 또는 수정하는 but과 같은 의미로 쓰였다.

저는 전업주부 엄마입니다. 저는 제 딸을 숭배하듯 아낍니다. 그러나 저는 하루 24시간 일주일 7일을 딸과 같이 있어서 행복하지 않아 죄스럽습니다.

---

adore 타동 사랑하고 존경하다
24/7 (발음) twenty-four seven: twenty-four hours a day, seven days a week

---

> example I explored the Green Mountain State's countryside by bike for four days. Am I **glad** (**that**) I did it? Certainly.
[Certainly. = Certainly, I'm glad (that) I did it.; I'm certainly glad (that) I did it.]

저는 Vermont 주의 시골을 나흘 동안 자전거로 (탐험하듯이) 여행했습니다. 그렇게 해서 제가 기쁘냐구요? 확실히 (기쁘죠).

---

the Green Mountain State Vermont (미국 동북부의 버몬트 주)

Message in a Bottle (병 속에 담긴 편지)

[사진] 미국 동북부 Vermont 주의 순수한 자연의 정취가 넘치는 나즈막한 언덕의 시골길 (rustic road)을 한 여름날에 mountain bike을 타고 평화로운 여행을 즐기고 있는 친구들
사진 제공: Vermont Tourism Dept.

262/262-a,b 현재완료 = 경험

(262) (262-a) I haven't talked to you in so long.
당신한테 너무/아주 오랜 동안 얘기하지 않았다 (얘기한 적이 없다), 당신하고 얘기한 것이 아주 오래 되었다

(262-b) I've never been lost before.
나는 전에는 길을 잃은 적이 전혀 없다

Cross-reference
비교: 현재완료 = 계속:
➡ (19) (88) (266) (400) (469) (552)

비교: 현재완료 = 완료 (+ 결과):
➡ (240) (445)

여기서 시제 (have + 과거분사)는 현재완료의 여러 용법들 중에 지금까지 '…한/인/해본 적이 있다'는 뜻의 **경험**을 나타낸다.
[➡ (85) (190) (206) (334) (369) (550) (582)]

example DiMaggio's hitting streak ended after he reached 56 games on July 16, 1941. No one **has come** anywhere near that record **since**.
DiMaggio의 hitting streak (게임마다 안타를 치는 것)은 1941년 7월 16일에 56게임에 도달하고서는 끝났다. 그 이후로 어느 누구도 그 기록에 조금도 가까이 온 적이 없다.

Joseph Paul "Joe" DiMaggio (1914-1999) 미국 프로 야구 선수. the Yankees (New York City)의 center fielder, 1936-1951　**streak** 명 어떤 활동의 계속 (기간). hitting streak: 연속 안타, 안타 행진　**since** 부 그 이후로는

263 in = 시간의 폭

I haven't talked to you in so long.:

여기에서의 in은 '… 동안/간'이라는 시간의 폭을 뜻하는 전치사로 다른 전치사 for와 의미상 유사한 면이 있지만, 대부분의 경우 for와 달리 그 기간 동안 어떤 사건이나 행위가 지속됨 (duration)을 나타내는 것이 아니라, <u>그 시간의 폭</u> (interval) 이내에 또는 그 시간의 폭이 지나면 어떤 사건이나 행위가 한 시점에 발생하거나 이루어짐을 나타낸다. in은 현재완료 시제와 함께 쓰일 때는 **부정문**에만 쓰일 수 있지 긍정문에는 쓰일 수 없음에 유의해야 한다. (For는 긍정문이든 부정문이든 양쪽의 경우 다 쓰일 수 있다.) [➡ (207) (465)]

Mary: Wanna dance?
Steve: I haven't, I haven't danced **in** quite some time.

[*The Wedding Planner* (2001 film)]

Mary: 춤 출래요?
Steve: 저, 저 상당히 오랫동안 춤춰 보질 않았어요.

Exercise

다음의 대화에서 빈칸에 사용되기에 적절한 것을 고르세요.

Katie: Hi, Kasey, what time am I supposed to be there at your Thanksgiving dinner?
Kasey: 3:30ish this afternoon.
Katie: Oh, that's right. Since it's almost 1:30 now, I'll be there with you ___ just about two hours.
Kasey: Great. See you soon.

❶ within ❷ in ❸ after ❹ for ❺ over

[정답과 해설]

해설 >>>

현재 almost 1:30이므로 3:30까지 두 시간 남은 경우이다. 두 시간이 경과해야 하므로 두 시간 이내의 시간이면 언제든, 즉 이론적으로는 1초 후라도 가능한 시간인 within은 적절하지 않다. ... 이후 시점이 막연하게 열려 있는 after 역시 적절하지 않다. After 3:30이면 3:30 이후 아무 때나 좋다는 의미가 된다. 즉 5:00, 9:00도 가능하다는 뜻으로 after 역시 적절하지 않다. For + 기간은 '... 기간 동안(에)'라는 지속 기간을 나타내므로 for 역시 적합하지 않다. Over + 기간은 '... 기간에 걸쳐'라는 기간의 폭/범위를 나타내는 부사구이므로 역시 이 문맥에 옳지 않다.
여기서는 미래 시제와 함께 쓰여 '...이 경과하고 나서 바로 (뒤에)' (immediately or soon after ... has lapsed)라는 의미로 흔히 '... 후에/... 있다가'로 번역되는 미래 시간의 어구를 이끄는 in이 적합하다.

번역 >>>

Katie: Hi, Kasey. 거기 너희 Thanksgiving dinner에 몇 시에 가야 하더라?
Kasey: 오늘 오후 세 시 삼십 분경이면 돼.
Katie: 오, 맞아. 지금 거의 한 시 반이니까, 나 거기 딱 두 시간 남짓이면 가겠네.
Kasey: 아 좋아. 곧 봐.

정답: ❷

3:30ish: three-thirtyish: **-ish**는 in the manner/style/neighborhood of ... (...식인/식으로, ...즈음/경/무렵에)라는 의미의 접미어 (suffix)이다. 3:30ish는 대략 3시 30분 경, 3시 30분 남짓해서 정도의 의미가 된다. 예: yellowish: 노르스름한; 20ish (twentyish): 스무 개/스무 살 남짓/전후; sevenish: 일곱 개/일곱 살/일곱 시 남짓/전후

264 so = 강조의 정도 부사

so long
아주/너무도 오랫동안

Cross-reference
비교: so = 정도의 지시 부사:
➡ (59) (431)

여기서 so는 '그렇게, 그리, 그다지'로 번역될 수 있는 앞에서 이미 언급된 정도를 가리키는 부사로 사용된 것이 아니라, 그 자체가 바로 뒤에 오는 형용사나 부사의 정도를 독자적으로 강조하는 강조어 (intensifier)로서 '아주, 너무도, 크게, 대단히, 극히' (very (much), greatly, tremendously, extremely) 정도로 번역될 수 있다.
[➡ (39) (186)]

example I'm really troubled by all the people who just don't question the government. They'll say, "Well, I trust my President because he's a good Christian," or something like that. I find that **so** appalling.
저는 정말 정부에 의문을 제기하지 않는 모든 사람들이 골치입니다. 그 사람들은 "글쎄요, 전 저희 대통령을 믿습니다. 좋은 기독교인이니까요," 또는 그런 비슷한 얘기를 하죠. 저는 그런 것이 너무도 끔찍합니다.

trouble 타동 괴롭히다, 마음을 불편하게 하다   **appalling** 형 끔찍한, 소름끼치는

265 타동사 + (that)-절 (= 목적어)

I feel (that) I've been lost.
길을 잃고 방황해 왔다고 느낀다

타동사 + (that)-절 (= 목적어)의 구조로 여기서 I've been lost.는 앞에 오는 타동사인 feel (...라고 느끼다)의 목적어로 무엇을 feel하는 가를 설명해 주는 명사절인데, 이 명사절을 이끄는 접속사인 that이 일상적인 구어체에서 아주 빈번히, 그리고 일상적인 그리고 비격식적인 문어체에서도 자주 생략되는 경우이다. [➡ (199) (310) (346) (557) (568)]

example If you received a gift or were invited to a nice meal or party, **make sure** (**that**) **you write a thank-you card or message as soon as you can**.
선물을 받았거나 근사한 식사나 파티에 초대되었을 때는 잊지 마시고 최대한 빨리 감사의 카드나 메시지를 써 보내십시오.

266 현재완료 = 계속

I've been lost.
나는 길을 잃고 방황해 왔다

Cross-reference
비교: 현재완료 = 경험:
➡ (85) (190) (206) (262) (334) (369) (550) (582)

비교: 현재완료 = 완료 (+ 결과):
➡ ((240) (445)

여기서 쓰인 현재완료 시제 (have + 과거분사)는 현재완료 시제의 여러 용법들 중에도 (앞에서 이미 명백히 언급이 되었거나, 문맥상 뚜렷이 드러나 있거나, 말하는 이와 듣는 이 간에 서로 암묵적으로 이해하고 있는) 과거의 한 시점으로부터 현재에 이르기까지 지속되어 온 사건, 행위, 또는 상태를 나타낸다. [➡ (19) (88) (400) (469) (552)]

example The number of adults who work solely out of their homes **has grown** by more than a third since 1990.
집에서만 일/근무하는 성인들의 수가 1990년 이후로 1/3 이상 증가해 왔다.

solely 부 오직, only
work out of one's home 집에서 근무를 하다. 여기서의 out of = from

267 keep + ((right) on) + -ing (현재 분사) = 계속

I kept crashing into things.
나는 (이런 저런) 일들에 계속해서 들이받았다, 계속 좌충우돌 했다

keep + -ing (현재 분사)의 형태는 '계속해서 ...하다'라는 의미이며, '계속해서'라는 부사인 [주목: 전치사 on이 아님] on을 현재 분사 바로 앞에, 또 이따금씩 그 계속되는 모양새를 나타내는 on을 더욱 강조하기 위해 그 앞에 강조의 부사 **right**을 사용하기도 한다. [keep + ((right) on) + -ing]

example Each year the Vietnam War lasted, Americans grew more resentful of

  Message in a Bottle (병 속에 담긴 편지)   153

each other and the nation **kept** pull**ing** apart.
[Each year (**when**/**that**) the Vietnam War lasted, ...]
베트남 전쟁이 지속되던 해마다 미국인들은 더욱 더 서로에 대해 반감을 갖게 되고 국가는 계속해서 분열되어 가고 있었다.

last 자동 지속되다   **resentful** 형 반감을 가진, 못마땅해 하는
kept pulling apart keep + -ing: 계속해서 분열되다

> example   President Clinton has done more for this country than any other president. Leave him alone and let him **keep on** runn**ing** our country.
Clinton 대통령은 다른 어느 대통령보다 이 나라를 위해 많은 일을 했습니다. 그를 귀찮게 하지 말고 내버려둬서 우리 나라를 계속 이끌고 가게 하십시오.

[백악관 인턴 Monica Lewinsky 양과의 스캔들 (1998-99)로 Clinton 대통령을 자꾸 끌어내리려고 하지 말라는 한 여성 진보파 민주당 지지자의 의견]

> example   Dr. King **kept right on** striv**ing** for his beliefs, no matter what the cost was.
(1955-1968년대에 미국 흑인 인권운동의 기수였던) King 박사 (목사)는 그 대가가 무엇이었든 간에 (아랑곳하지 않고) 자기의 신념들을 위해 계속 분투하였다.

belief 명 믿음
strive 자동 열심히/애써 노력하다. Try는 일상체, strive/endeavor는 문어체

268 into = 접촉, 충돌, 마주침

crashing into things
(이런 저런) 일들에 (와장창 하며) 들이받고 있는, 좌충우돌 하고 있는

전치사 **into**는 대부분의 경우 공간적으로 (때로는 시간적으로) '... 안으로' 들어감을 나타내는데, 여기서는 안으로 들어가는 것이 아니라, ...의 표면에 부딪히는 또는 ...의 표면을 때리는 물리적 **접촉** (contact), **충돌** (collision), **마주침** (encounter) 등을 나타낸다.

> example   British soldiers marching from Boston on April 19, 1775, ran **into** American revolutionaries in Lexington and Concord.
1775년 4월 19일에 Boston으로부터 행진하던 영국 군인들은 Lexington과 Concord에서 미국 (독립) 혁명을 위해 싸우는 사람들과 맞닥뜨렸다.

| **march** 자동 행진하다　　**revolutionary** 여기서는 명사: 혁명가 |

[사진] 식민지 미국의 모국 영국으로부터의 독립 혁명 (the American Revolution, 1775-1783)의 첫 무력 충돌인 1775년 4월 19일의 **Lexington**과 **Concord**에서의 전투를 기념하여 전투 현장에 세워진 **Minute Man National Historical Park**에서는, 오늘날에도 4월 셋째 월요일인 **Patriots' Day**에 (Massachusetts 주와 Maine 주에서는 주의 공휴일이다) 그 역사적 전투를 재현하는 행사를 벌인다. 사진은 지역의 독립향토군들 (patriots; minutemen)이 전투가 벌어졌던 Lexington의 벌판 (the Lexington Battle Green, 평소에는 잔디 덮인 평온한 공원과 같다)에서 영국군을 향해 발사하는 모습 (재현). 앞의 묘석들 아래에 그 전투에서 숨진 patriot들이 묻혀 있다. 사진: ⓒ 박우상 (Dr. David)

> **example** The demolition derby has been a county fair staple since the 50s. "I love watching the cars smash **into** each other," said a fairgoer who was watching the event.
> Demolition derby (차량 파괴 경주)는 1950년대 이후로 county fair (군 축제)의 한 명물 행사가 되어 왔다. "저는 차들이 서로 들이받는 걸 구경하는 걸 좋아해요."라고 이 이벤트를 지켜보던 한 축제 참가자가 말했다.

| **staple** 명 주요 산품. 여기서는 country fair (군 축제)의 단골/주요 이벤트
smash 자동 들이받다, 부딪히다　　**fairgoer** 명 축제에 가는/참가하는 사람] |

[사진] 미국 Illinois 주의 서북부의 Stephenson County에서 열린 county fair에서 서로 들이받고 부딪치면서, 다른 모든 차량들이 정지되는 마지막까지 움직이는 차를 승자로 가리는 **demolition derby**가 한창 진행 중이다. 바로 근처에 소방과 앰뷸런스 팀이 대기 중이다. 사진: ⓒ 박우상 (Dr. David)

Message in a Bottle (병 속에 담긴 편지)

269 · for = 목적지

steer for home
집을 향해서, 집에 도달하기 위해서 (배나 탈 것의) 방향을 돌리다, 조정하다

여기서 for 는 목적지 (destination)를 나타내는 전치사이다.
[➡ (3)]

Cross-reference
비교: for = 가격/댓가:
➡ (2)
비교: for = 경우/입장:
➡ (23) (183)
비교: for = 이익/혜택:
➡ (44)
비교: for = 정체/동일:
➡ (162)
비교: for = 기간/지속:
➡ (196) (573)
비교: for = 의미/상징:
➡ (385)
비교: for = 추구:
➡ (562)

example Clara Barton **head**ed **for** the battlefield to organize field nurses and stretcher bearers.
Clara Barton은 전투 현장 간호사들과 들것 나르는 사람들을 조직하러 전쟁터로 향했다.

Clara Barton (1821-1912): 1881년에 the American Red Cross를 조직한 humanitarian (인도주의자)　**stretcher** 명 (환자용) 들것　**bearer** 명 나르는 사람

270 · the: 문맥상 또는 암묵적으로 이해되는 the

The work helps me.
(그/이) 일이 날 돕고 있다

여기서 사용된 정관사 the는 앞에 이 낱말들이 이미 사용되어서 그것을 뒤에서 다시 가리키기 위해 사용된 것이 아니라, 이 정관사가 수식하는 낱말들의 정체가 문맥상 또는 상황상 뚜렷이 드러나 있기 때문에 사용된 것이다. 즉, 말하는 이와 듣는 이가 그 낱말의 정체를 문맥상 또는 상황에 비추어 암묵적으로 이해하기 때문에 사용된 것이다.

이 경우 정관사 the가 쓰인 것은 어떤/한 직업이나 일거리가 앞에서 언급되어서 그 구체적이고 특정한 직업이나 일거리를 여기서 다시 가리키거나 적어도 문맥상 뚜렷이 드러나는 특정한 직업이나 일거리를 가리키는 정관사 the의 대표적인 어법이 아니라, 말하는 이와 듣는 이가 상호간에 암묵적으로 그 이해를 공유함을 나타낸다. 즉, 이렇게 느닷없이 정관사 the를 사용해도 이 표현을 읽는 아내인 Catherine은 남편이 멋진 나무 돛단배를 직접 디자인하고 만드는 꿈을 가지고 있으며, 그 꿈을 실현하

기 위해 (이/그 일이 여기서의 the work이다) 열심히 일하고 있음을 알고 있다는 것을 나타낸다.

이렇게 말하는 이와 듣는 이 간에 **암묵적으로 이해**되는 정관사 the의 용법은 그 언어가 사용되는 **사회**와 **문화** 속에서 양자가 그 화제/주제에 관한 **이해를 공유**하는 것을 전제로 한다. 이것은 영어의 학습과 이해가 영어가 사용되는 사회와 문화와 영어를 사용하는 사람들에 대한 이해를 증진시키는 것과 동시에, 영어가 사용되는 사회와 문화와 영어를 사용하는 사람들에 대한 이해가 영어의 학습과 이해에 중요한 기여를 함을 뜻한다. [➡ (10) (118) (137) (289) (308) (501) (529)]

example

Butch: Fellas, bad as they are, banks are better than trains. They don't move. They stay put. You know **the** money's in there.

[*Butch Cassidy and the Sundance Kid* (1969 film)]

Butch: 친구들, 안 좋기는 하더라도 은행이 기차보다는 나은 거야. 움직이질 않지. 한군데 박혀 있지. (우리가 찾는/털려고 하는) 돈도 그 안에 있구.

Fellas: Fellows의 비격식/저교육적 표현   **Bad as they are, ...** = Although/ Even though/ Though they are bad, ...   **stay put**: 자동사구: 꼼짝 않고/말고 있다, 움직이지 않다

설명 ▶ 여기서의 the money는 문맥상 말하는 이와 듣는 이가 서로 이해하는, 이 경우에는 Butch 와 그의 부하들이 은행이든 기차들 털어서 손에 넣고자 하는 그 돈 (the money)을 뜻한다.

장면 은행보다 기차를 털자고 주장하는 자기 갱단원들에게 리더인 Butch가 은행이 털기에 더 나은 표적임을 주장하는 이유를 설명한다.

271 이중 소유격: this, these, that, those, no, some, any, every, no, one, a few + 명사 + of + 소유 대명사 | that = 문맥상, 상황상, 암묵적으로 또는 사회 문화적으로 이해되는 that

that smile of yours
당신의 그 미소

보통의 경우로 '당신의 미소'라고 하면 your smile이라고 한다. 그러나 '당신이 웃어준 어떤/한번의 미소'라고 하면 a smile of yours라고 한다. 즉 소유를 나타내는 전치사 + 소유대명사를 사용하여 그것이 수식하는 명사 뒤에 위치시킨다. 이것이 한국의 영어교육에서 **이중 소유격**이라고 부르는 현상으로, 이는 소유를 나타내는 전치사와 역시 소유를 나타내는 소유대명사가 중복으로 결합되었음을 가리키는 이름이다.

A smile of yours = a smile + your smile인데 이 둘을 결합시킬 때 이와 같은 이중 소유격 현상이 일어나는 이유는, 소유 형용사 your가 (소유 대명사 yours가 뒤에 오는 명사를 형용사처럼 수식하기

때문에 소유 형용사임) 영문법의 눈에는 부정관사인 a와 동일한 지위를 갖기 때문에 같은 명사를 두 개의 관사가 수식할 수 없으므로, your가 소유를 나타내는 전치사 of 뒤에서 yours라는 소유 대명사로 표현되는 것이다 (of가 전치사이니 그 목적어로는 대명사인 yours이어야지 형용사형인 your가 될 수 없다).

주목 그리고 한국의 영어 교육에서 가르치는 이중 소유격은 이 현상을 이해하고 숙달하고 자유롭게 사용하기 위해서 대단히 불충분하다. 이중 소유격은 한국에서 가르치는 것보다 훨씬 <u>광범위하게</u> 일어나는 현상이어서, 명사 앞에 부정관사 a가 오는 경우 뿐만 아니라 <u>this, these, that, those, some, any, each, every, no, one, a few</u> 등이 올 경우에도 이것들과 소유 형용사는 함께 어울려서 뒤에 오는 명사를 수식할 수 없기 때문에, '<u>this, these, that, those, some, any, each, every, no, one, a few</u> + 명사 + <u>of</u> + 소유 대명사 (mine, ours, yours, his, hers, theirs) 또는 명사의 <u>소유격</u> (명사's)'의 형태를 취한다. 달리 표현하자면 a, this, these, that, those, no, some, any, every, no, one, a few, my, our, your, his, her, their, 그리고 명사의 소유격 –'s는 모두 비특정 수식어로서 같은 문법적 지위를 가지기 때문에, 명사를 공동으로 수식하기 위해서는 이중 소유격의 형태를 취한다.

[예: **(X)** this my book ➜ **(O)** <u>this</u> book <u>of mine</u>; **(X)** some her books ➜ **(O)** <u>some</u> books <u>of hers</u>] 또 유의할 점은 정관사 <u>the</u>는 이중 소유격 형태를 취할 수 없음에 유의해야 한다. 즉 '나의 (내가 소유하는) 그 책'이라고 하자면 the my book이나 my the book 또는 the book of mine이 아니라, 정관사 the처럼 특정한 대상물을 지칭하는 대명사 that을 사용하여 that book of mine이라고 한다. 그리고 또 한 가지 유의할 점으로, 이중 소유격 현상은 반드시 <u>소유의 관념</u>이 적어도 상당히 뚜렷한 표현에서만 일어난다 (아래의 주목 참조).

그리고 여기서 that smile에서의 **that**은 흔히 지시 형용사 (그리고 지시 대명사)로서의 that이 가리키는 앞에 이미 언급된 특정한 사물을 지칭하는 것이 아니라, 말하는 (또는 글 쓰는) 이와 듣는 (또는 읽는) 이 간에 그것이 무엇인지에 관한 <u>상호 이해</u>가 있거나 가능한 경우에 쓰이는 것으로, 이 경우에는 이 편지를 쓴 Garret과 이 편지를 읽는 것으로 상상 또는 소망이 되는 그의 전 아내인 Catherine 간에 서로 그것이 어떤 미소인지를 알고 있음을 나타낸다. [➡ (333)]

example
Mr. Wilson (to Ron, an army buddy of his son's): Oh, **any** friend **of** Billy**'s** is **a** friend **of ours**. [*Born on the Fourth of July* (1989 film)]
[**(X)** any Billy's friend; **(X)** Billy's any friend; **(O)** any friend of Billy's]
Mr. Wilson (아들의 전우 Ron에게): 오, Billy의 친구는 누구나 우리의 친구야.

장면 베트남 전쟁에서 급박하고 혼돈스러운 전투 중에 전우인 Billy를 실수로 쏘아 죽게 한 Ron이 귀국해서 Billy의 아버지인 Mr. Wilson에게 그 사실을 고백하자, Mr. Wilson이 아들의 죽음을 받아들이고 Ron을 용서한다.

example People overestimate their ability to demonstrate humor, sadness, and other emotions via e-mail or the Internet. An online dialogue can't fully convey how you feel, what you intend, or your irresistible qualities, like **that** infectious

laugh of yours.
사람들은 이메일이나 인터넷을 통해 유머, 슬픔, 그리고 다른 감정들을 표현할 수 있는 능력을 과대평가한다. 온라인 대화는 어떻게 느끼는지, 무엇을 의도하는지, 또는 당신의 그 전염적인 웃음 같은 거부할 수 없는 자질들을 충분히 전달할 수가 없다.

---

overestimate 타동 과대평가하다　　**demonstrate** 타동. 시범을/드러내 보이다; display
dialogue 명 대화　　**convey** 타동 전달하다　　**intend** 타동 의도하다
irresistible 형 저항/거부할 수 없는　　**quality** 명 (품)질. 여기서는 사람의 자질/성품
infectious 형 전염성 있는; contagious

주목 ▶ 그리고 또 한 가지 유의할 점으로 **이중소유격** 현상은 반드시 **소유의 개념**이 상당한 정도의 표현에서만 일어난다. 다음의 예들 간의 의미의 차이를 이해해야 한다.

예: (O) a picture of Johnson (Johnson의 (Johnson을 찍은, Johnson이 나온) 사진)
예: (O) a picture of him (그의 (그를 찍은, 그가 나온) 사진)
예: (O) a picture of Johnson's (Johnson의 (Johnson이 소유하고 있는) 사진)
예: (O) a picture of his (그의 (그가 소유하고 있는) 사진).

example Some cronies of the governor's pushed a bill through the legislature to give the state's wealthiest an enormous tax break.
그/이 주지사의 몇몇 가까운 친구들은 그/이 주의 가장 부유한 사람들에게 엄청난 세금 감면을 주는 법안을 의회에 통과시켰다.

---

crony (krō´•nē) 명 사전적으로는 가까운 친구나 동료를 뜻하는데, 주로 옳거나 좋지 않은 일 (예를 들어 부정 부패에 관련된 행위)과 관련된 문맥에서 쓰인다.　　**legislature** 명 의회, 입법부
the state's wealthiest: the wealthiest people of/in the state
enormous 형 엄청 큰　　**break** 명 감면, 감세]

주목 ▶ 이 예문의 경우, 소유의 개념이 물건이나 재산과 같은 경우보다 떨어지는 사람들 (cronies) 이어서 주어인 Some cronies of the governor's 대신에 이중 소유격이 아닌 of-소유격, 즉 Some cronies of the governor라고 할 수도 있다. 다음의 예문에서는 a friend (한 친구) + labor's friend (근로자들의 친구)가 이중 소유격이 아닌 보통의 소유/소속을 나타내는 전치사 of + 명사의 형태로 (friend of labor) 되어 있다 (물론 a friend of labor's라고 이중 소유격으로 표현할 수도 있다).

example
Hoffa: Never let a stranger in your cab, in your house, or in your heart, unless he's a friend of labor.　　　　　　　　　　　　　　　　　　　[*Hoffa* (1992 film)]
[a friend of labor = a friend of labor's]
[... in your cab, in your house, or in your heart = ... into your cab, into your house, or into

Message in a Bottle (병 속에 담긴 편지)

your heart]
Hoffa: 낯선 이는 근로자들의 친구가 아니면 운전석이나 집이나 가슴 속에 들여 놓지 마라.

James Riddle "Jimmy" Hoffa (1913-1975?): 상업용 트럭 운전수들을 중심으로 한 미국 최대의 노조 (labor union)였던 Teamsters의 회장 (1957-1971)
여기서 cab은 taxicab (택시)을 뜻하는 것이 아니라 트럭, 기차, 중기계 등의 운전석을 뜻하며, labor는 근로자들이나 노동자들 (laborers, workers)을 집합적으로 일컫는다

272 that (관계 대명사) = 계속적, 설명적 용법

... that smile of yours **that** always held me like a lover,
... 나를 언제나 연인처럼 안아 준 당신의 그 미소

이 표현은 ... **that smile of yours** + [**That smile of yours** (= **It**/**That** (= 관계대명사 **that**)) **always held me like a lover** (그것은 나를 언제나 연인처럼 껴안았다), ...]가 공통의 명사 어구인 that smile of yours 선행사로 받는 관계대명사 that에 의해 연결된 구조이다. 여기서 유의할 점은 한국의 영어 교육에서는 관계대명사의 사용에 있어서 선행사의 의미를 제한/수식하는 관계대명사로는 that을 사용하고, 선행사의 의미에 관해 계속적으로 의미를 설명하는 경우 (소위 계속적, 부가적, 또는 설명적 용법이라고 불린다) 앞에 쉼표 (comma)를 찍고 관계대명사로서는 which를 사용하라는 설명이다. 그러나 이 설명은 20세기 초반 이전의 문어체에서의 관계대명사 용법에 관한 교과서적 설명이지, 현대 영어의 관계대명사의 설명으로 많은 경우에 적합하지 않다.

관계대명사에 관해 일반적으로 유의할 점은,
(1) 현대 영어에서는 제한적/수식적 용법으로든 계속적 용법으로든, 관계대명사로서 **that**이 일상체와 구어체에서 which보다 압도적인 빈도로 사용되며, which의 사용은 그 범위가 보다 문어체 또는 공식체적 표현에로 줄어들고 있으며,
(2) 계속적인 용법으로는 which가 아직도 자주 사용되고 있으나 이 용법 또한 20세기 중반 이후로 that에 의해 대체되고 있는 추세가 점점 증가하고 있어, 오늘날에는 구어체에서만이 아니라 상당히 격식을 갖춘 글에서조차 이 용법으로 that이 자주 사용된다.

여기에서 사용된 that 역시 계속적 용법으로 앞에 오는 that smile of yours가 여러 종류가 있어서 그 중에도 어떠한 that smile of yours인지를 수식/제한하는 것이 아니라 (이 문맥이나 이 특정한 표현의 의미상 그런 수식의 여지가 없다), that smile of yours는 당신이나 내가 너무도 잘 알고 있는 것으로서 그것은 나를 항상 연인처럼 껴안은 것이라고, 즉 선행사인 that smile of yours는 어떠한 것이라고 그에 관해 보충적인 설명을 추가하는 용법이다.
[... that smile of yours **that** always held me like a lover.
= ... that smile of yours, **which** always held me like a lover.]

example For over 100 years, Ellis Island stood as a beacon of opportunity, equality and freedom that are the promises of America.
[= (Better) ... as a beacon of opportunity, equality and freedom, which are ...]
100년이 넘도록 Ellis Island는 미국의 약속인 (미국이 약속한) 기회와 평등과 자유의 등대로 서 있었다.

beacon 명 등불, 봉화

설명 여기서도 관계대명사 that에 의해 이끌리는 관계사절인 that are the promises of America 는 그 선행사인 opportunity, equality and freedom의 종류나 정체를 제한적으로 수식하는 것이 아니라 그에 관한 설명을 더하는 역할을 한다. 다시 말해서 opportunity, equality and freedom 은 바로 the promises of America (미국이 약속하는 것들)라는 것이다.

[Ellis Island에 관한 설명은 → (190) 예문 설명 참조]

example As America has become more urban, pets have moved indoors. Dogs that were considered guard dogs now sleep in the bedroom; cats that used to keep mice out of the barn are now curled up on the couch.
[Dogs that were considered guard dogs ... = Dogs, which were considered guard dogs, ...]
[cats that used to ... the barn ... = cats, which used to ... the barn, ...]
미국이 도시화되면서 애완동물들이 집 안으로 들어왔다. 과거에는 (집이나 농장 따위를) 지키는 개로 여겨졌던 개들은 이제 침실 안에서 잠을 자고, 헛간으로부터 쥐들을 몰아내곤 하던 고양이들은 이제 소파 위에 느긋하게 자리잡고 있다.

urban 형 도시의   **indoors**: 부. 집 안으로, 실내로   **guard dog** (집이나 농장) 지킴이 개
mice 명 Mouse (쥐)의 복수   **barn** 명 (농장 farm에 있는) 헛간. 주로 안에 가축들과 건초 더미 등이 있어 상당히 큰 구조물이다.

설명 여기에서도 관계사 that에 의해 이끌리는 관계사절인 that were considered guard dogs 는 그 앞에 오는 선행사인 dogs에 관한 의미를 제한하는 것이 아니라, 개들이 (일반적으로 말해서) 미국이 도시화 되기 전에는 집이나 농장을 지키는 guard dog의 역할을 하고 있었음을 보충적으로 설명하는 역할을 하고 있다. 그리고 두 번째의 관계사 that도 그와 마찬가지로 고양이들을 헛간으로부터 쥐를 쫓아 내던 고양이들로 제한하는 것이 아니라, 미국이 도시화 하기 전의 고양이들은 (일반화해서) 헛간에서 쥐나 쫓던 역할이나 했었다는 정보를 추가하는 기능을 한다.

example On January 24, 1848, James Marshall found a tiny gold nugget that he beat flat to test its malleability.
[... a tiny gold nugget that he beat flat to test its malleability.
= ... a tiny gold nugget, which he beat flat to test its malleability.]
1848년 1월 24일에 James Marshall은 연성을 시험하기 위해 납작하게 두드려 편 작은 금덩이 하나를 발견했다. (작은 금덩이 하나를 발견해서 금의 연성을 확인하기 위해 납작하게 두드려 펴 보았다는 뜻.)

tiny 형 작은   **nugget** 명 금 또는 귀금속 덩어리   **beat**: 타동. 두드리다, 때리다. beat의 과거형   **malleability** 명 연성 < **malleable** 형 늘릴 수 있는, 연성이 있는

> **Topic**
> 1848년에 미국 서부 California 주의 Sacramento 근처에서 금이 발견됨으로써, 1848-1850년대에 the California Gold Rush로 불리는 대규모의 서부 이주와 정착이 이루어졌으며 미국 사회와 역사에 근본적인 변화를 초래했다.

설명 ▶ 이 예문에서 관계대명사 that에 의해 이끌리는 절인 that he beat flat to test its malleability 는 Marshall이 발견한 작은 금덩이 (a tiny gold nugget)의 의미를 제한하는 것이 아니라, 그것이 어떠한 것이었다고 설명을 추가하는 역할을 하고 있다. 즉 작은 금덩이 중에도 'Marshall이 납작하게 때린 작은 금 덩이'라는 의미가 아니라, Marshall이 어떤 한 작은 금덩이를 발견하였는데 그 금덩이는 그가 유연성을 (금인지를) 확인하기 위해 두드려 납작하게 펴보았다는 뜻이다.

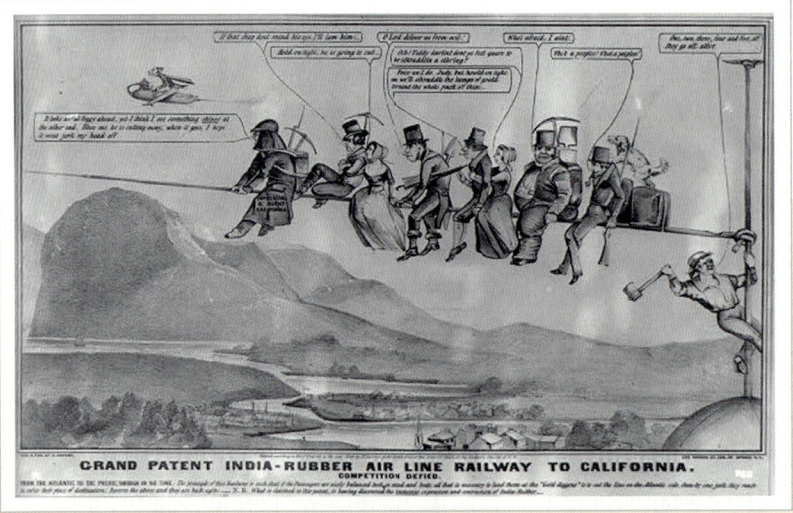

[사진] 1848년에 California주 Sacramento 지역에서 금이 발견되었다는 소식이 퍼지자, 전국에서 수많은 사람들이 그 지역으로 앞을 다투어 급히 떠나는 모습을 그린 당시의 만화. 얼마나 빨리 도착하고 싶은지, 비행기가 없던 시절에 "인도산 고무로 만든 공중철도" ("India-rubber air line railway")를 타고 한시가 급히 날아가고픈 심정이 상상력을 총동원하여 표현되어 있다. 실제로 한 사람은 공중썰매를 타고 (일종의 개인 jet기라고 할까) 앞서 날아 가고 있다.
사진 제공: U.S. Library of Congress

273 like = 전치사 = 예시

like a lover / like a child
연인처럼 / 아이처럼

흔히 전치사로 쓰이는 like은 두 가지 의미를 가질 수 있다.

의미-1 like의 기본적인 의미로 like의 목적어를 은유, 비유, 또는 유사한 성질의 대상으로 들어서 앞에 오는 어구나 진술의 이해를 돕는 기능을 하며, 흔히 '(마치) ...처럼, 같은, 같이, ...같은 식이나 종류로' (in the same way as; of the same kind as; similar to; resembling closely; possessing the characteristics of) 등으로 번역될 수 있다.

의미-2 은유나 비유 또는 유사성의 대상이 아니라 앞에 오는 어구나 진술의 의미 범위에 들어 있는 **예 (example)**를 구체적으로 들어 이해를 돕는 어법으로, 흔히 '예를 들어/들자면, ...처럼, 같은, 같이' (for example; such as) 등으로 번역될 수 있다.

이 경우에서의 like은 첫 번째의 의미로 쓰였다. [➡ (8) (433) (474)]

의미-1

> example George: Right then I realized my day had passed. I was no longer the man in my little girl's life. I was **like** an old shoe – the kind we manufacture and get all excited about and then, after a few years, discontinue. That was me now – Mr. Discontinued. *[Father of the Bride* (1991 film)]

George: 바로 그 때 난 내 시절이 지났다는 걸 깨달았어. 난 더 이상 내 어린 딸의 삶에 있던 (꼭 필요했고 소중했던) 그 남자가 아니었어. 난 낡은 신발과 같은 존재가 되었지. 우리가 만들고 다들 신나하고 그리고는 몇 년 후에는 생산을 중단하는 그런 거 말야. 이젠 그게 바로 나였어. 효용성이 종결된 사람이란 말이지.

pass pass on/away: die, 죽다   **manufacture** [타동] 제조하다   **discontinue** [타동] 중단하다

의미-2

> example The biggest fights with your partner seem to emerge from the littlest stuff **like** household cleanup.

파트너 (배우자나 같이 사는 boyfriend나 girlfriend)와의 가장 큰 다툼은 집안 청소 같은 가장 자질구레한 것으로부터 시작되는 것 같아요.

274 as long as: 의미 (1) (2)

as long as I could
내가 할 수 있는 동안, 가능한 한 오랫동안

접속사 구인 as long as는 기본적으로 두 가지 의미를 가진다.

의미-1 as ... as의 원급 비교의 구문인 as long as의 어원적인 의미로 '...하는/인 동안'이라는 의미의 **지속 기간**을 나타낸다.

의미-2 지속 기간을 뜻하는 as long as 접속사 구의 어원적 의미의 파생적 의미로 '...하는/인 한, ...이기 (때문)에' (insomuch as ...; to the extent that ...; since ...; on/under the condition that ...; seeing that ...) 라고 번역될 수 있는 **정도, 조건, 또는 이유**를 나타낸다. 실제의 영어에서 [의미-2]가 더욱 빈번히 쓰이는 의미이다.

의미-1

example The noon meal we eat after Sunday morning church services is called not "lunch" but "dinner." For **as long as** I remember, this particular meal has been the weekly communal gathering for our extended family.

우리가 일요일 아침의 교회 예배 후에 먹는 낮 식사는 "점심 식사"가 아니라 "dinner" (정찬)이라고 불린다. 내가 기억하는 한/동안, 이 특별한 식사는 우리 대가족에게는 매주 함께 모이는 행사가 되어 왔다.

church service 명 교회 예배   **particular** 형 각별한, 특정한   **communal** 형 공동체의, 집단적인   **gathering** 명 모임   **extended family** 명 대가족

Topic

Sunday dinner in the American South (미국 남부의 오랜 전통인 일요일 오후 정찬)
일요일에 교회 예배를 보고 큰 가족이 모여 천천히 대화를 나누며 큰 정찬을 먹는 Sunday dinner는 미국 남부에서 오랜 가족/음식 문화의 전통이 되어 왔다.

주의 **dinner** 명 the main meal of the day; 하루의 중요 식사. 시간상으로의 저녁 식사 = supper

의미-2

example

Question: Do I have to order an entrée, not just appetizers, in a nice restaurant?
Answer: Naturally, restaurants prefer that you do choose an entrée, but **as long as** no restrictions are noted on the menu, you may order whatever you want.

질문: 근사한 음식점에서는 그냥 appetizer (전식)들 말고 식사를 시켜야만 하나요?
대답: 음식점들은 당연히 식사를 택하기를 선호하지만 메뉴에 제약 사항이 공지되어 있지 않는 한 (없다면) 원하시는 것은 무엇이든 주문하실 수 있습니다.

entrée ('ɑn treɪ) 명 (appetizer (전식) 또는 dessert (후식)이 아닌) 정식 식사
prefer 타동 선호하다   **restriction** 명 제한, 금지 < **restrict** 타동 제한/금지하다
order 타동 주문하다

example Travelers who return from trips overseas with antique silver, glass, furniture or other old items don't have to pay federal import taxes **as long as** they can prove (usually by showing a sales receipt that lists the age) they're 100 years old or older.

해외에서 골동품인 은, 유리, 가구, 또는 다른 오래된 물품을 가지고 귀국하는 여행자들은 그 항목들이 100년 또는 이상 되었다는 것을 증명할 수 있는 한 (흔히 그 항목의 나이를 항목에 보여 주는 판매 영수증을 보여 줌으로써) 연방 수입 세를 내지 않아도 됩니다.

---

overseas 형 해외의, 여기서는 앞에 온 명사 trips를 뒤에서 수식　　**antique** 명 골동품
furniture 명 가구　　**item** 명 물품, 항목　　**federal import tax** 연방 수입세
prove 타동 증명하다　　**sales receipt** 명 영수증　　**lists the age** 골동품의 나이를 열거하다

275　to-부정사 = 목적, 의도

to tell you (that) ...
...라는 것을 당신에게 말해 주기 위해서

여기서의 to-부정사 (to + 동사 원형: 여기서는 to tell)는 '...하려고, ...하기 위해(서)'라는 의미의 **목적**이나 **의도**를 나타낸다 (문법적으로 목적이나 의도를 나타내는 부사의 기능을 하는 **부사구**이다).
[➡ (461) (480) (575)]

example Over 40 million people turn to the Internet each month **to find love**.
(미국에서) 매달 4천만 명이 넘는 사람들이 사랑을 찾기 위해서 인터넷으로 향한다 (인터넷을 사용한다).

example Only 6 percent of the 5.5 million teens who work in the U.S. do so **to help their families**.
미국에서 일하는 5백 5십만 명의 십대들의 6퍼센트만이 가족을 돕기 위해서 일한다.

---

teens teenagers: 영어의 teens (십대들)는 thirteen (13세)으로부터 nineteen (19세)까지를 일컫는다. 10세-13세 이전은 포함되지 않는다. 이 나이 그룹은 ten과 thirteen의 사이라는 뜻에서 tween이라고 부른다.

276 on = 종사, 활동, 몰두

I'm on a journey toward that peace
내가 그 평화를 향한 여행 중에 있다

여기서 on은 '...에 종사 또는 몰두하고 있는, ...을 하고 있는' (engaged in; occupied with; working on)이라는 의미의 전치사로 흔히 임무, 과제, 직업, 활동 등을 뒤에 목적어로 취한다.

example Americans spend many more hours per week **on** their jobs than Europeans.
미국인들은 유럽인들보다 주당 더 많은 시간을 직업에 (직업에 종사 또는 몰두하여) 보낸다.

per 전치 ... 당. per week: 주당 (per 뒤의 명사에는 관사를 사용하지 않음); each week

example Eating **on** the run is as American as apple pie.
(제대로 앉아서 식사하는 것이 아니라 바빠서) 뛰어다니면서 먹는 것은 애플파이 만큼이나 미국적이다.

on the run on the move: 이동 중에, (뛰어/돌아) 다니면서

example Few places on the planet are as untouched as Alaska. You'll feel it **on** a tour of its fjords and glaciers.
지상에서 Alaska만큼이나 (문명의) 손길이 덜 닿은 곳은 별로 없다. Alaska의 피요르드 해안들과 빙하들을 여행해 보면 그것을 느낄 것이다.

untouched 형 손상 받지 않은, 오염된; unspoiled; intact; pure; pristine; uncontaminated
fjord 명 (빙하 glaciers의 침식에 의한) 높은 벼랑들이 좁게 형성된 해안   **glacier** 명 빙하

[사진] 한 늦여름/초가을 날에 한 여행객이 Alaska 주의 Seward 근처에 있는 한 빙하 glacier (glā´•shər) 옆에 앉아 별천지 같은 환경 속에서 여행일지 (travel journal)를 적고 있다.
사진 제공: ⓒ M. North

277 so = 강조의 정도 부사

so many things
너무도/아주 많은 일/것들

Cross-reference
비교 (so = 정도의 지시 부사):
➡ (59) (431)

여기서 so는 '그렇게, 그리, 그다지'로 번역될 수 있는 앞에서 이미 언급된 정도를 가리키는 부사로 사용된 것이 아니라, 그 자체가 바로 뒤에 오는 형용사나 부사의 정도를 독자적으로 강조하는 강조어 (intensifier)로서 '아주, 너무도, 크게, 대단히, 극히' (very (much), greatly, tremendously, extremely) 정도로 번역될 수 있다. [➡ (39) (186) (264)]

example Divorce is **so** normal in America. **So** many families, their lives revolve around two different families because the parents split up.
미국에서는 이혼이 아주 정상입니다. 아주 많은 가족들, 그들의 삶이 부모들이 갈라서기 때문에 두 가족을 중심으로 돌아갑니다.

normal 형 정상적인   **revolve around** ...: ...를 중심으로 돌아가다/운영되다; center around/on ...   **split up**: 갈라서다, 헤어지다

278 so + (that) + 절 (주어 + may, can, will) = 목적/의도

so that you never spent one minute being cold or scared or sick
당신이 춥거나 두렵거나 아픈데 일분이라도 절대 소비하지 않도록

여기서 so that은 목적 (purpose)이나 의도 (intention)을 나타내는 상관 접속사로서 흔히 문어체적이고 격식을 갖춘 표현에서 쓰인다. 이 경우 접속사 that이 생략될 수 있는데, 그렇게 so만을 사용하는 어법은 일상 구어 표현이나 비공식체적 글에 자주 쓰인다. 아울러 주목할 것으로, so 뒤에 따르는 주어 뒤에 조동사로 흔히 may나 can이 따르며 이따금 will이 쓰이는 경우도 있으며, 이 예문의 경우처럼 조동사가 사용되지 않는 경우도 있다. [➡ (34) (57) (259)]

Derek: We're losing. We're losing our right to pursue our destiny. We're losing our freedom **so that** a bunch of fucking foreigners **can** come in here and exploit our country.
[*American History X* (1998 film)]

Derek: 우린 지고 있어요. 우린 우리의 운명을 추구할 우리의 권리를 잃고 있어요. 우리는 한 무리의 (...하는: 욕설) 외국놈들이 여기 와서 우리 나라를 이용해 먹을 수 있도록 우리의 자유를 잃고 있어요.

pursue 타동 추구하다, 쫓다　　**destiny** 명 운명　　**a bunch of ...**: 한 무리의 ...
exploit 타동 착취/악용하다

> **장면**　격렬한 인종차별 주의자인 Derek이 어느 날 저녁에 동네 주차장에서 관심을 보이는 백인 젊은이들에게 이렇게 미국인들이 이민자들에게 희생을 당하고 있다고 선동하고 나서, 한인 교포가 운영하는 식품점을 습격하여 주인과 종업원들을 공격하고 물품들을 파괴한다.

279　-ing (현재분사) = (전치사) + -ing (동명사)

spent one minute being cold or scared or sick
춥거나 두렵거나 아파하는데 일분을 (잠시라도) 보냈다

spend + 목적어 (시간, 돈, 노력 따위) + -ing (현재 분사)의 구조로 '...하는데, 하느라고 ...를 소비하다/들이다'라는 뜻이다. 이 구조는 원래 소비의 용도를 나타내는 전치사인 on을 사용하여 spend + 목적어 (시간, 돈, 노력 따위) + on + -ing (동명사: 주목: 전치사 on의 목적어임으로 명사형이어야 하기 때문에 현재 분사가 아니라 동명사)의 구조에서 20세기 이후로 점차적으로 전치사 on이 생략되어 -ing형이 현재 분사가 된 경우이다.

이 형태는 오늘날 구어체나 일상체뿐만 아니라 상당히 격식을 갖춘 문장체에서도 정어법으로 사용된다. 또 이 변화는 현대 영어가 구조적으로 보다 단순해지고 있는 추세를 보여 주는 한 예이다.

example Many motorcycle guys **spend** more time rev**ving** their engines than actually driv**ing** anywhere.
많은 오토바이를 타는 사람 (남자)들은 실제로 어디선가 (또는 어디론가) 모는 것보다 엔진을 (부릉부릉하면서) 돌리는데 더 많은 시간을 보낸다.

rev 타동/자동 엔진의 회전수/속도를 급격히 가속시키다

example Our politicians should be **spend**ing our money and their energy rais**ing** the standards of teachers, repair**ing** our schools, sett**ing** up programs for volunteers in the classrooms and after-school tutoring programs.
우리의 정치인들은 우리의 돈과 자신들의 에너지를 교사들의 수준을 올리고, 학교를 고치고, 학급에서의 자원 봉사자들을 위한 프로그램들과 방과후의 지도 프로그램들을 수립하는데 써야 한다

politician 명 정치인   **raise** 타동 들어올리다, 향상시키다   **standard** 명 기준, 표준
repair 타동 고치다, 수리하다   **set up**: 수립하다; establish   **volunteer** 명 자원봉사자
tutoring 개인지도

example Kids in the ghetto can make more money push**ing** drugs than working for the minimum wage.
[can make more money (**by**, **from**, **out of**) push**ing** drugs]
빈민가의 애들은 최저임금을 벌기 위해 일하는 것보다 마약을 팔아서 더 많은 돈을 벌 수가 있다.

ghetto 명 빈민가; slum   **push drugs** 마약을 팔다   **minimum wage** 최저임금

280 what =관계대명사

what I was feeling
내가 느끼고 있던 것

여기서 what은 그 자체가 선행사를 포함하는 관계대명사로서 다른 영어로 풀어 쓰자면 the (kind of) thing that 또는 that which라고 할 수 있으며, 한국어로 흔히 '...(하는/인) 것'으로 번역된다. what I was feeling = the (kind of) thing that / that which I was feeling.
[➡ (54) (77) (375) (446) (506) (538) (558)]

example African-Americans at times sang **what** they could not say.
미국 흑인들은 자기들이 말로 할 수 없는 것을 이따금 노래로 불렀다.

미국 흑인들이 노예 시대에 종교적인 믿음과 영적인 갈망과 희망을 노래한 spiritual songs (spirituals)   **Topic**

281 now = 과거

I fixed it **now**.
그것 지금은 고쳤지.

시간을 나타내는 부사인 now는 물론 시간의 물리적 흐름상 대부분의 경우 현재 시점/지금을 나타

냈다. 그러나 now는 여기서 과거 시제 (fixed)와 함께 어울리고 있다. 이렇게 now는 문맥에 따라서는 사건의 진행/흐름에 있어서 앞의 과거 사건에 뒤따르는 과거 (at this point or then in the series/progress of events) 또는 조금 전의 과거 (just now; in the recent or immediate past)를 나타낸다. 이 경우는 (문맥상 단서가 충분히 주어져 있지 않지만) 당신이 전에 그렇게 고치라고 했을 때는 고치지 않았지만, 그 이후로 또는 최근에 고쳐서 그 screen door가 지금은 고쳐져 있다는 뜻이다.

282   ever = 강조: 시점, 경우, 경험

I ever fought with you
내가 언제고 당신과 싸웠다

Cross-reference
비교: ever: 언제나 강조:
➡ (5)
비교: ever: 비교급 강조:
➡ (21)
비교: ever: 최상급 강조:
➡ (189)
비교: ever: 조건절 강조:
➡ (195)
비교: ever: 서수사 강조:
➡ (254)
비교: ever: 부정 강조:
➡ (388)

여기서 ever는 '(시간적으로 그것이) 어느 때이든, 어떤 식으로든, 어떤 경우에서든, 혹시라도' (at any time, in any possible case, by any chance)라는 의미의 시점, 경우, 또는 경험을 강조하는 부사이다. 이 경우에는 '내가 당신과 싸운 적이 별로 없지만 그게 언제였든' 싸운 것에 대해 미안하다는 뜻이다.
[➡ (551)]

example More than **ever**, more people are traveling overseas, and the world is getting more multicultural.
그 어느 때보다도 더 많은 사람들이 해외로 여행을 하고 있고 세계는 더욱 다문화적이 되고 있다.

overseas 부 해외로   **multicultural** 형 다문화적인

283   compliments; regards; wishes: 관용적 복수형
   compliment + 목적어 + on + 목적어 (명사, 동명사)

compliments

칭찬들

여기서 compliment (kom´·plə·mənt)는 칭찬이나 찬사를 뜻하는 명사로 쓰여 있다. 여기서와는 달리 의미상의 단복수에 무관하게 관용적으로 복수형인 compliments로 쓰여 잘 계시냐, 잘 계시라는

안부 인사 (good/best wish**es**, best regard**s**: 이들 또한 복수형)를 뜻하는 경우도 있다. 안부를 묻는 말로 compliments 말고도 regards도 있는데, 이 또한 복수형인 regard**s**로 쓰인다. 고마움을 표현하는 말로 thank를 명사로 사용하는 경우에도 하나의 고마움이라도 복수형인 thank**s**를 사용하며, 축하를 하는 표현도 하나의 일/경우를 축하할 때도 항상 복수형인 congratulation**s**/congrat**s**를 사용한다.
[➡ (337) (374) (488)]

Compliment는 '...를 칭찬하다'라는 뜻의 타동사로도 사용되는데 그런 경우의 발음은 (ˈkom·plə·ˌment`)이다. 그리고 '...를 ...했다고/라고 칭찬하다'라는 표현은 **compliment + 사람 목적어 + on + 목적어 (명사 또는 동명사**: 행위, 사건, 경우 등의 목적어)의 형태를 취한다. 여기서는 compliment가 명사로 쓰인 경우에도 그 칭찬의 대상이 되는 내용을 전치사 on의 목적어로 취했다 (**on** everything you wore and every way you fixed your hair).

example My parents send you their **compliments/regards**.
저의 부모님께서 당신에게 안부 인사를 전하십니다.

example She **complimented** her little grandson **on** his polite behavior.
그녀는 어린 손자의 예의 바른 행동을 칭찬했다.

example She **complimented** her little grandson **on** behaving in a polite manner.
그녀는 어린 손자가 예의 바르게 행동했다고 (행동했음을) 칭찬했다.

284 on = 주제, 화제, 초점

on everything you wore and every way you fixed your hair
당신이 입었던 모든 것(옷)과 당신이 머리를 손질한 모든 방식을 놓고/방식에 관해서

여기서의 on은 비교적 구체적이거나 특정한 주제, 화제, 또는 초점 (subject, topic, focus)을 나타내는 전치사이다. [➡ (176)]

example

Inman (to Ada): You wake up and your ribs are bruised thinking so hard **on** somebody. What do you call that? [*Cold Mountain* (2003 film)]
Inman (Ada에게): 잠에서 깨어나면 누군가를 너무도 열심히 생각하면서 갈비뼈가 멍이 들 정도예요. 그런 걸 뭐라고 하죠?

rib 명 갈비뼈   **bruise** (bruz) 타동 멍들게 하다

Message in a Bottle (병 속에 담긴 편지)

example I'm Japanese-American. I'm fourth generation. But not a month goes by that someone doesn't ask me where I'm from. And if I say I'm from Seattle, they look at me quizzically, or they compliment me **on** my English.
저는 일본계 미국인이예요. 4세대인데요. 매달 누군가가 반드시 제가 어디서 왔는지 묻습니다. 그리고 제가 Seattle 출신이라고 하면 의아해 하며 쳐다보거나 제 영어가 좋다고 칭찬합니다.

Topic 소수 인종과 문화적 배경을 가진 사람에 대한 미국 주류사회의 stereotype (고정관념), ignorance (무지), prejudice (편견)

compliment 타동 칭찬하다; praise. 구분에 주의: **complement** 동 보완/보충하다
quizzically 부 질문하듯이, 의심스럽게, 의아해 하면서

285 관계 대명사의 생략: 관계대명사 = 타동사의 목적어

everything (that) you wore
당신이 입었던 모든 것

Cross-reference
비교: 전치사의 목적어인 관계대명사의 생략:
➡ (546)

이 표현은 관계대명사 that이 관계사절 안에서의 타동사 (여기서는 wore)의 목적어일 때 생략될 수 있는 경우에 생략된 것이다 (여기서 everything 을 선행사로 받는 관계대명사 that은 wore의 목적어이다).
[➡ (151) (231) (253) (549) (577)]

example

Hitch: Life is not the amount of the breaths you take; it's the moments that take your breath away. [*Hitch* (2005 film)]

[Life is not the amount of the breaths (that/which) you take; ...]
Hitch: 인생은 쉬는 숨의 양이 아니죠. 인생은 숨을 죽이게 하는 경이로운 순간들입니다.

amount 명 수량   **breath** 명 숨
take away someone's breath/ take someone's breath away: astonish, stun, surprise, amaze, mesmerize, or inspire someone greatly (with awed respect, enormous delight or wonder, amazing beauty, etc.); (대단한 희열, 경이로움, 아름다움, 경외감 등으로 인해) 숨을 죽이게 하다, 크게 놀라게 하다, 매혹시키다, 감동시키다

286   the way + 절 (주어 + 술부) = the way + (that/in which) + 절 = 명사절

I didn't bring you more compliments on every way (that/ in which) you fixed your hair.
당신이 머리를 손질한 모든 방식 (당신이 새롭게 단장한 모든 머리 스타일)을 놓고 더 많은 칭찬을 당신에게 하지 않았다.

Cross-reference
비교: the way (that/in which) = 부사절:
➡ (38) (571)

Every way (모든 식, 방식, 방법) 뒤에 주어 + 술부 (you + fixed your hair)인 절이 따르고 있는 구조이다. 이것은 every way를 선행사로 하는 관계부사인 that 또는 in which가 생략된 경우로, 현대 영어의 일상적 구어체나 비공식체에서 way 뒤에 따르는 관계부사인 **that** 또는 **in which**가 **종종 생략**된다 (오늘날에는 상당히 공식체적인 글에서도 자주 생략된다).

즉, 이 전체 문장은 I didn't' bring you more compliments on every way. (나는 (그) 모든 식에 더 많은 칭찬을 하지 않았다) + [You fixed your hair **(in) that way** (= **that**/ **in which**). 당신은 그런 식으로 당신의 머리를 손질했다] 라는 두 문장이 공통의 어구인 (in) that way를 받는 관계 부사 that 또는 in which에 의해 하나의 더 큰 문장으로 연결된 것이다. 그리고 every way (that/in which) you fixed your hair 전체는 앞에 오는 전치사 on의 목적어로서 앞에 오는 말인 more compliments (더 많은 칭찬들)의 대상을 나타낸다.

example Rachel Carson revolutionized **the way** people saw their natural environment and Mother Earth.

[... the way (**that**/ **in which**) people ...]
Rachel Carson은 사람들이 자연환경과 어머니 지구를 보는 방식을 혁명적으로 변화시켰다.

Rachel Carson (1907-1964) 미국 해양생물학자, 자연 작가, 세계적인 환경 의식과 운동을 촉발시킨 저서 Silent Spring (1962)의 저자

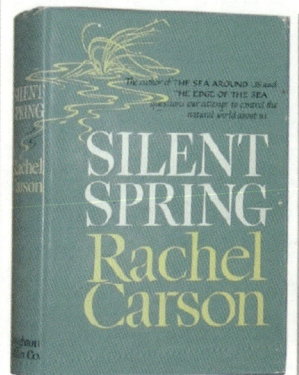

[사진 (왼쪽)]Silent Spring by Rachel Carson, 1st edition (1962)
[사진 (오른쪽)] Rachel Carson (1907-1964) at age 33: marine biologist, nature/environmental writer.
사진: Courtesy of the National Oceanic and Atmospheric Administration

Exercise

아래의 문장들 중에서 밑줄 친 어법이 잘못된 것은 어느 것입니까?

❶ To enjoy a football game, you should understand the complex <u>ways</u> in <u>which</u> the players move.
❷ George Washington is considered a great president because of the <u>way</u> <u>that</u> he behaved for the sake of his country: he risked his own life when he was called by his people to the founding of a free and independent country and then surrendered his power voluntarily when he could have been king.
❸ At our annual family reunion, everybody loved <u>the</u> <u>way</u> my dad grilled the steak.
❹ <u>The</u> <u>way</u> <u>how</u> the U.S. government operates domestically is often quite different from <u>the</u> <u>way</u> <u>how</u> it conducts itself internationally.

[정답과 해설]

해설 >>>

'...가 ...하는 길/방식'을 뜻하는 표현으로는 ... a/the way + (that/in which) + 절 (= 주어 + 술부)을 사용한다. 즉 a/the way + that + 절, a/the way + in which + 절, 그리고 a/the way + 절 세 가지 형태가 가능하다. 그러나 a/the way + how+ 절의 형태는 사용되지 않으며, a/the way를 사용하지 않고 how만을 사용할 수 있다. 즉 (4)의 경우에는 the way가 생략되어 how만이 사용되거나 how가 생략되어야 한다.

번역 >>>

❶ 미식축구 경기를 즐기기 위해서는 선수들이 움직이는 복잡한 방식들을 이해해야 한다.
❷ George Washington (1732-1799; 미국 1대 대통령 (1789-1797))은 그가 조국을 위해 행동한 방식 때문에 위대한 대통령으로 간주되고 있다. 그는 국민들에 의해 자유 독립 국가의 건국에 부름을 받았을 때 자기의 목숨을 걸었으며 그리고 나서는 왕이 될 수도 있었던 때에 자기의 권력을 자진해서 양도했다.
❸ 우리의 연례 대가족 모임에서 모든 사람이 우리 아빠가 스테이크를 구운 방법을 아주 좋아했다.
❹ 미국 정부가 국내적으로 운영되는 방식은 국제적으로 행동하는 방식과 종종 꽤 다르다.

정답: ❹

complex 형 복잡한 **consider** 타동 간주하다, 여기다, 생각하다. **주의**: A를 B라고 생각/간주하다/여기다: consider A (to be) B (= 명/형); regard (또는 see, view, think of, look at/on/upon) A as B (= 명/형) **behave**: 자동. 행동하다 **risk** 타동 ...의 위험을 무릅쓰다 **founding** 명 설립, 건립, 창설 **surrender** 타동 양도하다, 항복해서 내놓다 **voluntarily** 부 자진해서, 자발적으로 **family reunion** 가족의 재회 모임 (흔히 대단히 먼 친척들까지 포함하는 대가족의 연례 모임) **grill** 타동 (불 위에서 철판/석쇠에) 굽다 **operate** 자동 운영/작동되다 **domestically** 부 국내적으로, 가정적으로 **conduct oneself** 행동하다

[사진] Wisconsin 주의 소도시 Fond du Lac에서 Dorothy Whittaker의 일가 80여명이 독립기념일 (Independence Day; the Fourth of July)에 전국 각지로부터 모여 스테이크, 햄버거, 소시지 등을 주로 하는 점심 식사를 하며 **family reunion**을 즐기고 있다. 사진: ⓒ 박우상 (Dr. David)

287 so + 형용/부사 + that + 절 (주어 + 술부) = 정도의 강조/결과

I didn't hold on to you with so much strength that even God couldn't pull you away.
나는 신 조차도 당신을 빼어갈 수 없을 정도로 강한 힘으로 당신을 붙들지 않았다 (못했다)

이 구문은 ... so + 형용/부사 + (that) + 절 (주어 + 술부)의 구조로 '아주 ... (형용/부사)여서 ... (that-절) 하다/이다'라는 의미의, 즉 '**정도의 강조 + 결과**'를 나타낸다. 일상적인 **구어체**와 **비격식체**에서는 접속사 **that**이 아주 **종종 생략**된다. 국내의 영어교육에서 이 접속사 that을 사용할 것을 요구하는 설명과 문제 출제는 잘못된 교육이므로 지양되어야 한다. 이 문장은 '신조차도 당신을 떼어갈 수 없을 정도로 강한 힘으로 내가 당신을 붙잡지 못했다, 내가 대단히 강한 힘으로 당신을 붙잡아 신조차도 당신을 떼어갈 수 없게 하지 못했다'는 뜻이다.

example I didn't hold on to you with **so** much strength **that** even God couldn't pull you away. [*Message in a Bottle* (1999 film)]
신 조차도 당신을 빼어갈 수 없을 정도로 강한 힘으로 당신을 붙들지 않았어 (못했어)./ 당신을 아주 세게 붙들어서 신 조차도 당신을 빼어갈 수 없게 하지 못했어.

표현의 배경 North Carolina 주에 사는 중년의 남자 Garret이 병약한 몸으로 힘들어 하다 세상을 떠난 아내를 그리워하며 써서 병 속에 담아 대서양의 물결 속으로 던져 넣은 편지가 동부 연안의 대서양의 조류에 밀려 북쪽으로 떠가다가 Cape Cod의 해변 모래밭에 이르러 Theresa에게 발견된다.

example Marilyn Monroe is **so** dear to the American psyche **that** it's sacrilege to refer to her by her last name.

Marilyn Monroe는 그녀를 성으로 (Monroe라고) 부르는 것이 불경스런 일일 정도로 미국인의 심리에 애지중지하는 존재다.; Marilyn Monroe는 미국인의 심리에 너무도 애지중지하는 것이어서 그녀를 성으로 (Monroe라고) 부르는 것은 불경스런 일이다.

Marilyn Monroe (1926-1962) 은막의 "섹스 심볼" ("sex symbol")로 불린 여배우. 주연 작품: *Gentlemen Prefer Blondes* (1953); *How to Marry a Millionaire* (1953); *The Seven Year Itch* (1955); *Bus Stop* (1956); *Some Like It Hot* (1959)

the American (public/popular) psyche: 미국 공공의/대중의 심리 (psychology, mentality) **sacrilege** 명 신성모독, 경건하지 못한 언행; profanation; profanity   **refer to** ...: ...를 언급하다, 부르다, 칭하다

[사진] 사망 후 반세기가 지났는데도 Marilyn Monroe는 아직도 모든 여성 연예인들 중에 가장 많이 모방되는 celebrity로서의 지위를 누리고 있다. 사진: 미국 Illinois 주의 주도인 Springfield의 한 fair에 등장한 Marilyn Monroe를 재연하는 사람 (impersonators). 사진: ⓒ 박우상 (Dr. David)

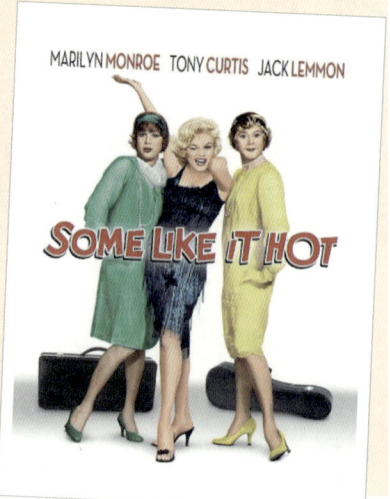

[사진 (포스터)] 흥행 면에서나 작품성에서나 (Academy 상 다수 후보 지명) Marilyn Monroe가 주연한 최고의 성공작 *Some Like It Hot* (1959 film, Billy Wilder 감독)

example Feminism has transformed society **so** fast and **so** thoroughly **that** young women feel that they can do anything.

젊은 여성들이 자기들은 무엇이든 할 수 있다고 느낄 정도로 여권주의는 사회를 대단히 빨리 그리고 대단히 철저하게 변화시켰다. [여권주의는 사회를 대단히 빨리 그리고 대단히 철저하게 변화시켜서 젊은 여성들은 자기들은 무엇이든 할 수 있다고 느낀다.]

transform 타동 변형시키다   **thoroughly** 부 철저히, 완전히

[that이 생략된 경우]

example Decades ago, restaurants opened drive-through windows to make fast food faster. They caught on **so** well they became a part of our culture.
[... **so** well (**that**) they ...]

수십 년 전에 음식점들은 fast food를 더 빠르게 하기 위해서 차를 몰고 지나가면서 써브를 받는 창문들 (drive-through windows)을 열었다. 그 (써비스) 창문들은 너무도 인기가 좋아서 우리 문화의 일부가 되었다.

(Many/Several) **decades ago**, ... 수십 년 전에
drive-through (window) 차를 몰고 통과하면서 서비스 (음식)을 제공받는 창구
catch on   to become popular or fashionable; 인기를 얻게 되다, 유행하게 되다

288 even = 강조의 부사

even God
신 조차도

여기서의 even은 '...까지, ...조차, ...도'의 의미로 상식, 예상, 또는 기대 밖의 것을 가리키는 강조의 부사이다. 이 어법의 even은 명사, 대명사, 형용사, 부사, 동사, 구, 절 등의 광범위한 대상을 수식할 수 있으며, 대부분의 경우 수식하는 말의 바로 앞에 위치한다. 그러나 아주 이따금씩 일단 어떤 낱말, 구, 또는 절을 발언한 직후에 떠오른 생각 (afterthought)을 더하고자 할 경우 뒤에서 수식한다.

그리고 때로는 (특히 구어체에서) 수식하고자 하는 말의 위치에 상관없이 본동사 바로 앞에 위치하는 경우도 있다. [➡ (143)]

example In the Seventies, Americans widely embraced a loose code of conduct. **Even** those who had never been hippies, or never **even** liked hippies, let it all hang loose.

1970년대에 많은 미국인들은 느슨한 행동 기준을 받아들였다. (1960년대에) 히피였던 적이 전혀 없던, 또는 히피를 좋아해 본 적조차 없던 사람들조차 느긋느긋한 태도를 취했다.

> **embrace** 타동 포옹/포용하다, 받아들이다   **loose** 형 느슨한
> **code of conduct** 행동 기준/규칙
> **let it all hang/stay loose** to be calm and relaxed; take it easy (경쟁, 규범 등에 제약받지 않고) 느긋하게 하다, 쉽게 쉽게 하다, 마음대로 하다

Scene

Theresa Hi, I love the, uh, ❷❽❾ the older …, the wooden boats. That's, it ❷❾⓪ must be a 40-footer, a schooner, ❷❾❶ right?
Garret It's a schooner, 1922, ❷❾❷ out of Maine.
Theresa Is ❷❾❸ she yours?
Garret Nope. I'm just putting ❷❾❸ her back ❷❾❹ in shape.
Theresa ❷❾❸ She's ❷❾❺ a beauty. Was ❷❾❸ she ❷❾❻ in bad shape?
Garret ❷❾❼ Neglected, unappreciated.
Theresa ❷❾❽ Well, I know ❷❾❾ how ❷❾❸ she feels.
Garret ❷❾❼ Doubt it.

Words & Phrases

- **schooner** 명 적어도 두 개의 돛대를 가진 소-중형의 경쾌한 돛단배
- **wooden** 형 나무 (wood)로 만들어진
- **40-footer** 명 40피트 짜리 물체 (여기서는 배)
- **Maine** 명 대서양 (the Atlantic Ocean)과 캐나다를 접한 미국 최동북부에 위치한 주 (인구 약 140만 명); 주도 (state capital): Augusta. 미국인들에게는 lobster (바다가재)로 가장 유명하다.
- **nope** 부 no의 비공식체적 구어 표현. yes의 비공식체적 구어 표현은 yep (yep) 또는 yup.
- **shape** 명 모양(새), 형체. in good shape: 좋은 상태에 있는, 좋은 형체/모습을 가진. 반대: in bad/poor shape. in + 형용 + shape의 형태로 a를 사용하지 않음에 주의.
- **put ... in/into shape**: ...를 좋은 모양새가 되게 (날씬하거나 보기 좋게) 하다.
- **beauty** 명 아름다움. 여기서는 예쁜 것/미인
- **neglect** 타동 무시하다, 돌보지 않다, 방치하다
- **unappreciated** (진가를) 인정받지 못하는. appreciate (가치, 품질, 수준 등을 인정하다)의 과거분사형인 appreciated (가치, 품질, 수준 등이 인정받는)의 부정어. Un-은 부정을 뜻하는 접두어
- **doubt** (daut: b가 묵음 (silent)) 타동 의심하다, 믿지 않다

[사진] © Bel Air Entertainment, DiNovi Pictures, Tig Productions

장 면

[영어의 (실체적, 구체적, 경험적) 표현 테크닉과 메시지의 전달]

미국 Massachusetts 주의 동남부의 대서양을 접한 유명한 휴양지 Cape Cod의 해변가에서 조깅 중에 발견한 병 속의 메시지의 장본인이 North Carolina 주의 대서양가의 작은 마을에서 배를 재건하며 사는 남자 (Garret)임을 알아낸 Theresa는, 억누를 수 없는 감동과 호기심으로 Chicago로부터 그의 마을로 날아온다. 수소문 끝에 바닷물이 들어온 만의 물가에서 40피트의 나무 돛배 (schooner)에 올라 수리하고 재건하고 있는 Garret을 발견하고는 처음으로 다가서며 조심스럽게 말을 건네는 Theresa. 그녀는 낡고 (old; 배의 제작 연도: 1922), 형체가 볼품없게 되고 (out of shape), 소홀하게 돌보아지지 않고 (neglected), 진가를 인정받지 못하는 (underappreciated), 그러나 실은 아름다운 (She's a beauty.) 그 돛배를 자신에 비유하면서, 전 남편에게 배신과 버림을 당한 자신의 감정을 이입하며 서로의 입장을 공감한다 (I know how she feels). 그렇게 버려졌던 배를 복구하는 Garret 역시 사랑하는 아내의 죽음의 상처로부터 스스로의 삶을 복구하고, 또 영화의 나중에는 Theresa의 삶에도 복구의 희망을 비춰줄 것을 암시한다 (putting her back in shape). 그러나 아직은 영문을 모르는 Garret은 Theresa가 그 낡은 돛배에 비유하고 감정 이입을 하는 것에 대해 그럴 리가 없다고 대답한다 (Doubt it). 마치 인생의 동창생처럼 슬프고 외로웠던 지난 날들을 최선을 다했기에 이제는 조금씩 뒤로 물리며 미래의 희망과 미지의 사랑의 가능성을 바라보는 눈길을 조심스럽게 주고받는 두 사람의 과거와 현재와 미래가, 이 한 구체적인 물체인 돛배의 역사와 지금의 상태와 다가오는 새 모습의 구체적인 언어를 통해 신선하고 로맨틱하게 투영된다.

번 역

Theresa	안녕하세요, 저 오래된 ..., 나무 배들을 좋아해요. 그거, 거 40피트짜리 스쿠너 돛배 맞죠?
Garret	예, 스쿠너예요, 1922년생, 메인 주가 본고장이예요.
Theresa	당신 건가요?
Garret	아뇨. 얘를 원래대로 보기 좋게 만들고 있죠 (제건 아니에요).
Theresa	예쁘게 생겼네요. 모양이 형편없었나요?
Garret	내버려져 있었죠, 진가를 인정받지 못하고.
Theresa	음, 그 배 기분이 어떨지 제가 알겠네요.
Garret	그럴리가요.

영어의 이해 with Dr. David

289 the: 문맥상 또는 암묵적으로 이해되는 the

the older ..., the wooden boats
저 (다른 배들보다 비교적) 오래된 ..., 저 나무 배들을

여기서 사용된 정관사 the는 앞에 이 낱말들이 이미 사용되어서 그것을 뒤에서 다시 가리키기 위해 사용된 것이 아니라, 이 정관사가 수식하는 낱말들의 정체가 **문맥상** 또는 **상황상** 뚜렷이 드러나 있기 때문에 사용된 것이다. 즉 말하는 이와 듣는 이가 그 낱말의 정체를 문맥상 또는 상황에 비추어 **암묵적으로 이해**하기 때문에 사용된 것이다. 이 경우 Garret이 손을 보아야 하는 주위에 정박되어 있는 여러 척의 낡은 나무배들을 상황적으로 가리키며, 듣는 이 또한 그것들이 어떤 배들인지 상황에 비추어 이해하는 것이다. [➡ (10) (118) (137) (270) (308) (501) (529)]

Exercise

다음의 표현들 중에 앞에 아무런 문맥이나 언급 없이 사용되기에 적합하지 않은 the는 어느 것입니까?

❶ The two main ideals of American society are freedom and equality.
❷ Son: Mom, where did you put the pizza we left over last night?
   Mom: It's in the freezer, honey.
❸ The pen is mightier than the sword.
❹ The Bostonian was very arrogant toward the farmer in the South.

[정답과 해설]

해설 >>>

❶ 에서의 the는 미국 사회를 지탱해 온 두 개의 주된 이상들이 있는데, 그 정체가 바로 자유와 평등으로 뚜렷함을 함축하는 표현이므로 뚜렷한 정체를 나타내는 정관사 the의 사용이 적절하다.
❷ 에서의 the pizza는 특정한 형체나 종류 등에 무관한 막연한 물질명사로서의 pizza가 아니라, 바로 어젯밤에 우리가 먹고 남긴 ((that/which) we left over last night), 즉 정체가 뚜렷한 바로 그 pizza를 가리키므로 정관사 the의 사용이 적절하다. 뒤따르는 Mom의 대답에서 the freezer의 the는 가정집에서는 refrigerator가 대부분 한 대가 있으며, 가족들은 그 refrigerator가 어느 것인지 암묵적으로 이해하기 때문에 문맥상 또는 말하는 이와 듣는 이 간에 암묵적으로 이해되는 정관사 the의 어법으로 일상 구어체에서 대단히 자주 쓰이는 어법이다.

❸ 에서의 the pen과 the sword는 오랜 기간에 걸쳐 속담으로 확립된 표현에서 어떤 특정한 그 pen과 특정한 sword를 뜻하는 것이 아니라 그 물건의 종류를 대표한다는 것이 영어 원어민들 간에 사회적으로 이해되며, 또 한편으로는 the + 보통명사가 추상명사화된 경우로, 각각 literary/intellectual power (문력/지력)와 military/physical power (군사력/물리력)를 뜻하는 것으로 설명될 수도 있다.

❹ 에서의 the Bostonian과 the farmer는 Boston 사람들과 farmer들을 대표하는 어법으로 인식되지 않으며 (즉, Boston 사람들은 farmer들에게 거만하다는 일반론으로 받아들여지지 않는다), 그 Boston 사람과 그 farmer라는 특정인을 가리킨다. 즉, 이 문장은 앞에서 그 Boston 인과 그 farmer가 누구인지에 관한 언급이 있거나, 적어도 문맥상 또는 말하는 이와 듣는 이 간에 암묵적인 이해가 있어야 가능한 표현이다. 그리고 the South에서의 the는 미국의 지역 (region)들을 the South, the North, the East, the West, the Midwest, the Pacific Northwest, the Southwest 식으로 the + Region (첫 글자를 대문자로 표기)으로 표기하는 언어적 관례/용례 (convention/usage)에 따른 것이다.

번역 >>>
❶ 미국 사회의 두 가지 중요한 이상은 자유와 평등이다.
❷ Son: 엄마, 우리가 어젯밤에 남긴 피자 어디 뒀어요? Mom: 얘야, 냉동실에 있어.
❸ 펜은 칼보다 더욱 강하다.
❹ 그 보스턴 사람은 남부의 그 농부한테 아주 거만했다.

정답: ❹

main 형 주된, 주요한   **ideal** 명 이상
leave over (음식을) 남기다; **left-over** 명/형 남긴 (음식)
freezer refrigerator (냉장고)의 냉동실 또는 냉동기   **mighty** 형 강력한
sword 명 칼, 검   **arrogant** 형 거만한

290 must = 추측: 확실성, 필요성, 논리성

It **must** be a 40-footer.
그건 40 피트짜리임이 분명하죠

여기서의 must는 말하는 이가 주어에 대해 반드시 …해야만 한다고 강하게 주장, 요구, 또는 명령을 하거나, 의무를 지워 주거나, 주어가 반드시 …하고자 한다는 고집을 나타내는 것이 아니라, 상황적으로 또는 논리적으로 보아 반드시 …함/임에 틀림없다는 확실성, 필요성, 또는 불가피성을 나타내는 추측, 단정, 결론 등을 표현하는 조동사이다. [▶ (125) (188)]

It must be a 40-footer.
= It is (absolutely) certain that it is a 40-footer.

291 부가 의문문: …, right?

…, right?
그렇죠, 맞죠?

Cross-reference
부가 의문문의 기본:
➡ (67) (75) (91) (478)

서술문, + 부가 의문문?의 구조에서 부가 의문문이 흔히 (조)동사 + 주어로 도치 어순을 취하지만, 언제나 서술문과 같은 주어와 (조)동사의 형태를 취하는 것은 아니다. 여기서는 서술문, + right?의 구조에서 right?는 부가 의문문의 기능을 하여, 말하는 이가 듣는 이에게 서술문의 내용을 재다짐, 확인, 또는 촉구하거나 동의를 구하는 표현을 더한다. 이러한 특수한 형태의 부가 의문문으로 자주 쓰이는 표현들로는 (all) right?, O.K.?, (you) see?, you know?, huh? 등이 있으며 구어체에서 대단히 자주 사용된다.
[➡ (139) (173) (224) (309) (325) (331) (455)]

example
Arnie (to Jack, his friend): A little flirtation is harmless, but you're dealing with fire here, **all right?** The Fidelity Bank and Trust is a tough creditor. You make a deposit somewhere else, they close your account for ever, **all right?**
[*The Family Man* (2000 film)]

Arnie (친구 Jack에게): 약간 재미 보는 것은 해롭지 않지만 넌 지금 불을 만지고 있는 거라는 거야, 알아? 충실 은행과 신용 회사는 센 채권자야. 다른 곳에다 입금하면 그 은행 자네 구좌를 영원히 닫아버려, 그러잖아?

비유적 어구들: The Fidelity Bank and Trust (충실 은행과 신용 회사) = marriage (결혼) 또는 wives/your wife (아내들/자네 아내).
You make a deposit somewhere else. (다른 곳에다 입금하다): You have an extramarital affair with someone else. (다른 사람과 바람을 피우다)
They close your account for ever. (그 은행은 계좌를 영구히 닫아버린다): Wives/Your wife divorce(s) (또는 ditch(es) 또는 dump(s)) their husbands/you for ever. (아내들은 남편들과 이혼한다, 남편들을 차버린다, 자네 아내는 자네와 이혼한다, 자네를 차버린다)

292 out of = 기반, 본거지, 활동 무대

out of Maine
메인 주가 본고장이예요.

Cross-reference
부가 의문문의 기본:
➡ (67) (75) (91) (478)

여기서 **out of**는 구전치사 (두 개 또는 그 이상의 낱말이 모여 전치사의 기능을 하는 경우를 일컫는다)로서 이 나무 돛배가 1922년에 Maine 주에서 만들어졌다는 의미이지만 한국어로 Maine 주 출신이라고 흔히 번역된다. 그러므로 그러한 번역은 완전히 정확한 것은 아니다. 한국어로 '... (고향) 출신'이라고 하면 영어로는 'be/ come/ hail (비공식체적인 낱말) from ...' 이라고 표현하는 것이 기본이며 out of ...라고 하지 않는다. 영어로 out of + 장소라고 표현하면 대부분의 사전에 설명되어 있지 않은데, 자주 쓰이는 표현으로 그 장소/지역 출신일 수는 있지만 기본적인 의미는 그 **장소**에 위치/**소재 (location)**해 있거나 그 장소를 **기반**, **본거지**, 또는 **활동 무대** (base; home ground; home turf; power base)로 해서 활동한다는 의미이다. 이 경우 Garret의 표현이 뜻하는 것은 이 돛배는 (지금 내가 여기 North Carolina 주에서 수리하고 있지만 원래는) Maine 주를 본거지로 다니던/ 사용되던 배라는 뜻이다.

> **example** Martha Stewart founded her business world **out of** the basement of her house.
> Martha Stewart는 그녀의 사업 세계를 그녀의 집의 지하실을 기반으로 이룩했다.

found 타동 설립하다, 세우다; establish   **out of** 여기서는 기반, 출발점을 나타내는 구전치사

[**Martha Stewart** (1941-): 미국의 음식, 요리, 잡지, 출판, TV shows 등을 포함한 여성 사업가]

> **example** The number of people who work solely **out of** their homes grew a third in the 1990s.
> [... grew (by) a third ...]
> 오직 집에서 (직장이나 사무실에 출근하지 않고) 일하는 사람들의 수가 1990년대에 3분의 1이 증가했다.

> **example** The newspaper is the bible of democracy. A people determines its conduct **out of** the book.
> 신문은 민주주의의 성경책이다. 한 민족은 그 민족의 행위를 그 책을 기반으로 해서 결정한다.

determine 타동 결정하다   **conduct** 명 행위, 행동

> **example** The Ford Motor Company has been operating **out of** Detroit.
> 포드 자동차 회사는 (미국 Michigan 주의) 디트로이트 시를 기반으로/ 본거지로 운영되어 왔다.

operate 자동 운영되다, 움직이다

293 의인화된 성: she: 여성으로 취급되는 명사들

Is she yours?
그녀는 (그 배는) 당신 건가요

여기서 Theresa가 사용한 이 대명사 she는 다른 어떤 여자를 가리키는 것이 아니라, 그녀 앞에 있는 Garret이 올라가 손질하고 있는 배를 가리킨다. 이 말을 하는 Theresa는 이 배에 she라고 하는 여성의 성 (gender)을 부여한 것으로, 이렇게 무생물 대상에 부여한 언어적인 성을 의인화된 성 (**personified gender**) 라고 부른다. 이것은 흔히 생명을 갖지 않은 물체를 일컫는 대명사인 it을 사용하지 않고, 마치 그것이 생명을 가지고 살아 움직이는 대상, 말하는 이와 감정이나 대화를 주고받는 듯한 대상 (사람)으로 표현하는 정서적인 표현 기법이다. 물론 대부분의 경우에는 그 물체를 비생명체, 즉 하나의 객관적 물건으로 표현하기 때문에 대명사 it을 기본으로 사용한다. 이 앞에서도 이 돛배를 It must be a 40-footer. It's a schooner.라고 it을 사용하고 있다.

이 표현 방식은 선원, 운전하는 사람, 조종사 등이 거의 모두 남성이었던 시절에 남성 운전자가 자기가 모는 배, 자동차, 비행기 등을 마치 애인을 다루듯이 여성으로 감정을 이입해서 표현하던 전통이 오늘날에도 이렇게 탈것을 여성으로 표현하는 데 반영된 것이다.

이렇게 여성으로 의인화된 성으로 표현될 수 있는 낱말들의 예:
ship (배); **aircraft** (비행기); **car** (자동차); **conscience** (양심); **country** (국가, 나라, 조국 (자기의 고향이나 사랑하는 도시, 타운, 주 등에도 적용); **freedom** (자유); **justice** (정의); **law** (법); **liberty** (자유); **the moon** (달); **nation** (민족); **Nature** (Mother Nature, Mother Earth) (어머니로서의 자연/지구); **night** (밤); **peace** (평화); **sea** (바다: ocean은 남성으로 다룬 시인들이 제법 많다); **spring** (봄)

> **example** Fill **'er** up, please.
['er: her의 비공식적이며 빠른 발음] [her = the/my car]
그녀에게 (차에) 개스를 가득 넣어 주세요.

> **example**
Hughes: You cannot imagine what it was like, Katie. **She** was like a winged bullet up there.
Hepburn: What did **she** make?
Hughes: Oh, around 352. **She** did it, baby!   [*The Aviator* (2004 film)]

Hughes: 그게 (비행이) 어땠는지 당신은 상상을 할 수 없어, Katie. 그녀는 (내 비행기는) 저 높이에서 마치 날개 달린 총알 같았어.
Hepburn (아내): 그녀는 (당신 비행기는) 뭘 해냈는데 (얼마나 빨리 날았는데?)?
Hughes: 오, (시속) 352 마일 정도. 그녀는 (내 비행기는) 해냈어, 자기야.

> **장면** Howard Hughes (하워드 휴즈)가 자기 비행기로 시속 352마일로 비행 속도 세계 신기록을 수립한 후 집에 돌아와 기쁨에 들떠 아내인 Katie에게 알리는 이 표현에서, 이 비행기를 마치 사

랑하는 애인처럼 she로 부르고 있다.

example

Sportscaster: And the hit was driven to the deep left field, and away **she** goes, and gone!
[야구 경기 중계 중에 홈런으로 날아가는 공을 여성인 she로 표현]
(야구) 스포츠 중계인: 그리고 그 때린 공이 외야수 깊숙이 밀려가더니 그녀가 (공이) 멀리 가네요 그리고 (넘어) 갔습니다!

294   in = 변화의 결과

putting her back **in** shape
그녀를 다시 (원래의) 좋은 모습으로 만들고 (돌려 놓고) 있는

Cross-reference
into = 변화의 결과:
➡ (241)

전치사 in은 흔히 상태를 나타내는데, 여기서는 앞에 back (원래로 돌려 보낸다는 부사)이 있으니 지금의 어그러진 상태로부터 원래의 아름다운 상태로 돌이키는 변화를 나타낸다. 그러한 **변화**를 나타내는데 in보다 더욱 적합한 전치사가 into이다. 여기서도 in보다도 **into**를 사용하는 것이 더욱 적절하다.

295   a + 추상명사; 추상명사-s

She's **a beauty.**
그녀는 (그 배는) 미인/아름다운 배군요

Cross-reference
비교: 물질명사-s: ➡ (235)
비교: a + 물질명사: ➡ (301)

Beauty라고 하면 대부분의 경우 '아름다움, 미'라는 추상명사이므로, 앞에 하나라는 수 개념을 적어도 함축적으로 나타내는 부정관사 a를 사용하거나 복수형으로 beauties라고 사용하지 않는 것이 기본이다. 그러나 여기서 beauty 앞에 부정관사 a가 사용된 것은 beauty가 그런 추상적인 말로 사용된 것이 아니라, 보고 만지고 셀 수 있는 구체적인 대상 (사람/사물), 즉 **보통 가산 명사**를 가리키기 때문이다. 만일 이 앞에 여러 대의 아름다운 배들이 있어서 그것들을 가리키고자 한다면, They are real beauties. (저 배들 정말 예쁜 것들 (배들)이네요)라고 복수형으로 표현하면 된다.

이렇게 명사는 하나의 절대적인 의미나 모습으로 고정되어 있지 않고 상황, 문맥, 또는 말하는 (또는 글 쓰는) 이의 의도에 따라 무쌍하게 변화하기 때문에, 그러한 상황, 문맥, 또는 말하는 이의 의도에 주목하면서 그 형태와 의미를 포착해야 한다. 흔히 추상명사로 쓰여 앞에 부정관사 a를 취하거나 복수형으로 쓰이지 않는 명사들이 구체적인 의미를 띠면서 부정관사 a를 취하거나 복수형으로 쓰인 경우를 보자.
[➡ (452)]

example There is **a meanness** in the Republican Party this year that is unmatched in history.

주목 meaness (기본형): 추상명사: 야비함, 비열함, 못됨;
　　　　a meanness: 보통 가산명사: 구체적으로 야비하거나 비열한 점, 언행, 특징, 모습

금년에는 (미국) 공화당에 역사상 유래가 없는 어떤 비열한 모습 (야비하거나 저열한 점, 성격, 모습 따위)이 있다.

example A car is no longer **a diversion** but **a necessity**.

diversion (기본형): 추상명사: 관심, 주목, 기분, 신경을 다른 것으로 돌림; a diversion: 보통 가산명사: 관심, 주목, 기분, 신경을 전환시키는 것, 취미/오락 활동/물건
necessity (기본형): 추상명사: 필요성, 필수임; a necessity: 보통 가산명사: 필수품, 필수적인 일

차는 이제 더 이상 기분 풀이 물건이 아니라 하나의 필수품이다.

example Those 35 million people who live on poverty wages are unable to afford basic **necessities**.

빈곤 임금으로 살아가는 3천 5백만 명의 사람들은 기본적인 (일상) 필수품들을 살 능력이 없다.

---

poverty wage 빈곤(을 벗어날 수 없는) 임금　　**afford** 타동 ...를 살/감당할 돈이 있다/ 경제 능력이 있다　**necessity** 명 여기서는 가산 보통명사로서 필수 물품

296　in = 상태, 상황, 사정

Was she **in** bad shape?
그녀는 (그 배는) 형편없는 모양/상태에 있었나요?

흔히 장소나 위치 (... 안)에 있음; place, location)를 나타내는 전치사 in이 여기서는 추상적인 의미로 상태, 상황, 사정 (state, condition, situation) 등을 나타낸다.

example Prom season is **in** full swing this month as millions of teenagers across the country gussy up for the big dance of the year.

전국에 걸쳐 수백만 명의 틴에이저들이 한 해의 중요한 댄스를 위해 차려 입으면서 prom 댄스 철이 한창이다.

---

prom 학교에서 (특히 고등학교에서) 학생들이 학년이 끝날 때 하는 공식적 댄스 (formal하게 dress up하고 가는 dance)로 특히 졸업반의 senior dance는 인생의 한 이정표처럼 중요한 일로 여겨진다.　**in full swing** 형 한창인　**gussy up**: (비격식체) 자동 (파티, 무도회, 축하연 등을 위해) 멋지게 차려 입다; 타동. 멋지게 (휘황찬란하게) 꾸미다

[사진] 미국 Kansas 주의 아주 작은 도시인 Great Ben의 고등학교 졸업반 학생들 (seniors)이 졸업을 앞두고 senior prom dance를 즐기고 있다. 졸업을 한 후 오~랜 동안 대화와 추억거리가 될 high school prom의 열기가 느껴진다.

사진 제공: The City of Great Bend, Kansas

> **example** Thomas Jefferson was holding 200 human beings **in** bondage on his Virginia plantation.
> Thomas Jefferson은 자기의 버지니아 주의 장원에 200명의 사람들을 예속 (노예)의 상태에 갖고 있었다.

Thomas Jefferson (1743-1826): 미국의 독립선언서 (the Declaration of Independence, 1776)를 기초하고 미국 제 3대 대통령 역임 (1801-1809)　　**in bondage** 종속/노예 상태에
plantation 미국 노예제 (slavery) 시절의 남부의 대농장

> **example** There are more than 200 million guns **in** circulation in the United States, and more than a third of American households have one.
> 2억 개 이상의 총기들이 미국 내에 돌아다니고 있으며 미국 가정들 중의 3분의 1이상이 하나의 총기를 소유하고 있다.

in circulation 순환/배포되고 있는, (사람들 사이에) 돌고 있는
household 명 가구, 가족, 가계

297　생략: 주어 (+ 술부 동사)의 생략

> (**It has been**) **neglected, unappreciated.**
> 돌봐지지 않고 (진가 또는 아름다움이) 인정받지 못해 왔어요.
> (**I**) **doubt it.**
> (저) 그 말 믿지 않아요/ 그럴 리가요.

주어 또는 주어 + 술부 동사는 문어체에서는 거의 생략되는 경우가 없으나, 이렇게 일상적인 또는 비격식체적 구어체나 읽는 이에게 말하는 듯한 문체로 쓰는 글에서는 문맥상 뚜렷하거나 말하는 이와 듣는 이 사이에 암묵적 이해가 있는 경우에 이렇게 생략되는 경우들이 종종 있다. 여기서 Neglected, unappreciated.는 문맥상 이 배가 한동안 계속해서 이렇게 돌봐지지 않고 인정받지 못해 왔음을 나타내기 때문에, 과거의 한 시점으로부터 지금까지의 계속/지속을 나타내는 현재완료 시제가 주어와 어울린 (It has been)이 생략된 것이다. [➡ (144) (227) (326) (344)]

example   Helen Keller was less than two years old when she came down with a fever. It struck dramatically and left her unconscious. The fever went just as suddenly. But she was blinded and, very soon after, deaf.

[It struck (her/Helen) dramatically] [The fever went just as suddenly (as it came)]

Helen Keller는 열병에 걸렸을 때 두 살이 안 되었습니다. 그 고열은 (Helen을) 극적으로 내리치더니 의식을 잃게 해버렸습니다. 그 고열은 (순식간에 왔던 것처럼) 그렇게 잽싸게 사라졌습니다. 그러나 그녀는 눈이 멀었고 곧 얼마 안되어 귀가 먹었습니다.

Helen Adams Keller (1880-1968): 지체부자유자들, 근로자들, 여성들, 소수인종들, 그리고 세계평화를 위한 저자, 강연사, 사회운동가
come down with ... ... (병/질환에) 걸리다   **fever** 명 고열, 열병
unconscious 형 의식을 잃은, 인식하지 못하는   **suddenly** 부 갑자기, 느닷없이
blind 타동 눈이 멀게 하다 **after** 부 이후에, 그 이후로; afterward(s); subsequently

298   well = 새로운 또는 중단되었던 이야기를 도입 또는 계속하거나 상대방의 이야기를 이어받을 때

Well
음, 어, 예

Cross-reference
비교: well = 수정, 불찬성, 반박:
➡ (212) (422) (505)

한국의 영어 교육에서는 감탄사나 군더더기 말로 well을 접하면 무조건 '글쎄'라고 판에 박은 듯이 번역을 하도록 가르치는데, 그렇게 번역된 '글쎄'의 참의미는 잘 이해하지 못한다. 여기서의 well은 well의 구어체에서 흔히 쓰이는 의미/기능들 중의 하나로 새로운 이야기를 도입하거나, 다시 계속하거나, 또는 상대방의 이야기를 이어받을 때 이야기에 앞서 이야기를 불쑥 던지는 느낌이나, 갑자기 자기 주장을 너무 강하게 내미는 느낌을 완화시키거나, 말하는 이에게 할 이야기의 내용이나 적당한 어구나 구문 형태 또는 스타일 등을 찾는 시간을 주는 기능을 한다. 여기서는 앞에서 Garret이 한 말에 대해 Theresa가 Garret의 말에 긍정적으로 맞장구 치면서 적절한 표현을 찾는 시간을 벌면서 자기의 입장을 조심스럽게 시작하는 느낌을 준다. [➡ (216) (315)]

example
Andrew: Come on, let's call your parents.
Melanie: No, I, I mean, uh, not right this second. And I just feel like I should probably tell them in person. And, um, I think I should do it alone.

Andrew: Is it because I'm a Yankee?
Melanie: **Well**, that and a Democrat. (Both chuckle.)

[*Sweet Home Alabama* (2002 film)]

Andrew: 자, 어서, 부모님한테 전화해요.
Melanie: 아녜요, 음, 어, 바로 지금은 아니예요. 그리고 아마 제가 직접 (뵙고) 말씀드려야 될 것 같아요. 글구, 음, 혼자서 말씀드려야 한다는 생각이예요.
Andrew: 내가 앵키 ((미국 남부 사람들이 대개 싫어하는) 미국 동북부 사람)이라서 그래요?
Melanie: 음, 게다가 민주당원이라서요. (두 사람이 껄껄대고 웃는다.)

> **문화배경**　New York 출신의 촉망 받는 젊은 정치인인 Andrew는 최근에 사랑에 빠진 남부 Alabama 주 출신인 Melanie의 부모님들이 아마도 전형적으로 교육 수준이 비교적 낮고 문화적으로 보수적이며 정치적으로 Republican (공화당) 성향인 남부인들처럼 동북부의 Yankees와 Democrats (민주당원들, 민주당 지지자들)을 미워하는 사람들일 것으로, 그래서 자기를 탐탁치 않게 여길 것을 걱정한다.

299　how = 방식의 접속사 | how-의문사절

I know **how** she feels.
그녀가 (그 배가) 느끼는 식을 (기분이 어떨지를) 전 알아요

Cross-reference
참고: wh-의문사절:
➡ (14) (47) (360) (380) (458) (545)

여기서의 how-절 (주어 + 술부)은 두 가지로 이해할 수 있다.

설명-1　하나는 여기서의 how를 '...하는 (방)식으로/대로' (the way/manner in which; the way (that)) 이라는 의미의 접속사로 보고 이 how-절이 앞에 오는 타동사 know의 목적어라고 보는 설명이다.

설명-2　다른 어학적 이해는 이 how를 의문사로 보고 원래 How does she feel? (그녀는 (그 배는) 어떻게 느낄까 (기분이 어떨까)?)라는 의문문이 더 큰 문장의 일부로 들어가 (I know + [How does she feel?]), 의문문을 만들기 위한 조동사 does가 탈락되고 주어와 술부가 정상어순으로 돌아가 how she feels라는 의문사절이 되어 더 큰 문장의 술부 동사의 목적어가 된 것으로 보는 것이다.

보다 깊은 의미론적인 관점에서는 [설명-1]이 [설명-2]보다 이해하기 쉽고 더욱 설득력이 있는 것으로 보이나, 영어학 전문가가 아닌 독자들은 [설명-1]만 이해하면 충분하다 (한국의 영어 교육에서는 거의 대부분 [설명-2]만을 가르친다). [➡ (164)]

I know **how** she feels. =
I know **the way** (**that**/ **in which**) she feels.
> **주의**　the way와 how는 함께 쓰이지 않는다.
(X) I know **the way how** she feels.

example　Race almost determines **how** we Americans live our lives.
인종은 우리 미국인들이 우리의 삶을 살아가는 방식을 거의 결정합니다.

[... **how** we American live our lives.
= ... **the way** (**that**/ **in which**) we Americans live our lives.]

Message in a Bottle (병 속에 담긴 편지)

Scene

Garret   ③⓪⓪ You eat meat?

Theresa   Sometimes.

Garret   I make ③⓪① a perfect steak. ③⓪② I'd like to ③⓪③ make you one. Tomorrow night.

Theresa   ③⓪④ You would? (Garret nods his head.) Uh, what time?

Garret   Six? Theresa: O.K.

Garret   ③⓪⑤ It's, uh, 18 Foster Lane.

Theresa   I know.

Garret   ③⓪④ You do?

Theresa   I know ③⓪⑥ it's gonna be ③⓪⑦ on ③⓪⑧ the water, ③⓪⑨ right?

Garret   Right. Everything's ③⓪⑦ on the water. Good night.

Theresa   See you.

[*Message in a Bottle* (1999 film)]

Words & Phrases

- **eat** 타동 먹다
- **meat** 명 고기 (육류)
- **sometimes** 부 때때로(는), 이따금(씩); occasionally, on occasion, at times, (every) now and then; (every) once in a while
- **perfect** 형 완벽한. '완벽하게 만들다, 완성시키다'라는 타동사로 쓰일 때의 발음은 [pərˈfekt]
- **steak** 명 쇠고기, 돼지고기, 닭고기, 생선류 등을 그릴 (grill)에 열을 직접 가해서 구운 것
- **nod** 타동 (머리를 동의, 승낙, 찬성 등의 표현으로) 끄덕이다

장 면 ....

어제 Garret이 사는 North Carolina 주의 한 대서양 연안의 마을에 도착해 Garret을 만난 Theresa는, 오늘 Garret이 수리하는 한 나무 돛단배를 타고 잠시 sailing을 즐겼다.
저녁에 Theresa가 재킷 (jacket)을 배에 놓고 내린 것을 발견한 Garret이 아버지의 충고에 따라 Theresa가 묵고 있는 호텔에 들려 돌려준다. 호텔 방에서 다시 마주친 두 사람이 멋쩍기도 하고 아쉽기도 한 마음에 한동안 작별인사를 하지 못하고 있다가, Garret이 Theresa를 내일 저녁에 스테이크를 대접하겠다고 집으로 초대한다.

번역

Garret	고기 드세요?
Theresa	가끔씩.
Garret	저 완벽한 스테이크를 만들어요. 하나 만들어 대접하고 싶은데요. 내일 저녁에.
Theresa	그러세요? (Garret이 고개를 끄덕인다.) 어, 몇 시에요?
Garret	여섯 시에? Theresa: 좋아요.
Garret:	어, Foster Lane 18번지예요.
Theresa	알아요.
Garret:	아세요?
Theresa	물가에 있으리라는 걸 알아요, 그죠?
Garret	맞아요. 모든 게 물가에 있어요. 안녕히 주무세요.
Theresa	(나중에) 봐요.

영어의 이해 with Dr. David

300 서술문 + ? = Yes-No 의문문: 어법 (1): 중립적, 객관적

You eat meat?
고기 (육류) 드세요?

Cross-reference
비교: 서술문 + ? = Yes-No 의문문: 주관적, 감정적:
 (37) (81) (99) (178) (251) (304)

이 문장은 구문 형태상으로만 주어 + 술부의 어순을 취하고 있는 서술문이지 의미, 의도, 기능, 효과 모든 면에서 의문문이다 (**서술 의문문**이라고 한다). 서술의문문은 서술문의 형태를 취하여

어법-1 객관적, 감정 중립적으로 묻는 어법과

어법-2 상대방의 진술에 대해 놀라움, 믿기 어려움, 역겨움, 반감, 반대, 빈정거림, 비판 등 감정적 반응이나 주관적 판단을 표현하는 어법이 있다. 두 어법 모두 기본적으로 일상적 구어 표현이나 비공식체의 스타일이며, Yes-No 의문문에서처럼 문미에서 어조가 올라가며 글로 쓸 때는 의문부호로 끝맺는다. 이 문장은 [어법-1]의 문장으로서 일상적 구어체에서 객관적, 감정 중립적으로 질문하는 표현이다.

 (411) (457) (485) (489)

example

Finn (granddaughter): So, **this quilt is** something you're making for the State Fair**?**
Hy (grandmother): It's your wedding quilt, honey.

[*How to Make an American Quilt* (1995 film)]

Finn (손녀): 그래 이 quilt (홑이불) state fair (주 축제)에 가져가서 선보이시려고 만들고 계신 거예요?
Hy (할머니): (아니야) 얘야, 너 결혼할 때 (기념으로) 네게 줄 이불란다.

> **영어와 문화** 이 장면에서는 손녀 Finn의 할머니가 장래에 손녀가 결혼할 때 기념으로 주기 위해, 추억이 담긴 장면들을 담거나 아름다운 무늬나 수를 놓은 여러 개의 (흔히 정사각형) 조각들을 꿰매어 quilt를 만들고 있다. 전 미국인들의 그룹들 중에 이 quilting (quilt making)이 가장 정평이 나 있는 그룹이 Amish 사람들이다.

[사진] God 신에게 더 가까운 삶을 살기 위해 현대 문명을 최대한 피하는 **Amish** 사람들 중에는 현대 문명의 사용과 주변 세계와의 접촉을 어느 정도 하면서 살아가는 사람들도 있다. 이 사진에서는 Wisconsin 주 남부에 있는 한 Amish 마을에서 주류사회의 사람들에게 알린 뒤 찾아온 사람들에게 홑이불 (quilt)들을 경매 (auction)에 붙여 팔고 있다. 대단한 정성과 고도의 기술을 필요로 하는 Amish quilt들은 상당한 가격에 판매된다. 사진: ⓒ 박우상 (Dr. David)

301 a + 물질명사: 물질명사의 보통명사화

a perfect steak
완벽한 스테이크

> **주목** 요리의 종류로 (보통의 경우로) 스테이크라고 하면 앞에 관사 없이 단수형으로 steak라고 한다. 예를 들어 '나는 스테이크를 좋아한다'라고 하자면 **I love steak**.라고 표현한다. 즉 이 보통의 경우의 **steak**는 개별적 또는 구체적 형태를 갖지 않고 수나 종류와 무관한 **물질명사**이며 영어의 눈에는 추상명사와 같은 것이어서, 앞에 부정관사 a를 사용하거나 뒤에 복수형 -s를 붙이지 않는다. 그러나 steak가 구체화되어 **특정한 종류**나 **성격**의 셀

Cross-reference
비교: 물질명사-s:
➡ (235)
비교: a + 추상명사; 추상명사-s:
➡ (295) (452)

수 있는 스테이크 하나를 가리킬 때는 **steak**가 가산 **보통명사**가 되어, 여기서처럼 그 앞에 부정관사 a를 사용하며 그런 구체적 또는 특정한 것이 복수일 경우에는 복수형 **-s**를 취한다.

[**steak: 물질명사**: (**O**) steak; (**X**) a steak; (**X**) steak**s**]

> example Memorial Day weekend kicks off a summer of good grilling, and the favorite grilled meal is **steak**.

[**steak: (가산) 보통명사**: (**X**) steak; (**O**) a steak; (**O**) steaks]

현충일 (5월의 마지막 월요일) 주말은 좋은 그릴 요리를 하는 여름철을 개시하며 (사람들이) 좋아하는 그릴 된 음식은 스테이크이다.

Memorial Day 5월 마지막 월요일. Memorial Day weekend: 5월 마지막 월요일 앞의 토요일과 일요일   **kick off** 타동 ...를 시작/개시하다

> example

Ronny: What's that smell?
Loretta: I'm making you **a steak**.   [*Moonstruck* (1987 film)]

Ronny: 무슨 냄새죠?
Loretta: 당신한테 드리려고 스테이크를 하나 굽고 있어요.

> example In 1944 supermarkets introduced packaged produce and **steak**s.

[**steak**s: 구워져서 낱개로 포장된 다수의 제품들로서의 스테이크들]

1944년에 슈퍼마켓들이 포장된 야채류와 스테이크들을 선보였다.

packaged 형 Pack에 넣어 포장된   **produce** 명 (집합**물질**명사) 농산물들, 야채들

302 would like + to-부정사

I'd like to make you one (= a perfect steak).
당신께 완벽한 스테이크를 하나 구워 드리고 싶어요

would like/love + to-부정사는 한국의 영어 교육에서 '...하고 싶다'고 번역하도록 가르치는 것으로 간단히 끝나는 표현인데, 이 일견 간단히 보이는 표현도 실은 그보다 섬세하고 복잡하다. 이는 '...하고 싶다'는 주어의 미래 지향적인 바람, 희망, 제안 등을 나타내는데, 이 표현의 기원은 가정법 과거로 이 표현이 나타내는 바람은 적어도 이면에는 조건적인 의미가 함축되어 있다. 이는 말하는 이가 그런 바람대로 바로 행동에 들어가겠다는 것이 아니라, 예를 들어 상황이 허락하면 하겠다든지, 듣는 이인 당신이 원하거나 좋아한다면 내가 그렇게 하겠다든지, 또는 나는 그러고 싶지만 그럴 수 없는 사정이 있다는

등, 문맥, 상황, 말하는 이의 속생각 등에 따라 여러 가지 뜻과 뉘앙스를 가진다.

이 경우에도 '당신이 스테이크를 좋아하고 나의 집에 와 준다면'이라는 전제가 이면에 함축되어 있는 것이다. would like + to-부정사가 '...하고 싶다'는 미래 지향적인 바람을 정중하게 표현하는데 비해, like + to-부정사는 현재 시점에서의 기호나 취향을 나타낸다. [➡ (418)]

example

Mary: Wanna dance?
Steve: Yes, I **would love to dance**.   [*The Wedding Planner* (2001 film)]

Mary: 춤출래요?   Steve: 예, 추고 싶어요.

example

Jeff: **Would** you **like to dance**?
J.C.: Oh, I**'d love to dance**. Oh, by the way, I don't really slow dance all that well. So, will you still dance?
Jeff: Come on, let's give it a whirl.   [*Baby Boom* (1987 film)]

Jeff: 춤추시고 싶으세요/추실래요?
J.C.: 춤추고 싶어요. 오, 그런데 전 slow dance 그리 잘 추지 못해요. 그래도 추실래요?
Jeff: 자, 이리 오세요, 한번 빙 돌아보죠.

장면   New York 시로부터 Vermont 주의 시골의 작은 타운으로 이사온 전직 경영인인 J.C.가 타운 축제에 가서 수의사인 Jeff를 만나 밴드의 생음악 속에 블루스 춤을 추며 그에게 끌리기 시작한다.

example   Mothers with lower hourly pay, too, **would like to stay** home more. But they can't afford to do so.

시간당 저임금을 받는 엄마들도 집에 더 많이 있고 싶어한다. 그러나 그들은 (경제적으로) 그렇게 할 수가 없다.

afford 타동   afford + 목적어/to-부정사: ...를 살/할 수 있다 (경제적 능력이 있다)

303   타동사 + 간접 목적어 + 직접 목적어: make의 경우

I'd like to **make you one** (= a perfect steak).
당신께 완벽한 스테이크를 하나 구워 드리고 싶어요.

Cross-reference
비교: 타동사 + 간접 목적어 (사람) + 직접 목적어 (사물): ➡ (314)

이 구문은 make + 목적어 1 (간접 목적어) + 목적어 2 (직접목적어)의 구조로 '목적어 1에게 목적어 2를 만들어 주다'라는 의미를 나타낸다. 또 형태상 같은 구조로 make + 목적어 + 목적격 보어 (명사)는 '목적어가 목적격 보어가 되게 하다/만들다' (목적어 = 목적격 보어)라는 의미를 나타낸다.

[예] God made Adam a beautiful wife. (신은 Adam (애덤)에게 아름다운 아내를 만들어 주었다;
(X) 신은 Adam을 아름다운 아내로 만들었다.

의미-1

example Our grandmother makes us a pumpkin pie and a sweet potato pie on Thanksgiving.

우리 할머니는 추수감사절 날에 우리에게 호박 파이와 고구마 파이를 만들어 주신다.

example Leland (to Mr. Kane): You talk about the people as though they belong to you. As long as I can remember, you've talked about giving the people their rights as though you could make them a present of liberty

[*Citizen Kane* (1941 film)]

[make + 사람 + 사물: … (사람)에게 …(사물)을 만들어 주다]

당신은 사람들에 관해서 그들이 마치 당신의 부속물인 것처럼 말해요. 내가 기억하는 한에서는 당신은 마치 당신이 사람들에게 자유라는 선물을 만들어 줄 수 있듯이 그들에게 그들의 권리를 주겠노라 말해왔어요.

as though 접속 as though + 절: 마치 …하/이듯이   **right** 명 권리, 권한

의미-2

example Joseph Kennedy made three of his sons first-rate politicians.
Joseph Kennedy는 자기 아들들 중에 세 명을 일급의 정치인으로 만들었다.

first-rate 형 최상급의

Topic: 3 Kennedy Brothers

Joseph Kennedy, Sr. (1888-1969)는 John F. Kennedy (1917-1963, 35대 대통령 (1961-1963, 암살)), Robert F. Kennedy (1925-1968, 암살, 미연방 검찰총장, 미연방 상원의원), Edward "Ted" Kennedy (1932-, 미연방 상원의원)의 아버지. 장남 Joseph Kennedy, Jr. (1915-1944)는 2차 대전 중 미해군 전투기 조종사로 전사)

example

Lorelei: You made me the happiest girl in the world!

[*Gentlemen Prefer Blondes* (1953 film)]

[me (목적어) = the happiest girl in the world (목적격 보어)]
[make + 사람 + 사람: … (사람)에게/를 …이/가 되게 하다/만들다]
Lorelei: 당신은 저를 세상에서 가장 행복한 여자가 되게 했어요!

장면 "다이어먼드는 여자의 가장 좋은 친구" ("Diamonds are a girl's best friend.")라고 노래하는 Lorelei가 부잣집의 멍청한 아들 Esmond가 다이어먼드 반지를 건네며 청혼하자 신나서 하는 표현

304 표현의 경제를 위한 생략
서술문 + ? = Yes-No 의문문: 어법 (2): 감정적, 주관적

You would?
그러실래요?, 그러시고 싶으세요?

You do (= know)?
아세요, 아신다구요?

Cross-reference
비교: 서술문 + ? = Yes-No 의문문: 중립적, 객관적:
➡ (300) (411) (457)
   (485) (489)

경제적이고 신속하고 효과적인 의사소통을 위해 반복되는 표현을 생략하는 것은 자연스러운 언어 현상이다. 여기서는 앞에서 이미 언급된 어구인 the first boy에서의 boy를 표현의 경제를 위해 (반복을 피하기 위해) 생략한 것이다. 이 문장은 You would (like to it/that/so)? 또는 You would (like to make me one (= a perfect steak)?에서 반복되는 부분을 생략한 표현이다. [➡(255)]

그리고 이 문장은 구문 형태상으로만 주어 + 술부의 어순을 취하고 있는 서술문이지 의미, 의도, 기능, 효과 모든 면에서 의문문이다 (서술의문문이라고 한다). 서술의문문은 서술문의 형태를 취하여 [어법-1] 객관적, 감정 중립적으로 묻는 어법과 [어법-2] 상대방의 진술에 대해 놀라움, 믿기 어려움, 역겨움, 반감, 반대, 빈정거림, 비판 등 감정적 반응이나 주관적 판단을 표현하는 어법의 두 어법이 있다. 두 어법 모두 기본적으로 일상적 구어 표현이나 비공식체의 스타일이며, Yes-No 의문문에서처럼 문미에서 어조가 올라가며 글로 쓸 때는 의문부호로 끝맺는다.

이 문장은 [어법-2]의 문장으로서 Garret이 자기를 초대해서 훌륭한 스테이크 솜씨를 발휘해서 대접하겠다는 뜻밖의 제의에 Theresa가 놀라움을 표현하는 것이다. You do (= know)? 역시 Theresa가 자기 집을 안다고 하자, Garret이 속으로 아니 어떻게 알까 하고 놀라워 하는 표현이다 (Theresa는 지금 입을 다물고 있지만 실은 어제 이 마을에 도착해서 물가에 있는 Garret의 집을 Garret이 모르게 확인해 두었다). [➡ (37) (81) (99) (178) (251)]

의미-2

example I recently saw an advertisement for a class to help people lose their regional accents. **There are** folks paying good money to abandon a part of themselves**?** It made me sad to imagine that.

나는 근래에 사람들이 자기들의 지방 억양을 잃도록 도와주는 클래스 광고를 보았다. 자기의 한 부분을 내버리기 위해 상당한 돈을 내는 사람들이 다 있나? 그것을 상상하니 슬펐다.

recently 부 최근에, 근래에   **advertisement** 명 광고   **regional accent** 지역 억양/발음
folks 명 여기서는 사람들. 때로는 부모   **abandon** 타동 버리다

305   it = 상황의 it = 주소/장소

It's, uh, 18 Foster Lane.
어, Foster Lane 18번지예요

여기서의 주어인 It은 앞에 언급된 어떤 구체적인 대상을 가리키는 용법이 아니라, 상황이나 문맥에 의해 그 의미가 드러나고 이해되는 소위 '**상황의 it**' (situation 'it')으로 문맥상 Garret의 집 또는 집주소를 뜻한다. [➡ (13) (102) (150) (249) (394) (415) (468)]

영어로 주소를 표기할 때는 이렇게 번지수를 길 이름 앞에 적는다. **Lane**은 Boulevard, Avenue, 또는 Road보다 좁고 짧은 길로 대개는 동네의 뒷골목 쪽에 위치하며 약자로는 **Ln.**으로 표기한다.

306   be going to = 추측: 가능성/순리

It's **gonna be** on the water.
그것은 (당신 집은) 물가에 있을 거예요 (물가에 있는 것이 당연할 것이라는 의미)

Gonna는 going to를 비공식체적 구어체에서 빨리 발음한 것을 표기한 것이다. 여기서의 be going to-부정사는 한국의 영어 교육에서 가르치는 주어의 의도를 나타내는 용법으로 쓰인 것이 아니라, 미래에 주어가 논리적으로나 상황적으로나 (예정이 되어 있다든지 일이 돌아가는 모양을 보건대 그렇게 될 조짐이 뚜렷하다든지) 주어가 그렇게 될 것이 **마땅**하거나, **순리적**이거나, **자연**스럽거나, 분명하거나 가능성이 대단히 높다고 보는 말하는 이의 추측이나 판단을 나타낸다.

즉 이 문장은 '내가 이 동네를 좀 돌아봐서 아는데 여기 저기 온통 바닷물이 들어와 있으니 당신 집도 역시 물가에 위치해 있을 것 아니냐, 그런 것이 자연스러운 것일 것이다'라는 뜻이다.

[➡ (40) (78) (93) (306) (453) (518) (570)]

Cross-reference
비교: **be going to** = 말하는 이의 의지:
➡ (32)

비교: **be going to** = 주어의 의지:
➡ (365) (494) (555)

307   on = 인접, 근접

on the water
물가에 있는, 물에 접한

Message in a Bottle (병 속에 담긴 편지)

여기서 전치사 **on**은 on이 흔히 뜻하는 '... 위에(서, 있는)'라는 의미가 아니라 (즉 Garret의 집이 물 위의 뱃집 (house boat) 같은 것이 아니라), 한국의 영어 교육에서 가르치지 않으나 자주 쓰이는 의미로 '...에 접한, ... 아주 가까이 (있는)' (**bordering**, touching, adjacent to, in close proximity to)라는 **인접** 또는 **근접**을 나타낸다.

> **example** Located **on** the Chesapeake Bay, Seashore State Park is Virginia's most visited state park.
> Chesapeake 만을 접하고 위치해 있는 Seashore 주 공원은 버지니아 주의 가장 많이 방문 되는 주 공원이다.

the Chesapeake Bay: 미국 동중부의 Maryland 주와 아래의 Virginia 주 사이에 대서양 (the Atlantic ((Ocean))이 안으로 들어온 만 (bay). 길이 약 200 마일, 폭 약 4-40마일)

> **example** Cincinnati overflows with visual and performing arts, **on** the Ohio River in the heart of America.
> Cincinnati <u>overflows</u> <u>with</u> visual and performing arts.
> = Visual and performing arts <u>overflow</u> <u>in</u> Cincinnati.
> (미국 중서부의 동쪽 Ohio 주에 있는) Cincinnati는미국의 심장부에서 오하이오 강을 접하고 있는데 시각 예술과 공연 예술이 넘친다.

overflow with ...: ...가 넘친다/풍부하다   **visual and performing arts:** 시각과 공연 예술들

> **example** Spearfishing **on** northern Wisconsin lakes has long been a local Indian tradition.
> Wisconsin 주 북부에 있는 호숫가에서 창으로 고기를 잡는 것은 오랜 동안 이 지역 인디언들의 전통이었다.

spearfishing 뾰족하고 긴 창 (spear)을 이용해 물고기를 잡는 것
long 부 오랜 동안, 오래 전부터   **local** 형 현지의, 지역의   **tradition** 명 전통

> **참고** 이 지역의 원주민들은 배를 타고 나가 호수 위에서 잡거나 그물을 던져 잡는 것이 아니라 호수 가장자리에서 창을 사용해서 물고기를 잡는 오랜 전통이 있다.

308 the: 문맥상 또는 암묵적으로 이해되는 the

on the water
(이/그) 물가에 있는, (이/그) 물에 접한

여기서 사용된 정관사 the는 앞에 이 낱말들이 이미 사용되어서 그것을 뒤에서 다시 가리키기 위해 사용된 것이 아니라, 이 정관사가 수식하는 낱말들의 정체가 문맥상 또는 상황상 뚜렷이 드러나 있기 때문에 사용된 것이다. 즉 말하는 이와 듣는 이가 그 낱말의 정체를 문맥상 또는 상황에 비추어 암묵적으로 이해하기 때문에 사용된 것이다. 막연히 물이라고 하면 추상적인 낱말로 앞에 관사 없이 water라고 한다. 그러나 이 경우 water 앞에 정관사 the가 쓰인 것은, 나도 여기 도착해서부터 이 마을이 온통 바닷물에 접하고 있다는 것을 이미 잘 알고 있고 여기 살고 있는 당신은 더욱 잘 알고 있듯이, 이 마을에 들어와 있는 이 바닷물이라는 특정하고 구체적이며 상호 간에 이해되는 물을 가리키기 때문이다.
[➡ (10) (118) (137) (270) (289) (501) (529)]

example When our country was younger, we were all immigrants - immigrants or sons and daughters of immigrants. Now our country is older, and we are no longer immigrants. We are Americans. **The** melting pot is full.
우리 나라가 어렸을 때는 우리는 모두가 이민자들 또는 이민자들의 아들딸들이었습니다. 지금은 우리 나라가 나이가 더 들어서 우리는 더 이상 이민자들이 아닙니다. 우리는 미국인들입니다. 이 용광로는 꽉 찼습니다.

설명 여기서는 이미 문맥상 미국 사회에 관한 언급을 하고 있으며 미국 사회와 문화의 핵심적인 표현이 유일한 정체성을 나타내는 the를 사용하여 the melting pot으로 표현된다.

배경: 언어·문화·사회
a **melting pot** 미국 (사회, 문화)를 일컫는 표현으로 다양한 인종들과 문화들이 모여 하나의 미국의 정체성을 구성하고 하나의 국민으로 통합되는 미국
a **salad bowl** a melting pot과 대조적인 개념으로 다양한 인종과 문화들이 완전히 녹아 하나로 통합된 것이 아니라 각 구성원의 정체성을 상당히 유지하면서 느슨한 하나로, 즉 마치 여러 가지 샐러드 재료들을 담고 있는 그릇에 비유하는 개념인 salad bowl도 미국을 표현하는 말로 종종 사용된다.

309 부가 의문문: ..., right?

..., right?
그죠?

서술문, + right?의 구조로 right?는 부가 의문문의 기능을 하여 말하는 이가 듣는 이에게 서술문의 내용을 재다짐, 확인, 또는 촉구하거나 동의를 구하는 표현을 더한다. 이러한 특수한 형태의 부가 의문문으로 자주 쓰이는 표현들로는 (all) right?, O.K.?, (you) see?, you know?, huh? 등이 있으며, 일상적 또는 비공식체적 구어체에서 대단히 자주 사용된다.
[➡ (139) (173) (224) (291) (325) (331) (455)]

example The United States is probably the most diverse society on earth, **right**?
미국은 아마도 지상에서 가장 다양한 사회일 걸요 (그죠)?

Scene

Theresa ③⑩ I hope you like red.
Garret   I ③⑪ do. I already ③⑫ have one opened. ③⑬ Can I ③⑭ pour you a glass?
Theresa: Yeah, please.

[*Message in a Bottle* (1999 film)]

Words & Phrases

- **red** 형 붉은 (색의). 여기서는 red wine (적색 와인)을 뜻한다. 예: Cabernet Sauvignon (ˋkab·ər·ˊnei ˋsou·vin·ˊyoun) (발음에 유의: 캐버네이 ˊ쏘우빈욘ˊ), Merlot (ˊmûr·lou, mûr·ˊlou) (발음에 유의: 멀ˊ로우, 또는 프랑스어 식으로 멀·ˊ로우), Bordeaux (bôr·ˊdou) (발음에 유의: 보도우), Chianti (ki·ˊa/æn·ti) (발음에 유의: 키안ˊ/앤ˊ티), Pinot Noir (ˊpi·nou ˊnwɑr, pi·ˊnou) (발음에 유의: 피ˊ노우 느와ˊ), Syrah (ˊsai·rə) (발음에 유의: ˊ싸이러 (또는 Shiraz (shi·ˊraz) 쉬라즈) 등
- **pour** 타동 (액체를) 따르다, 붓다

장면 ● ● ● ●

그저께 처음 만나게 되고 어제 한 시간 가량 함께 나무 돛단배를 타고 대서양 가에 위치한 Garret의 마을 연안을 sailing 했다가, Theresa가 배에 놓고 내린 재킷을 호텔로 가져가 Theresa를 다시 마주하게 된 Garret이 그녀를 집으로 저녁 식사 초대를 했다. Garret이 스테이크를 구우면서 준비하고 있는데, Theresa가 붉은 포도주를 한 병 가지고 Garret의 집으로 들어온다. 저녁 식사와 식사 후 화롯가 소파 위에서 포도주를 들면서 나누는 대화와 함께 보낸 밤으로 두 사람은 가까운 사이가 된다.

번역 ● ● ● ●

Theresa 붉은 포도주 좋아하셨으면.
Garret   좋아해요. 하나 이미 따 놓았어요. 한잔 따라 드려도 될까요?
Theresa 예, 그래 주세요.

영어의 이해 with Dr. David

310 타동사 + (that)-절 (= 목적어)

I hope (that) you like red.
붉은 포도주를 좋아하시길 바래요

타동사 + (that)-절 (= 목적어)의 구조로 여기서 You like red.는 앞에 오는 타동사인 hope (…를 희망하다, 바라다)의 목적어로 무엇을 hope하는 가를 설명해 주는 명사절인데, 이 명사절을 이끄는 접속사인 that이 일상적인 구어체에서 아주 빈번히, 그리고 일상적인 그리고 비공식체적인 문어체에서도 자주 생략되는 경우이다. [➡ (199) (265) (346) (557) (568)]

example Children of privilege start life on third base and **think** (**that**) they hit a triple.
특권층의 자녀들은 삼루에서 인생을 시작하면서도 자기가 삼루타를 쳤다고 생각한다.

privilege 명 특권, 특전
야구의 1루, 2루, 3루는 서수사를 사용하되 앞에 정관사 the를 사용하지 않는 on first/second/third base 라고 표현한다. **triple** 명 3루타. 2루타는 a double, 1루 안타는 a single

example Julia Roberts never **dream**ed (**that**) she would become the most popular actress in America.
Julia Roberts는 자기가 미국에서 가장 인기 있는 여배우가 되리라고는 전혀 꿈도 꾸지 못했다.

[사진] Julia Roberts가 주연한, 젊은 세대의 전통적인 여성관과 새로운 feminist consciousness (여성주의 의식) 간의 갈등을 그린 영화 *Mona Lisa Smile* (2003 film). 사진 (포스터): © Columbia Pictures, Revolution Studios, Red Om Films

311 조동사 do = 대체어

I do (= like red (wine)).
그래요/ 붉은 포도주 좋아해요

여기서의 조동사 do는 의문문이나 부정문에 쓰이는 용법에 버금가는 용법으로서, 앞에 오는 동사나 술부의 일부 또는 전체를 반복하지 않고 대신하는 대체어이다. 말이나 글, 문장의 종류, 표현의 격식성과 무관하게 표현의 경제나 신속한 의사 전달을 위해 빈번히 사용된다. 이 경우에는 앞의 진술에 들어가 있는 like red (wine)을 가리킨다. [➡ (572)]

example "Do you, Ann, take Rick as your husband?" "I **do**." (in a conjugal vow)
[do = take Rick as my husband]
"Ann, 당신은 Rick을 당신의 남편으로 받아들입니까?" "받아들입니다." (결혼 서약에서)

example Most men can't imagine losing a chess game to a woman. When they **do**, instead of asking for rematches, they suddenly have trains to catch.
[do = lose a chess game to a woman]
대부분의 남자들은 여자에게 체스 게임을 지는 것을 상상도 못한다. 여자에게 게임을 질 때는 남자들은 게임을 다시 하자고 청하는 대신에 갑자기 (놓치지 않고) 타야 할 기차가 생긴다 (기차를 놓치지 않기 위해서 지금 가야 한다고 이유를 대고는 자리를 떠난다).

imagine 타동 상상하다. 주의: 뒤에 동사가 목적어로 올 때는 동명사형 (-ing)만을 목적어로 취한다. (O) imagine + -ing; (X) imagine + to-부정사
instead of … … 대신에 = in place of …   **rematch** 명 재시합, 재대결

312 have + 목적어 + 과거분사: 의미 (1) (2) (3)

I already have one opened.
저 이미 하나를 따놓고 있어요

주어 + have + 목적어 + 과거분사의 형태를 취하고 있는 이 구문은, 한국의 영어 교육에서 주어가 목적어로 하여금 '... 되게 (또는 당하게 또는 해 받게) 하다'라는 뜻이라고 가르치는 것에 그친다. 그러나 이 구문은 문맥과 상황에 따라 세 가지 의미를 가질 수 있다.

의미-1 한국에서 가르치는 바대로 주어가 목적어로 하여금 제3자에 의해 '... 당하게 또는 해 받게 함'

을 나타낸다. 그러나 한국에서 가르치는 것보다 주어의 목적어에 대한 명령이나 강제성 또는 권위가 약한 경우들이 다수이며, 주어의 의지의 성격이 **명령**으로부터 **주문, 부탁, 바램, 귀띔**까지 폭넓고 다양함에 유의해야 한다. 이 의미로는 능동적인 상황의 변화를 나타내기 위해 have 대신에 **get** 또한 종종 사용된다.

의미-2 한국의 영어 교육에서 가르치는 것과 전혀 달리, **주어의 의사나 바램과 무관하거나 오히려 그에 반대되게** (주어가 원하지 않는데도) 상황의 전개나 변화에 의해 목적어가 과거분사의 동작을 당하는 **상황에 처하게** 됨을 나타낸다.

의미-3 주어가 목적어를 그 과거분사의 동작을 당한 상태에 **유지**하고 있음을 나타낸다. [의미-1]과 [의미-2]에서의 (상대적으로 특히 [의미-1]에서) have가 동작, 사건, 변화 등을 가리키는 동사 get에 가깝다면 [의미-3]에서의 have는 어떤 상태를 유지함을 가리키는 동사 **keep**에 가깝다고 볼 수 있다.

이 문장에서는 [의미-3]의 의미로 쓰여 (내가 남을 시켜 포도주 한 병을 따도록 명령하거나 주문해서 그런 동작을 해 받았다는 뜻이 아니라), 내가 이미 병을 하나 따서 지금 열린 (opened) 상태로 갖고 있다는 표현이다.

의미-1

example The store manager shouted to the shoplifter, "I'm gonna call the police and **have you arrested**."
그 가게 매니저가 가게에서 물건을 훔친 사람에게 소리쳤다. "경찰을 불러 당신을 체포되게 하겠어."

shout 자동 외치다, 소리치다   **shoplifte** 명 가게에서 물건을 훔치는 사람
arrest 타동 체포하다

example Many teenagers would like to **have their ears pierced** or **their hair dyed**.
많은 십대들이 (남에게 부탁하거나 가게에 가서 주문해서) 귀를 뚫거나 머리를 염색 받고 싶어한다.

pierce 타동 관통하다, 뚫다   **dye** 타동 염색하다

example
Jake (to Sarah): Uh, I **had my heart broken** badly by a woman that I really loved. You know, but I think your heart grows back bigger.

[*Must Love Dogs* (2005 film)]

Jake (Sarah에게): 어, 제가 정말로 사랑했던 한 여자로부터 마음에 크게 상처를 받았더랬어요. 근데, 있잖아요, (그리고 나면) 마음이 더 크게 자라난다고 (인간적으로 더욱 성장하게 된다고) 생각돼요.

설명 여기서는 목적어인 my heart (나의 가슴/마음)이 과거분사인 broken badly 된 것이 (크게 상처받은 것이), 내가 원하거나 바라서도 아니고, 내가 다른 누구에게 부탁하거나 주문해서 그런 것도 전혀 아니다. 오히려 그것은 주어인 내가 원했던 바와 전혀 달리, 그렇게 전개된 상황에 내가 처하게 된 것이다.

example Many political dissenters **have their patriotism challenged**.
많은 정치적 반대자들이 그들의 애국심을 의심받는다.

dissenter 명 (주류의 정치적 또는 사회문화적 세력에 반대하는) 반대자
patriotism 명 애국심

설명 여기서도 주어인 많은 반대자들이 목적어인 자기들의 애국심이 남들에게 의심받고자 명령하거나 바라거나 주문하는 것이 결코 아니다. 오히려 그들은 자기들의 반대가 애국적이라고 생각한다. 그들은 자기들의 의지나 바램과는 반대로 자기들의 애국심이 (다수의 의견을 가진 사람들에 의해) 의심받는 상황에 처하게 되는 것이다.

의미-3

example
Hoke: Something wrong?
Miss Daisy: No. Yes. You **had the car parked** right in front of the front door of the temple. Didn't I tell you to wait in the back? [*Driving Miss Daisy* (1989 film)]

Hoke: 뭔가 잘못됐나 봐요?
Miss Daisy: 아뇨. 예, 그래요. 회당 바로 앞에 차를 대놓고 있었어요. (앞이 아니라) 뒤에서 기다리라고 했잖아요?

설명 주어인 You가 목적어인 the car를 교회 바로 앞에 과거분사가 뜻하는 parked (주차되어) 되어 있는 상태로 유지하고 있었다 (남들 눈에 띄지 않게 뒤에 주차해 놓고 있으라고 했는데 당신 차를 회당 앞에 주차해 놓고 있었다)는 뜻이다.

temple 명 유대교 회당; 종종 synagogue 라고도 한다.

example Most of us **have rebel attitudes and conformist-success attitudes mixed** together.
우리들의 대부분은 반항적 태도들과 순응적이고 성공지향적인 태도들을 함께 섞여 있는 상태로 갖고 있다 (우리들 대부분의 기질에는 반항적 태도들과 순응적이고 성공지향적인 태도들이 섞여 있다).

rebel 명 반항아   **attitude** 명 태도 자세
conformist 명 (체제, 시류, 주변 상황 등을 따르는) 순응자

설명 여기서는 주어인 Most of us는 우리 개개인의 의지나 바램과 무관하게 목적어인 rebel attitudes and conformist-success attitudes를 과거분사인 mixed together (함께 섞여 있는) 상태로 유지하고 (지니고) 있다는 (Rebel attitudes and conformist-success attitudes are mixed together in most of us.) 뜻이다.

313 can = 제안, 부탁, 권고

Can I pour you a glass?
한잔 따라 드려도 될까요?, 한잔 따라 드릴께요

여기서의 조동사 can은 주어가 나 (I)이고 의문문이어서 말을 듣는 상대방의 허락 (permission)을 구하는 한편, 기본적으로는 말하는 이가 주어가 ...할 것을 제안, 요청, 권고, 조언, 주문, 부탁, 또는 부드러운 톤으로 요구 또는 명령하는 어법이다. [➡ (140) (158) (215) (218)]

example

Billy: Dad?
Ted: Huh?
Billy: If you ever get lonesome, you **can** call me up, O.K.?

[*Kramer vs. Kramer* (1979 film)]

Billy: 아빠?
Ted: 응?
Billy: 언제든 혹시 외로워지면 나한테 전화해도 돼.

장면 아빠와 엄마가 헤어진 지 1년 반 동안 아빠와 함께 살아 온 꼬마 Billy가 법정에서 양육권을 얻은 엄마에게 가기 위해 아빠와 작별하면서, 아빠가 외로워질 때면 자기에게 전화하라고 말한다.

314 타동사 + 간접 목적어 (사람) + 직접 목적어 (사물): 대표적 유형들

pour you a glass
당신에게 한잔 따르다, 한잔 따라 당신에게 주다

Cross-reference
비교: make + 목적어 1 + 목적어 2:
➡ (303)

* 특수 수여동사:
흔히 액체 (물, 음료, 술 등)를 하나의 목적어로 취하는 pour가 여기서는 **목적어를 두 개** (사람 (you) + 사물 (a glass (of red wine)) 취한 타동사로 쓰여 있다 (...에게 ...를 따라 주다). 흔히 '...에게 ...하다/주다, ...를 위해 ...하다/주다'의 의미를 나타내는 give가 대표하는 소위 **수여동사** (또는 여격동사)로 쓰인 것이다.

주목 실제의 영어의 수여동사는 한국의 영어 교육에서 가르치는 것들보다 수가 훨씬 많고 의미도 다양하며, 원어민들의 경우 상당히 이른 나이에 터득하고 사용하기 때문에 많은 실제 예들을 접하고 숙달하도록 노력해야 한다. [➡ (477)]

수여동사로 비교적 자주 쓰이는 동사들의 예:

accord (주다), afford (주다, 제공/공급하다), allow (허용하다), ask (묻다, 청하다), assign (맡기다), assure (보장하다), award (주다, 수여하다), bake (구워 주다), bear (낳다, 품다), begrudge (시기하다, 반감을 갖다), blow (불다), bring (가져오다, 초래하다), build (지어 주다), buy (사주다), cause (끼치다, 초래하다), charge (청구하다), concede (양보하다), cost ((비용 따위가) 들다), cut (잘라 주다), deal (주다), deny (주지 않다), dig (파다), do (하다), draw (그려 주다), drop (떨구다, 쓰다, 보내다), earn (벌어 주다), ensure (보장, 확보하다), envy (시기하다), fax (팩스로 보내다), feed (먹이다), fetch (가져다 주다), find (찾아 주다), fine (벌금을 물리다), fix (만들어 주다), forbid (금지하다), forgive (용서하다), get ((가져다) 주다), give (주다), grab ((구해/ 가져다) 주다), grant (주다, 부여하다), grudge (주지 않으려 하다, 시기하다), guarantee (보장하다), hand ((넘겨/건네) 주다), have (갖게 하다), issue (주다, 발급하다), last (견디다, 지속하다), leave (남기다), lend (빌려주다), loan (빌려주다), mail ((우편으로) 부치다), make (만들어 주다), offer (제공하다), owe (빚지다), pay (지불하다, 내다), permit (허락하다), pour ((액체를) 따라 주다), procure (확보하다), promise (약속하다), read (읽어 주다), refuse (거절하다), reimburse (변상, 상환하다), remit (보내다, 면제, 용서하다), render (제공하다), rent (빌려 주다), run (들다, 끼치다), save (절약하다, 면하게 하다), secure (보장, 확보하다), send (보내다), serve (주다, 제공하다), shoot (쏘다, 던지다), sing (노래해 주다), spare (구하다, 면하게 하다, 주다), teach (가르치다), tell (말하다), throw (던지다), tip (팁을 주다), toss (던지다), will (뜻하다), win (얻어 주다), wrangle ((좋지 않은 방법으로) 얻어 주다), write (쓰다, 편지하다).

example The two business rivals **bear each other hard feelings**.
그 두 사업 라이벌들은 서로에게 악감정을 품고 있다.

example Mary Todd Lincoln **bore her husband four sons**, and only two survived into adulthood.
Mary Todd Lincoln은 남편 (미국 16대 대통령 Abraham Lincoln)에게/과 네 아들을 낳았는데, (두 아들은 어려서 죽고) 오직 두 아들만이 살아 남아 성인이 되었다.

survive 자동 살아남다, 생존하다   **adulthood** 명 성인의 지위, 상태, 시절

example The mayoral candidate promised townsfolk to **build them lots of new roads**.
그 시장 후보는 타운 사람들에게 많은 새 도로들을 닦아 건설해 주겠다고 약속했다.

mayoral 형 시장의 < **mayor** 명 시장   **candidate** 명 후보   **townsfolk** 명 마을/시의 사람들

example As immediately as he entered the saloon, the gunman had the bartender **pour him a boilermaker**.
그 총잡이는 그 술집에 들어서자 마자 바텐더로 하여금 자기에게 위스키 폭탄주를 하나 따라 주도록 했다.

boilermaker 위스키에 맥주를 술이 빨리 퍼지도록 섞어 만든 일종의 폭탄주. 이렇게 강한 술 (hard liquor)과 함께 마시는 약한 술을 chaser 라고 한다.

example Just a second, please. Let me **print you up a receipt**.
잠시만요. 영수증을 프린트해 드릴께요. (호텔 front desk 같은 곳에서 손님에게)

receipt 명 영수증. **발음** 주의: /riˈsiːt/ 두 번째 음절에 강세 (stress)가 있으며 p가 발음이 되지 않는다 (silent, 묵음).

example My grandma **sewed me a nice leather jacket**.
나의 할머니는 나에게 근사한 가죽 재킷을 재봉질해서 만들어 주셨다.

sew 타동 바느질하다, 재봉질하다. **발음** 주의: /sou/   **leather** 명 가죽

example

Francesca: Oh, there you are.
Robert: You caught me. I was just **picking you some flowers**.
[*The Bridges of Madison County* (1995 film)]

Francesca: 오, 거기 계시네요.
Robert: 들켰네요. 방금 부인께 드리려고 꽃을 좀 따고 있었어요.

장면 Robert가 자신이 사진 촬영을 하기로 되어 있는 Roseman 포장 다리에 길을 안내해 준 Francesca에게 고마운 마음을 표시하기 위해 다리 아래 개울가에서 꽃을 따고 있는 모습을 Francesca가 발견한다.

Scene

Theresa ③⑮ Well, I'm not expecting flowers, but ③⑯ will we call ③⑰ each other?
Garret   Oh, look, I was ③⑱ kind of hoping for flowers. (They chuckle.)
Theresa ③⑲ So, ③⑳ will you ③㉑ come and visit me?
Garret   You mean inland? I don't go inland. (They chuckle again.)
Theresa ③㉒ We have a lake. A big lake. O.K. ③㉓ I'll ③㉔ just go back to my work and my son, and ③㉓ you'll ③㉔ just forget about me, ③㉕ right?
Garret   (nodding) ③㉖ Every day.
Theresa ③㉗ I've got your number, sailor, and ③㉗ you've got mine, ③㉘ so ...
(They hug each other and exchange passionate kisses.)

[*Message in a Bottle* (1999 film)]

Words & Phrases

- **expect** 타동 기대하다
- **chuckle** 자동 껄껄 웃다
- **inland** 부 내륙에/으로
- **lake** 명 호수
- **forget** 타동 잊다
- **sailor** 명 선원, 항해자
- **hug** 타동 껴안다
- **passionate** 형 열정적인

장 면 ● ● ● ●

미지의 메시지의 주인공인 Garret을 North Carolina 주의 대서양 가의 한 작은 타운에서 가슴 설레는 속에 처음 만나 짧지만 깊은 사랑에 빠진 Theresa가, 이제는 Chicago에서의 어린 아들과 직장의 일상으로 돌아가기 위해 Garret과 안타까운 작별의 인사를 나눈다. 서로 사랑하면서도 그러나 아직은 서로의 과거와 상처를 침범하거나 다치지 않도록 조심하기에 또다시 만날 것을 막연히 기약하면서.

번 역 ● ● ● ●

heresa	음, 꽃을 기대하진 않지만 우리 서로 전화 할까요?
Garret	오, 봐요, 전 꽃을 좀 바라고 있었는데. (두 사람 껄껄 웃는다.)
Theresa	그래 절 방문하러 오실래요?
Garret	내륙으로 말이에요? 전 내륙에 안가요. (두 사람 다시 껄껄거린다.)
Theresa	우리 호수가 있어요. 큰 호수. 좋아요. 전 그냥 제 직장과 아들한테 돌아갈 거고 거기는 절 그냥 잊어버릴 거죠, 그죠?
Garret	(고개를 끄덕이면서) 매일 (문맥이나 장면상 매일 당신을 생각할 거라는 뜻.)
Theresa	난 당신 뱃사람 번호를 갖고 있고 당신 또한 제 번호를 갖고 있어요, 그러니 … (두 사람 서로 껴안고 열정적인 키스를 나눈다.)

영어의 이해 with Dr. David

 **well = 새로운 또는 중단되었던 이야기를 도입 또는 계속하거나 상대방의 이야기를 이어받을 때**

Well
음, 저, 어

Cross-reference
비교 (well = 수정, 불찬성, 반대):
➡ (212) (422) (505)

여기서의 well은 well의 구어체에서 흔히 쓰이는 의미/기능들 중의 하나로 새로운 이야기를 도입하거나, 다시 계속하거나, 또는 상대방의 이야기를 이어받을 때 이야기에 앞서 이야기를 불쑥 던지는 느낌이나, 갑자기 자기 주장을 너무 강하게 내미는 느낌을 완화시키거나, 말하는 이에게 할 이야기의 내용이나 적당한 어구나 구문 형태 또는 스타일 등을 찾는 시간을 주는 기능을 한다.

이 경우에는 이제 차에 짐을 챙기고 Garret과 작별하는 인사를 시작하면서, Theresa가 이야기를 불쑥 던지는 어색함이나 멋쩍음을 덜고 Garret에게 인사를 시작한다는 신호를 보내며 할 말의 어휘나 구문 구조 등을 찾는 시간을 버는, 일종의 **의사소통의 윤활유 (communication lubricant)** 기능을 한다.
[➡ (216) (298) (315)]

example

My husband was a private chauffeur. Well, in the Depression, they didn't want private chauffeurs – everybody who had a car drove it himself. So he had an awful time for 10 years before he died at age 40. I think that the Depression killed him.

여기서의 well은 앞의 진술에 대한 주저나 반박이 아니라 앞의 진술의 논리에 부합하는 추가사항 또는 보충설명을 이끄는 감탄사의 역할을 한다. 여기서는 '그도 그럴 것이, 그래서, 근데 당연하게도' 등으로 번역할 수 있다.

제 남편은 개인 운전사였어요. 근데, 대공황 시대에는 사람들이 개인 운전수를 원하지 않았죠. 차가 있는 사람은 누구나 자기가 직접 차를 몰았지요. 그래서 남편은 10년간 아주 어려운 시대를 겪다가 나이 40에 죽었습니다. 전 그 대공황이 그 사람을 죽였다고 생각해요.

chauffeur 명 차 주인을 위해 사적으로 고용된 운전사, 요금을 지불하는 승객들을 위한 운전사
awful 형 형편없는, 끔찍한, 아주 힘든
the (Great) Depression: 1929-1930년대 동안 지속된 대공황

문화배경 개인 자동차 운전사 (chauffeur)로 the (Great) Depression: 미국 경제의 대공황 (1929-1930년대)의 10년 동안 매우 힘든 생활을 하다가 40세 전에 세상을 떠난 남편을 회상하는 한 여성의 회고담

316 will = 추측 (현재 또는 미래)

Will we call each other?
우리 서로 전화할까요, 전화하게 될까요?

여기서의 **will**은 말하는 이가 주어의 미래의 (주목: 때로는 현재의) 사건, 행위, 또는 상황에 관해 **상당**

Message in a Bottle (병 속에 담긴 편지) 209

한 가능성이나 확률을 가지고 (아마도 그러리라고) 추측하거나 예견하는 것으로, will의 주어의 의지나 소망 또는 고집 등을 나타내는 어법과 함께 will의 가장 대표적인 2대 어법의 하나이다. 즉 이 표현은 우리가 헤어지고 나면 서로에게 전화를 할 것으로 추측하느냐고 묻는 것이다. 만일 이 표현의 원래 의도가 우리 서로 전화연락 하자고 제안하는 의미인 '우리 서로 전화할까요?'라면 주어의 의사, 바람, 제안 등을 뜻하는 것으로 주어가 we임으로 Shall we call each other? 라고 해야 한다 (= Let's call each other.; Why don't we call each other?; How about calling each other?; How about we call each other?).

비교: will = 추측: ▶ (104) (128) (316) (323) (372) (472)
비교: will = 주어의 의지: ▶ (117) (121) (142) (174) (234) (320) (527) (580)
비교: Will you?: ▶ (320) (406)   비교: will = 말하는 이의 의지: ▶ (138)

example

Vinny (to Lisa): You just keep on asking about Chinese food. Can't you tell they don't have Chinese restaurants around here? Everybody **will** know you're a tourist.
[My Cousin Vinny (1992 film)]

Vinny (Lisa에게): 넌 계속 중국 음식 타령만 하고 있어. 이 근처에는 중국 음식점들이 없다는 걸 모르겠어? 너가 관광객인 건 모두가 알거야.

keep (on) + -ing 계속해서 ...하다   touris 명 여행객, 관광객

장면 ▶ Vinny (boyfriend)와 Lisa (girlfriend)가 미국 북부로부터 방금 남부 Alabama 주의 한 작은 타운에 도착했다. Vinny는 계속 진흙탕의 타이어만 만지작거리고 있고, 남부가 처음인 Lisa는 계속 사진만 찍어대며 근처에 중국 음식점이 어디 있는지 찾고 있다.

317 each other: 상호 대명사: 어법 (1) (2)

call each other
서로에게 전화하다

Each other는 동작이 서로에게 미침을 나타내는 구대명사이며 (그런 의미에서 상호대명사라고 부른다), 거의 대부분의 경우 타동사나 전치사의 목적어로 쓰인다. 한국의 영어 교육에서 설명하는 바인 each other는 두 사람 (또는 두 개) 간에 쓰이고 그 이상의 다수일 경우에는 one another를 사용한다는 설명은 옳지 않다.

어법-1 Each other가 두 사람/개에 관해 사용되는 것은 확률적으로는 더욱 높으나
어법-2 동작의 영향이 둘 이상의 다수에 대해 상호적으로 작용할 경우에도 사용될 수 있다. 여기서 each other는 첫 번째의 어법으로 쓰였다. [▶ (561)]

어법-1

example Here in America the rich and the poor are not so far removed from **each other** as they are in Europe.

[each other: the rich (부유한 사람들 그룹)과 the poor (가난한 사람들 그룹)]

이곳 미국에서는 부유한 사람들과 가난한 사람들이 유럽에서만큼 그렇게 서로로부터 멀리 떨어져 있지 않다.

the rich (people); the poor (people)   **remove** 타동 떨어뜨려 놓다, 제거하다

참고 산업화 (industrialization) 이전의 미국의 이야기이다. 오늘날 미국은 다른 선진국들에 비해 빈부의 차이가 훨씬 심하다.

어법-2

example Toula: I have 27 first cousins, just 27 first cousins alone. And my whole family is big and loud, and everybody's in **each other**'s lives and business all the time. We're always together, just eating, eating, eating.

[*My Big Fat Greek Wedding* (2002 film)]

Toula: 전 27명의 첫 사촌이, 첫 사촌만도 27명이 있어요. 제 전 가족은 크고 시끄럽고 모든 사람이 항상 서로의 생활과 하는 일에 끼어 들어와 있어요. 우린 항상 모여서 마냥 먹고 먹고 또 먹고 하죠.

장면 그리스계 미국인 (Greek-American)인 Toula가 첫 데이트 중인 Ian에게 자기의 그리스계의 대단히 밀착된 대가족 문화를 설명한다. (Ian은 주로 독일계)

참고 kinship: 인척 관계
First cousin (첫 사촌): 한국의 촌수 개념으로 보통 사촌이다 (조부모를 공유한다). Second cousin (둘째 사촌: 6촌): 같은 항렬로 증조부를 공유한다. Third cousin (셋째 사촌): 같은 항렬로 고조부를 공유한다. First cousin once removed (한 항렬 위 또는 아래의 첫째 사촌): 한국의 촌수 개념으로는 사촌이 아니라 한 항렬 아래인 오촌 조카 (숙부, 숙모의 자식) 또는 한 항렬 위인 칠촌 숙부나 숙모 (백부, 백모의 자식)

318   kind of; sort of: 어법 (1) (2) (3)

kind of hoping for flowers
꽃을 좀/어느 정도 바라는

kind of는 어떤 종류를 뜻하는 것이 아니며, 가장 기본적인 어법으로 다음 세 가지가 있다.

어법-1 정도를 나타내는 부사구로 **somewhat**, **to some extent**, **rather** (어느 정도, 좀, 약간, 제법)을 의미하며, **일상적**이거나 **비격식적**인 **구어체**에서 대단히 빈번히 쓰이며 **비격식체**적인 글에서

도 제법 쓰인다. 말로 빨리 발음될 경우 (ˈkain·də)로 발음되고 (d가 n과 조음점이 같기 때문에 d음이 제대로 들리지 않거나 아예 들리지 않는 경우가 흔하다) 비격식 구어체에서 종종 **kinda**로 표기된다. kind of와 같은 의미와 어법과 빈도로 **sort of**가 쓰이기도 하며 빨리 발음될 경우 (ˈsôr·tə)로 발음되고 (t음이 r음에 융화되어 혀끝이 구강 윗부분에서 부드럽게 튕기면서 원래 파열음인 t음은 들리지 않는다) **sorta**로 표기된다.

어법-2 kind of나 sort of가 일종의 완곡 어법으로 사용되었을 뿐 실제로는 상당한 정도를 나타내는 경우들이 있다.

어법-3 또한 kind of와 sort of는 말하는 이의 진술이나 주장을 완곡하게 표현하는 일종의 의사소통의 윤활유 역할을 하기도 하는데, 원어민들 중에는 그 정도가 지나쳐 kind of나 sort of를 원래의 의미와 무관하게 입버릇이 된 군더더기 말처럼 사용하는 사람들도 상당히 있다. 그러나 간단 명료한 언어 사용을 선호하는 원어민들은 그렇게 사용되는 kind of와 sort of가 표현의 진의를 애매모호하게 하고 말하는 이의 태도나 성격을 우유부단하게 보이게 한다는 이유로, 원래의 정도의 부사로서의 의미를 전달하고자 하는 경우가 아니면 사용을 자제하는 것이 바람직하다.

그리고 최근 한 세대 정도 동안에 [어법-2]와 [어법-3]의 사용이 현저히 증가하고 있다.

어법-1

example At a town or community fair, everybody gets together **kind of** as a family.
타운이나 지역사회 축제에서는 모든 사람이 어느 정도 하나의 가족으로서 모인다.

example There is an old saying: "The harder you try, the luckier you get." I **kind of** like that definition of luck.
"열심히 노력할수록 운도 점점 좋아진다"는 옛말이 있다. 난 그런 행운의 정의가 제법 마음에 든다.

The + -er/more (비교급) ..., the + -er/more (비교급) ...: ... 하면 할수록 ...하다
definition 명 정의, 의미

example A lot of the black Americans feel it's **sort of** a put-down to be a part of blues music and that history because the music came out of slavery and poverty in the South.
많은 미국 흑인들이 블루즈 음악이 (옛 미국의) 남부의 노예제와 가난으로부터 기원했다는 이유로 블루즈 음악과 그 역사의 일부가 되는 것 (블루즈 음악을 즐기고 그 역사를 기리는 것)이 약간 기죽이는 것이라고 느낀다.

put-down (속어) 기죽이거나 깔보거나 굴욕적으로 만드는 말이나 일
slavery 명 노예 제도/상태   **poverty** 명 가난 < **poor** 형 가난한

[사진] Blues 음악은 slavery (노예제)가 가장 깊은 뿌리를 내리고 있던 the Old South (옛 미국 남부), 특히 the Mississippi Delta (미시시피 델타 지역)이 역사적인 본고장이다. 미시시피 델타 블루즈 (the Mississippi Delta blues)의 본고장 지역인 Mississippi 주 Clarkedales에서 열리고 있는 the Sunflower River Blues Festival에서 한 블루즈 가수가 blues guitar를 연주하면서 공연을 하고 있다. 사진 제공: © Larry Morrisey

어법-2

example Without a college education, things seem to always be **kinda** hard on my mom and dad. They work one job here and stay there for a while, then get laid off and have to move. If you start over, you have to start all over from the bottom, which can be pretty frustrating.

대학 교육을 받지 않아 세상 일들이 나의 엄마와 아빠에게는 언제나 좀 어려운 듯하다. 여기서 이 일을 하시고 얼마 동안 저기서 계시고 그리고는 해고되어 옮겨 가셔야 한다. 새로 시작하면 밑바닥에서 완전히 다시 시작해야 하는데 그것 꽤 좌절스러울 수가 있다.

lay off 타동 해고하다; fire　**start all over from the bottom** 완전히 (all) 밑바닥으로부터 새로/다시 (over) 시작하다　**pretty** 부 (비격식체) 꽤나, 제법; quite; very
frustrating 형 좌절시키는, 힘든, 짜증나는

설명 여기서 kinda는 적은 정도가 아니라 실은 very (대단히, 아주), quite (아주, 꽤), 또는 적어도 pretty (꽤, 제법) 같은 상당한 정도를 나타낸다.

스토리 19세의 청년이 어렵게 살아가는 부모님을 안쓰러워 하는 표현

example

Lucky: This here's **kinda** cool. I ain't never seen so many black folks in one spot, and there ain't no fightin'.　　　　　　　　　　　[*Poetic Justice* (1993 film)]

[여기서 kinda는 문맥상 (바로 뒤에서 그렇게도 많은 흑인들이 한 곳에 모였는데도 싸움이 없다고 놀라워 하는 뉘앙스이다) 약간이나 어느 정도가 아니라 상당한 정도를 나타낸다.]

Lucky: 이거 제법 괜찮네. 나 이렇게 많은 흑인들이 한곳에 모인 거 본 적이 없는데 게다가 아무 싸움도 없네.

kinda (비격식 구어체) kind of; sort of; somewhat; to some extent
ain't never seen에서의 **ain't**: 여기서는 haven't   **ain't no fightin'**에서의 **ain't**: isn't

▶ 주목 'ain't never'와 'ain't no': 대부분 교육수준이 낮은 사람들의 표현 (uneducated English)인 이중부정 구문으로 실제로는 부정을 나타낸다. I ain't never seen = I've never seen / ain't no fightin' = is no fighting

▶ 주목 **this here**: 대명사 this와 같은 의미로 많은 소수인종 사람들과 저교육층의 구어체에서 자주 사용되는 비표준 표현이다.

▶ 장면 흑인인 Lucky가 Los Angeles의 한 공원에서 열리고 있는 한 흑인 대가족의 연례 가족 모임이자 잔치인 family reunion을 보면서 하는 표현이다.

▶ example In today's America women aren't trained to make men happy. Men are always made to make women happy. Men have become **sort of** disposable and can be discarded at will. Men are not allowed to be men, and they are constantly downgraded and criticized.

오늘의 미국에서는 여자들은 남자들을 행복하게 해주도록 교육받지 않는다. 남자들이 언제나 여자들을 행복하게 하도록 강요당한다. 남자들은 상당히 쓰고 버릴 수 있는 존재가 되었으며 (여자들의) 뜻대로 버려질 수 있다. 남자들이 남자일 수 있도록 허용되지 않고 끊임없이 비하되고 비난받는다.

▶ 사회문화·논평 미국에서는 이제 여자들이 권력과 권위를 행사하고 남자들은 무력한 존재로 떨어졌다고 한탄하는 한 보수적인 남자의 주장이다. 그러나 현실은 미국에서조차 여성의 평등한 권리와 대우는 아직 갈 길이 제법 된다.

train 타동 훈련시키다, 교육하다   **disposable** 형 처분/폐기할 수 있는, 버릴 수 있는
discard 타동 버리다   **at will**: 마음대로, 멋대로   **constantly** 부 계속해서, 끊임 없이
downgrade 타동 (등급, 품질 등을) 낮게 하다   **criticize** 타동 비판하다

[사진] 미국 Wisconsin 주 Madison 대학 캠퍼스 근처 다운타운에서 한 무리의 남자들이 모여 "Take back the penis." "Men are people, too." "Stop shamin' men." 등의 싸인을 치켜들고 남성의 권리를 회복하고자 하는 집회 (men's rights rally)를 열고, 지나가던 사람들에게 미국 사회에서 남자들이 얼마나 무시당하고 억눌리고 살아가는지를 열띠게 설명하고 있다. 사진: ⓒ 박우상 (Dr. David)

어법-3

example

Hitch: There's only one person that makes me feel like I can fly. That's you.
Sara: So, you **kind of** like me, huh?
Hitch: No. I love you. I knew it from the first ... (Sara kisses Hitch.)

[*Hitch* (2005 film)]

[여기서 kind of는 '당신은 나를 좋아해요' (You like me.)라는 진술을 완곡하게, 또는 듣는 이에 따라서는 쭈뼛거리며 자신감 없어하는 톤으로 만든다. 또는 like라는 단어를 사용할까, love를 사용할까, 아니면 다른 어떤 어구를 사용할까 생각하면서 적절한 표현을 고르는 시간을 버는 기능을 한다. 즉, 여기서의 kind of는 일종의 **communication lubricant** (의사소통의 윤활유)의 기능을 한다.]

Hitch: 나를 날 수 있듯이 느끼게 하는 사람이 딱 한 사람 있어요. 그게 당신이에요.
Sara: 그럼 절 좋아한달까 그런 얘긴가 봐요?
Hitch: 아니예요. 당신을 (like, 좋아한다는 정도가 아니라) 사랑하죠. 처음 (당신을 보았을 때)부터 그걸 알고 있었어요. (Sara가 Hitch에게 키스를 한다.)

example

Conrad: Hi. Listen. I was wondering if maybe you'd like to go out sometime?
Jeannine: Like on a date?
Conrad: Oh, yeah. I mean, we wouldn't have to call it a real date. We could fake it **sort of**, and see how it goes.
Jeannine: I'd love to. When?

[*Ordinary People* (1980 film)]

[여기서의 sort of는 말하는 이에게 사용할 표현이나 구문 구조나 스타일 등을 생각할 시간을 주는 일종의 communication lubricant (의사소통의 윤활유)의 기능을 하는 것으로, 여기서는 so to speak; as it were (말하자면) 정도의 의미를 갖는다.]

Conrad: 하이. 얘길 들어봐. 너 혹시 언제 나랑 같이 나가길 원할지 생각했어.
Jeannine: 데이트 가듯이?
Conrad: 오, 응. 내 말은 그걸 꼭 진짜 데이트라고 부르진 않아도 될거야. 말하자면 진짜 데이트인 척하고 그게 어떻게 돼가는지 보자구.
Jeannine: 그러면 좋겠어. 언제?

---

go out 데이트 나가다/하러 가다   **on a date** 데이트를 하고 있는, 데이트 중에
fake 타동 가짜로 하다, 척하다, 시늉만 하다

---

example   Near Easter lots of American families dye boiled eggs with non-toxic

food colors. It's a very traditional family activity. People still use that special time with their kids to **kind of** carry on a tradition.
부활절이 가까워지면 많은 미국 가정들은 삶은 달걀들을 무해한 식품 색소로 염색을 한다. 그것은 대단히 전통적인 가족이 함께 하는 일이다. 사람들은 말하자면 한 전통을 지속시키기 위해서 자기 애들과 그 특별한 시간을 아직도 이용한다.

Easter (기독교) 부활절   **dye** 타동 염색하다   **non-toxic** 형 독성이 없는
carry on 계속하다; continue

[사진] 미국의 한 가정이 부활절 일요일 (Easter Sunday)을 앞두고 삶은 달걀들을 염색하고 또 까먹으면서 대화를 나누고 있다.
사진: ⓒ 박우상 (Dr. David)

319 so = 감탄사: 새로운 화제나 진술 또는 상대방의 주목

So, ...?
그래, 자, 어, ...?

여기서의 **so**는 앞에서 언급된 어떤 정도나 수량을 가리키거나, 강조어로서 뒤에 오는 형용사나 부사를 강조하거나, 앞에 오는 진술의 나타내는 상황의 결과나 논리적 결론을 나타내는 부사의 용법으로 쓰인 것이 아니라, 감탄사로 쓰여 새로운 이야기나 **새로운 화제**를 시작하거나 뒤따르는 이야기에 **상대방의 주목을 끌기** 위한 신호의 역할을 한다. 일상적이 구어체에서 대단히 자주 쓰이는 어법이다. 여기서는 Theresa가 앞에서 다시 만날 것에 관해서 슬쩍 운을 띄운 것보다 보다 진지하게 자기를 방문해 주겠냐고 물어보는, 즉 본론으로 들어가는 신호를 보내는 표식이다.

example
Carla: **So**, are you gonna take a pretty girl to the Labor Day dance?

Jeffrey: Nope.
Carla: Yeah, I guess no one would wanna dance with a stock boy anyway. (She laughs.)
Jeffrey: Come on. [*The Flamingo Kid* (1984 film)]

Carla: 그래 노동절 댄스에 예쁜 여자애 데려갈 거야?
Jeffrey: 아냐. Carla: 그렇지, 아무튼 stock boy (물품을 채우고 재고를 관리하는 남자 점원이나 직원)랑 춤추고 싶어하는 사람이 아무도 없겠지. (Carla가 웃는다.)
Jeffrey: 그러지 마.

Nope 부 No의 비격식체 표현   **stock boy** 명 업소나 회사에서 물품 재고 (stock)를 관리하는 어린/젊은 직원/알바생   **anyway** 부 아무튼 (간에); anyhow; at any rate; in any case

장면 ▶ 뉴욕의 롱아일랜드 (Long Island)의 한 고급 비치 클럽에서 여름 심부름 직으로 일하는 고등학교 졸업생 Jeffrey와 캘리포니아로부터 놀러 온 부유한 여대생 Carla가 한여름 사랑을 나누고, 이제 Labor Day (노동절, 9월 첫째 월요일) 주말을 앞두고 헤어지게 되면서 마지막으로 만나 대화를 시작하고 있다. (Carla는 캘리포니아에 있는 대학으로 떠나고, Jeffrey는 이제 고급 자동차 딜러에서 물품/재고 관리원으로 일할 예정이다.)

[사진] *The Flamingo Kid* (1984 film)
뉴욕의 부유한 지역인 Long Island의 한 비치 클럽에서 부유한 회원들을 서브하면서, 쉽게 버는 돈 (easy money)과 안락한 삶을 꿈꾸며 어른의 세계를 처음으로 경험하는 Jeffrey (Matt Dillon 역). 그러나 여름이 끝나가면서 Jeffrey는 easy money, easy life의 허구를, 하루하루 열심히 일하는 성실한 배관공 (plumber)인 아버지의 건강한 근로윤리 (work ethic)이 진실임을 깨닫는다.
사진/포스터: © ABC Motion Pictures, Mercury Productions & Edgewood Productions

example

Jenny: **So**, um, what's your major?
Pat: Education. This is what I wanna do. I love teaching, you know. I'm practice-teaching this semester in fourth grade. [*Stella* (1990 film)]

[여기서 So는 앞의 이야기에 관한 결론이나 마무리를 짓는 부사가 아니라, 이야기를 새로운 topic으로 전환시키면서 주목을 이끄는 역할을 한다.]

Jenny: 그래, 음, 전공이 뭐야?
Pat: 교육. 이게 내가 하고 싶은 거야. 가르치는 걸 좋아하거든. 이번 학기에 4학년에서 교육 실습 중이야.

major 명 전공 (학과/과목)　**practice-teach** 자동 교육/교생 실습을 하다
in (the) fourth grade 4학년에(서): 주목: 서수사 앞에서는 기계적으로 the를 사용하도록 가르치는 국내 영어교육과 달리 '서수사 + grade'에서 **the**가 종종 생략된다.

장면　고등학교 졸업반인 Jenny가 한 파티에서 Brown 대학교에서 교육학을 전공하는 미남 학생인 Pat을 만나 이야기를 하다가 화제를 Pat의 전공 과목으로 옮긴다.

example　Asking what someone "does for a living" is often an unintentionally rude question. Try the more gentle query: "**So**, what keeps you busy?" That allows someone to talk about anything from a job to hobbies, interests, values, even life passages.

"생계를 위해 무엇을 하는가" 라고 묻는 것은 종종 뜻하지 않게 무례한 질문입니다. (대신에) 이 더 부드러운 질문을 시도해 보세요: "그래 어떤 일로 바쁘세요?" 그 질문은 상대방으로 하여금 직업으로부터 취미들, 흥미거리들, 가치관들, life passages (인생의 중요한 관문들)까지 어떤 것에 관해서 든 말문을 열게 끔 해 줍니다.

for a/one's living/livelihood: 생계를 위해, 먹고 살기 위해　**unintentionally** 부 의도하지 않게, 뜻하지 않게　**rude** 형 무례한　**query** 명 질문, 조사. 여기서는 inquiry, question　**value** 명 가치관　**life passage** 인생의 중요한 관문 (예: 탄생, 입학, 졸업, 결혼 등). 종종 **rites of passage** 라고도 한다.

320　will = 주어의 의지: Will you ...?: 어법 (1) (2) (3)

Will you come and visit me?
저를 방문하러 오시겠어요?

여기서의 조동사 will은 will의 기본적인 어법의 하나로 (다른 기본적인 어법인 말하는 또는 글 쓰는 이가 **주어**의 미래의 (때로는 현재의) 사건, 행위, 또는 상태에 관해 추측이나 예견을 하는 것이 아니라), 현재나 미래의 사건이나 행위에 관한 '**주어**'의 **의지**, **소망**, **계획**, **고집** 등을 (부정문 (**will not**; **won't**)의 경우에는 **거부**나 **거절**을) 나타낸다.

Will의 이 어법 중에서 Will you ...? 구문은 문맥에 따라 세 가지 어법으로 쓰일 수 있다.

Cross-reference
비교: will = 주어의 의지:
➡ (117) (121) (142) (174)
　 (234) (527) (580)
비교: will = 추측:
➡ (104) (128) (316) (323)
　 (372) 의 (472)
비교: will = 말하는 이의 의지:
➡ (138)

> **어법-1** Will you …?는 듣는 이 (상대방)의 의사나 의견을 묻는다.
>
> **어법-2** Will you …?는 듣는 이의 의사나 의견을 묻는 형태를 취하되, 실은 **말하는 이가 상대방에게** 술부의 내용을 부탁, 요청, 권고, 제안, 요구 등을 하는 의미일 수 있다.
>
> **어법-3** Will you?는 **명령문**, will you?의 구문에 **부가의문문**으로 쓰여서 명령문이 나타내는 부탁, 요청, 주문, 요구, 또는 명령을 강조, 다짐, 또는 촉구하는 기능을 한다.
>
> 여기서는 문맥상 첫 번째의 어법으로 쓰였다 (아직 두 사람이 조심스러운 사이여서 Theresa가 Garret의 의사를 슬쩍 물어보는 것이지, 나를 방문해 달라고 부탁하거나 조르는 분위기가 아니다.) [➡ (406)]

어법-1

example You can count on Santa being a few sizes too big and not too fashion conscious. But **will you** come out on 34th Street expecting to see a woman Santa? You'll probably say it sounds like a miracle. But this Christmas season you'll surely see the first woman in Manhattan to don the red-and-white fur-trimmed suit.

Santa가 몇 사이즈 아주 크고 패션에 크게 신경 쓰지 않을 거로 기대할 수는 있죠. 그런데 여자 Santa를 보겠다고 34가에 나오실 건가요? 아마도 기적과 같은 얘기라고 하실 거예요. 그러나 이번 크리스마스 시즌에는 분명히 최초로 빨갛고 하얀 모피로 트림이 된 위아래 옷을 입은 여자를 맨해튼에서 보시게 될 겁니다.

fashion conscious: fashion-conscious; 패션을 의식하는, 유행에 민감한
don 타동 put on; …를 입다/ 쓰다/ 착용하다   **fur-trimmed**: trimmed with fur; 모피로 곁/테두리에 장식이 된   **suit** 명 정장. 여기서는 Santa 복장

example

Landon: Hey, I wanna ask you something.
Jamie: O.K.
Landon: **Will you** go out with me on Saturday night?
Jamie: Um, I'm sorry. I'm not allowed to date.   [*A Walk to Remember* (2002 film)]

Landon: 헤이, 뭐 하나 물어보고 싶은데.   Jamie: 그래.
Landon: 토요일 저녁에 나랑 데이트 갈래? .   Jamie: 미안해. 나 데이트 하게 허락이 안돼.

go out (with…) (…와 같이) 데이트 가다   **be allowed + to-**부정사: …하도록 허용되다

어법-2

Mrs. Robinson: Oh, Benjamin. **Will you** take me home?
Benjamin: What?
Mrs. Robinson: My husband took the car. **Will you** drive me home?

Benjamin: (handing Mrs. Robinson the key to his sports car) Here. You take it. You know how to work a foreign shift?
Mrs. Robinson: No.
Benjamin: Hmm. Let's go.　　　　　　　　　　　　[*The Graduate* (1967 film)]

[Will you take me home? = Would you take me home (, please)?; I'd like you to take me home.] [Will you drive me home? = Would you drive me home (, please)?; I'd like you to drive me home.]

Mrs. Robinson: 오, Benjamin. 날 집에 데려다 줄래?　　　Benjamin: 뭐라구요?
Mrs. Robinson: 남편이 차를 가져갔어. 나를 집에 태워다 줄래?
Benjamin: (Mrs. Robinson에게 자기의 스포츠카의 열쇠를 건네 주면서) 여기요. 받으세요. 외제 수동 기어 몰 줄 아시죠?
Mrs. Robinson: 아니　　　Benjamin: 흠, 가시죠.

장면 ▶ 대학을 막 졸업한 Benjamin을 Benjamin의 아버지의 사업 동업자의 부인인 Mrs. Robinson 이 유혹하기 시작한다.

foreign shift: 여기서는 보통 가산명사인 a foreign car with a manual shift (수동 기어 변속을 하는 외제차). Shift 대신에 종종 transmission 이라고도 한다.

example A man was sitting in the first row at a town meeting, heckling the mayor as he delivered a lengthy speech. Finally the mayor pointed to the heckler and said, "<u>Will you</u> please stand up and tell the audience what you've ever done for the good of the city?" "Well, Mr. Mayor," the man said in a firm voice. "I voted against you in the last election."

한 남자가 한 타운 미팅에서 첫 줄에 앉아서 시장이 늘어진 연설을 하는 동안 야유를 보내고 있었다. 드디어 그 시장이 그 야유하는 사람을 가리키면서 말했다. "선생님 일어나셔서 선생님께선 이 시에 도움이 되도록 뭐라도 한 적이 있으신지 청중에게 얘기 좀 해 주실래요?" 그 남자가 단호한 목소리로 말했다. "저, 시장님, 저 지난번 선거에서 시장님에게 반대하는 투표를 했죠."

row 명 (가로) 줄, 열　　**deliver/give a speech**: 연설을 하다　　**heckle** 타동 (공식적인 자리에서 발표나 연설을 하는 사람에게) 야유를 퍼붓다　　**firm** 형 굳은, 확고한, 단호한
vote against ...: ...에(게) 반대 투표를 하다. 반대어는 vote for/ in support of ...

example

Hillary: Sorry my trip east didn't work out, but Dad just wasn't feeling wellenough. Will I ever see you again? Call or write soon, <u>will you</u>?
　　　　　　　　　　　　　　　　　　　　　　　　[*Beaches* (1988 film)]

Hillary: 동부로 가려 했던 내 여행이 이루어지지 않아 미안해. 아빠가 건강이 안 좋으셨어. 널 언제고 다시 보게 될까? 곧 전화하거나 편지해 줄래?

장면 서부 San Francisco 지역에 사는 Stanford 대학생 Hillary가 New York 시에 사는 소녀 시절부터의 친구 CC에게 쓴 편지에서, 11세 때 처음 만난 이후로 전화와 편지로만 사귀다가 모처럼만에 New York에 가서 CC를 만나려고 했던 계획이 아빠의 병으로 이루어지지 못했음을 미안해 한다.

321 come and + 원형 부정사 (동사 원형)

come and visit me
나를 방문하러 오다, 와서 나를 방문하다

Cross-reference
비교: come + 원형 부정사:
➡ (339)

come + and + 원형 부정사 (동사 원형)의 구조로 이는 come + to-부정사의 **일상적 구어체** 또는 대단히 **비격식체**적인 문어체적 표현으로 '...하러 오다' 또는 '와서 ...하다'라고 번역할 수 있다. 어느 정도 **격식**을 갖추거나 **문어체**의 글에서는 대부분의 경우 대신에 **come** + **to-부정사형**을 사용하는 것이 좋다.

example If you love water without jellyfish – and shores without the stifling crowds – **come and experience** a Kentucky vacation.
해파리가 없는 물 – 그리고 숨막히게 하는 군중들이 없는 물가들 – 을 좋아하시면 Kentucky 주의 휴가를 즐기러 오십시오 (오셔서 Kentucky 주의 휴가를 즐기십시오).

jellyfish 명 해파리. 단수복수 동형　**shore** 명 물가 (호숫가, 강가, 바닷가), 연안
stifling 형 질식시키는, 숨막히게 하는 < **stifle** 타동/자동 숨막히게 하다, 질식시키다
crowd 명 군중　**experience** 타동 경험하다

example Officer Ray (to Jim): Jim, look. Will you do something for me? If the pot starts boiling again, will you **come and see** me before you get yourself into a jam?
Jim: O.K.　　　　　　　　　　　　　　　　　　[*Rebel Without a Cause* (1955 film)]

[여기서 의문문에서의 something은 Officer Ray가 Jim에게 "네가 나를 위해 해 줄 일이 하나 있는데 해 줄 거지?"라고 그런 일의 존재를 긍정적으로 표현한다.]
[The pot starts boiling again.: '상황이 또다시 곤란하거나 힘들어지면, 네가 또다시 열 받게 되면'이라는 뜻의 은유적 표현]
Ray 경관 (Jim에게): 날 위해 뭘 좀 해 줄래? 단지가 다시 끓기 시작하면 문제 상황에 처하기 전에 날 만나러 올래?
Jim: 좋아요.

 jam 명 (비격식체) 어렵거나 당혹스런 상황; fix, pickle, stew

Message in a Bottle (병 속에 담긴 편지)

> **장면** 술이 곤드레 취해서 길에 누워 있다가 공공장소에서의 음주 (public drunkenness)로 경찰에 끌려 온 고등학생 Jim을 인내와 이해심으로 달랜 경찰관 Ray가, Jim에게 문제가 또 생기면 자기를 찾아와 상담해 달라고 부탁한다.

322 we = 일반인 = 문맥, 상황, 화제, 암묵적 이해, 사회 통념 등에 의해 제한

We have a lake.
우린 호수를 갖고 있어요, 우린 호수가 있다.

여기서의 we는 말하는 이인 I와 화제를 놓고 앞에 구체적으로 지적되거나 나와 관련된 사람들을 가리키는 we도 또는 보편적인 일반인을 총칭하는 we도 아니다. 이 we는 말하는 이를 포함한 제한된 범위의 사람들이 속하는 그룹으로서, 그 그룹의 범위나 정체가 문맥이나 상황에 의해 드러난다. 이 어법은 또 기본적으로 일반인을 총칭하는 we가 실제로는 문맥, 상황, 화제, 말하는 이와 듣는 이가 공유하는 화제에 관한 이해, 사회적인 통념 등에 의해 흔히 그 의미가 보다 구체적으로 제한된다고 이해할 수도 있다.

이것은 한 언어를 제대로 이해하는데 그 언어를 사용하는 사람들과 그 언어가 사용되는 사회와 문화를 이해하는 것이 큰 도움이 될 뿐만 아니라, 때로는 결정적으로 중요하거나 필수불가결한 경우들이 있음을 말해 준다.

이 경우의 we는 Theresa가 살고 있는 곳인 미국 중서부 (the Midwest)의 대도시인 Chicago에서 사는 사람들, 즉 Chicagoans를 뜻한다. 그리고 여기서 말하는 a (big) lake는 Chicago를 포함한 Illinois, Wisconsin, Indiana, Michigan 주들의 북쪽에서 접하고 있는 5대호 (the Great Lakes)의 하나인 Lake Michigan (미시건 호)이다.

> **example** **We** are slowly removing God from every avenue of our lives.
> 우리는 우리들 삶의 모든 길 (영역)로부터 신을 서서히 제거하고 있다.

remove 타동 제거하다, 없애다; get rid of; eliminate
avenue 명 길, 도로. 대개는 boulevard처럼 넓은 도로

> **설명** 여기서의 we는 이 말을 하는 이와 듣는 이를 포함한 we도 세상 사람들을 보편적으로 일컫는 we도 아니고 다수의 진보주의자들과 무신론자들을 비판적으로 일컫는다.

> **example** Elvis didn't shed **us** when he got to the top.
> [여기서의 us는 Elvis의 수많은 팬들을 가리킨다.]
> 엘비스는 정상에 도달했을 때 우리들을 떨구지 (무시하거나 깔보거나 버리지) 않았다.

shed 타동 (피, 땀, 눈물, 잎파리 등을) 떨구다. 여기서는 ignore, look down on, belittle/ make little of; 무시하다, 깔보다

Elvis Aron Presley (1935-1977): 락앤롤 (rock-'n'-roll) 가수; 별명: the "King of rock-'n'-roll" 또는 그냥 간단히 "the King"

> example　It has become fashionable to attribute pathology to millions of healthy male children. <u>We</u> are turning against boys and forgetting a simple truth: that the energy, competitiveness, and corporal daring of normal, decent males is responsible for much of what is right in the world.

[여기서의 we는 이 말을 하는 이와 듣는 이를 포함한 we도 세상 사람들을 보편적으로 일컫는 we도 아니고 문맥상 미국의 여성들, 또는 그 중에도 지나치게 여권주의적이거나 남성에 대한 편견을 가진 여성들의 그룹을 가리킨다.]

Pathology (여러 가지 사회적인 문제들, social ills)를 수백만 명의 건강한 남자 애들한테로 돌리는 것이 유행이 되었다. 우리는 남자애들한테 등을 돌리고 있으면서 단순한 진실을 잊고 있다. 이 세상에서 올바른 것의 상당 부분이 정상적인 괜찮은 남자애들의 에너지, 경쟁심, 그리고 육체적 대담성 덕분이라는 것을. (그러니 그런 것이 남자애들이 잘못되고 나쁜 점이라고 무조건 야단치고 차별하지 말라는 뜻이다.)

---

fashionable 형 유행인　**pathology** 명 (의학) 병리학. 사회문제
attribute A to B A를 B의 탓/ 공으로 돌리다, A를 B때문으로/ B에서 기인하는 것으로 보다.
competitiveness 명 경쟁성, 경쟁력　**corporal daring** 신체적인 모험(심)/ 대담성
decent 형 (품질, 정도, 성품 등이) 괜찮은, 훌륭한

323　will = 추측 (현재 또는 미래)

I'll just go back to my work and my son, and you'll just forget about me, right?
전 제 직장과 제 아들에게 돌아갈 뿐이고 당신은 저에 관해서 잊어버릴 뿐이겠죠?

'll은 조동사 will의 축약형이다. 여기서의 will은 말하는 이가 주어의 미래의 (주목: 때로는 현재의) 사건, 행위, 또는 상황에 관해 상당한 **가능성**이나 **확률**을 가지고 (아마도 그러리라고) **추측**하거나 **예견**하는 것으로, will의 주어의 의지나 소망 또는 고집 등을 나타내는 어법과 함께 will의 가장 대표적인 2대 어법의 하나이다. [➡ (104) (128) (316) (323) (372) (472)]

Cross-reference
비교: will = 주어의 의지:
➡ (117) (121) (142) (174) (234) (527) (580)
비교: Will you?:
➡ (320) (406)
비교: will = 말하는 이의 의지: ➡ (138)

> example　I tell my children that when they end this life, if they can count their friends on one hand, they <u>will</u> be lucky.

나는 내 자식들에게 너희들이 이 세상의 삶을 마칠 때 친구들을 한 손으로 셀 수 있다면 (참된 친구가 다섯만 있다면) 너희는 운이 좋은 것일 거라고 말합니다.

> **example**
>
> Francesca: You have to know, deep down, the minute we leave here, everything **will** change. No matter how much distance we put between ourselves and this house, I, I carry it with me. And I'**ll** start to blame loving you for how much it hurts. And then, even these, even these four beautiful days **will** seem just like something sordid and a mistake.
>
> [The Bridges of Madison County (1995 film)]

Francesca: 가슴 깊이 아셔야 해요. 우리가 여길 (함께) 떠나는 순간 모든 것이 변할 거라는 것을. 우리가 우리와 이 집 사이에 아무리 많은 거리를 둔다 할지라도 전, 전 이 집을 (남편과 아이들이 있는 나의 과거와 현재를) (계속해서) 가지고 가요. 그러면 저는 그게 얼마나 가슴 아픈지 당신을 사랑한 것을 탓하기 시작할 거예요. 그리고 그 때는 이 아름다운 나흘까지도 어떤 더러운 것 그리고 실수에 불과한 것으로 느껴질 거예요.

> **장면** 뜻밖에 찾아 온 Robert와의 지난 4일간의 환상적인 사랑이 끝을 내리면서 이제 Robert와의 새로운 인생을 찾아 함께 떠날 것인지, 아니면 Robert와 아쉬운 이별을 할 것인지를 고뇌하던 Francesca가 흐느끼면서 Robert를 보내고 현재의 삶에 남기로 결정한다.

blame A for B; blame B on A: B의 문제로 A를 탓/비난하다
sordid 형 (도덕적으로) 저급한, 더러운

324   just = 강조의 부사

just go back to my work and my son
나의 직장과 나의 아들에게 돌아갈 뿐
just forget about me
나에 관해 잊어버릴 뿐

여기서의 just는 뒤따르는 술부인 go back to my work and my son과 forget about me를 수식하는 부사이다. 여기서의 just는 부사로서 just가 수식하는 (just에 뒤따르는) 말이나 표현의 의미의 정도를 최소화하거나 감소시키는 기능을 하여 '단지/ 불과/ 그냥 …일/할 뿐 (그 이상은 전혀 아니다)' (only; merely; simply; nothing more than)이라는 뜻을 나타낸다. 이러한 부사로서의 just의 어법은 동사, 형용사, 부사, 명사, 또는 절을 수식할 수 있다.

여기서는 '난 내 일과 아들에게 돌아갈 뿐이고 당신은 나에 관해 있었던 모든 추억을 그냥 잊을 뿐 우리에겐 이제 더 이상 아무 일도 없다'는 뜻이다. [➡ (70) (229) (324) (330) (541) (584)]

> **example** If you think "women's travel" is **just** a trip to the spa, think again. More women than men go backpacking and sailing. They're also mountain biking, kayaking and parachuting.

"여자들의 여행"이라고 하는 것이 단지 (미용, 건강, 휴식을 위한) 스파에나 가는 정도의 것이라고 생각하시면 다시 생각하십시오. 남자보다 많은 여자들이 backpacking과 sailing을 갑니다. 더 많은 수의 여자들이 산악지형 biking을 하고 kayak을 타고 낙하산을 탑니다.

> **go + -ing** ...하러 가다. 주의: 이 표현은 취미나 레저 활동에 제한적으로 사용된다.
> go + shopping, dancing, biking, swimming, bowling, hiking, jogging, bungee jumping, fishing, boating, hunting 등

325 부가 의문문: ..., right?

..., right?
... 맞죠, 그죠?

서술문, + right?의 구조로 right?는 부가 의문문의 기능을 하여 말하는 이가 듣는 이에게 서술문의 내용을 재다짐, 확인, 또는 촉구하거나 동의를 구하는 표현을 더한다. 이러한 특수한 형태의 부가 의문문으로 자주 쓰이는 표현들로는 (all) right?, O.K.?, (you) see?, you know?, huh? 등이 있으며 일상적 또는 비공식체적 구어체에서 대단히 자주 사용된다. [➡ (139) (173) (224) (291) (309) (331) (455)]

example

Ted: You know, sometimes you and your friends don't get along, and you have a fight.
Billy: Uh-huh.
Ted: And you wanna go off to be by yourself for a while, **right**?
Billy: Yep.
Ted: Sometimes Mommy and Daddy don't get along, and one of them wants to go off to be by herself for a while.　　　　　　　　　　[*Kramer vs. Kramer* (1979 film)]

Ted: 있잖아, 때로는 너랑 네 친구들이랑 잘 지내지 못하고 싸우지.　　Billy: 응.
Ted: 그러면 잠시 너 혼자 있으려고 떠나 있고 싶잖아, 그지?　　Billy: 응.
Ted: 때론 엄마랑 아빠도 잘 지내지 못하고 한사람이 한동안 혼자 있으려고 떠나 있어 해.

> **get along (with ...)** get on (with ...): (...와) 잘/사이 좋게 지내다
> **go off to be by oneself** 혼자 있기 위해 (to be alone) 떠나다 (leave)

장면 ▶ 오늘 아침 6살의 아들 Billy는 엄마가 집에서 보이지 않는다. 아빠 Ted가 요즘 사이가 좋지 않아 집을 나가 있는 엄마의 상황을 Billy에게 설명한다.

326 생략: 주어 + 술부 동사의 생략

Every day.
매일

문맥상 뚜렷하거나 말하는 이와 듣는 이 사이에 암묵적 이해가 있거나 가능한 경우 일상적인 또는 비공식체적 구어체나 읽는 이에게 말하는 듯한 문체로, 쓰는 글에서 주어 또는 주어 + 술부 동사 (또는 술부의 더 많은 부분)가 생략될 수 있는 경우이다. 이 경우에는 문맥상 Garret이 (I'll be thinking of/about you) every day. (저는 당신을 매일 생각할 (생각하고 있을) 거예요)라고 하는 표현에서 파격적인 생략이 이루어진 것이며, 이는 Theresa에 비해 표현이 간략하고 종종 투박한 Garret의 성격을 보여주는 단면이기도 하다.
(Garret의 내면에는 사랑하는 사람에게 모든 것을 바치며 나중에 나오는 장면이지만, 바다에서 배가 난파되어 위기에 처한 낯선 사람들을 구하러 거친 풍랑과 파도 속으로 뛰어드는 인간적인 진실함과 따스함이 가득하다.) [➡ (144) (227) (297) (344)]

example Hey, you guys, been to a prom?
[..., (you've/ have you) been to a prom?]
야, 얘들아, 프람 (댄스)에 가본 적 있니?

prom 학교에서 (특히 고등학교에서) 학생들이 학년이 끝날 때 하는 공식적 댄스 (formal하게 dress up하고 가는 dance). 특히 졸업반의 senior dance는 인생의 한 이정표처럼 중요한 일로 여겨진다.

example When Franklin Roosevelt called Joe to Washington to clean up the Securities and Exchange Commission, somebody asked F.D.R. why he had tapped such a crook. "Takes one to catch one," replied Roosevelt. Kennedy did a superb job.

[(It) takes one to catch one.]
Franklin Roosevelt 대통령이 증권감독원을 청소하라고 Joe (Joseph Kennedy)를 와싱턴으로 불렀을 때 누군가 Roosevelt (FDR) 대통령에게 왜 그런 사기꾼을 기용했냐고 물었다. "(사기꾼) 하나를 잡으려면 (사기꾼) 하나가 필요하죠," 라고 Roosevelt가 대답했다. Kennedy는 (증권감독원 장으로서의) 역할을 훌륭하게 해냈다.

Joe: Joseph Patrick Kenendy (1888-1969) John F. Kennedy 대통령, U.S. 상원의원 Robert F. Kennedy와 Edward Kennedy의 아버지, 사업가, 연방 증권감독위 (SEC) 위원장, (1933-34), 외교관 (영국대사, 1938-40)
tap 타동 이용/활용하다; utilize; exploit **crook** 명 사기꾼; swindler; sharper; dishonest person. 원래 의미: 갈고리, (곧지 못하고) 휘어진 것 **take** 타동 필요로 하다, 요구하다; require; need **superb** 형 탁월한, 뛰어난

327   have got; 've got; got = 소유

I've got your number, and you've got mine.
전 당신의 번호를 갖고 있고 당신은 제 번호를 갖고 있어요

've got은 have got의 축약형 (contraction)이다. Have got은 갖고/소유하고 있음을 뜻하는 **have**의 비공식체적 **구어체**적 표현이다. Have got의 have를 생략하고 **got**만을 사용할 수도 있는데, 그런 경우 have got보다도 더욱 **비공식**체적이고 **구어체**적 표현이 된다 (got의 사용은 공식적인 환경이나 점잖은 자리에서 이야기할 때 또는 어느 정도나마 진지한 성격을 가진 글에서는 피하는 것이 좋다). [➡ (64) (132)]

주목   격식체/문어체 ⇒비격식체/구어체: have ⇒have got ⇒ 've got ⇒ got

example

Jack (to Rose): I've got ten bucks in my pocket, and I have nothing to offer you. But I'm too involved now.   [*Titanic* (1997 film)]

Jack (Rose에게): 난 주머니에 10불 밖에 가진 게 없고 당신한테 줄 것도 하나 없어요. 그러나 난 이제 너무도 (당신의 삶에) 관련되어 있어요.

involve 타동   관련/관여/연루시키다. 종사시키다

장면   급속히 기우는 가문을 살리기 위해 사랑하지 않는 부유한 남자에게 결혼하기로 예정된 자기의 운명을 비관하며 자살을 시도했던 Rose가 자기를 구한 Jack에게 마음을 바꿔 현실을 받아들이고 예정된 결혼에 응할 의사를 밝히자, Jack이 Rose의 마음을 바꾸기 위해 하는 대답이다.

언어와 역사/문화

buck 명 (slang, 속어) a dollar, 달러. 기원: 19세기 초중반에 미국 Native Americans 원주민들과 변방 개척자들 (frontiersmen) 간에 교환의 수단으로 사용되던 buckskin (사슴 가죽)에서 유래. 그 전에도 그러한 교환은 있었지만 (특히 fur 동물 털모피), buck이 영단어로 사용되기 시작한 것은 1850년대 정도이다. 오늘날에도 dollar 대신 비격식체, 구어체에서 대단히 자주 사용된다.

328 so = 논리적 연결 부사: 결론, 결과, 영향: 어법 (1) (2) (3)

> **..., so ...**
> 그래서

여기서의 so는 논리적 연결어로서 앞에 오는 진술을 이유, 근거, 전제, 가정 등으로 한 **결론, 결과, 영향** 등을 나타내는 진술을 이끈다. '(...하/이니) 그래서, 그러니(까), 결론적으로, 결과적으로' ((and) therefore; (and) thus; with the result that-절; as a/the result or conclusion) 등으로 번역될 수 있다. 이러한 의미의 so는 구문상의 위치와 문법적 역할을 기준으로 다음과 같은 세 가지 유형으로 사용된다.

어법-1 A-문장. So B-문장. (또는 이따금 A-문장. And so B-문장.)의 형태로 문장의 맨 앞에 위치하여 이유-결론을 연결하는 부사로 사용된다.

어법-2 A-절, so B-절.의 구조에서 절과 절을 의미나 구조상 대등한 지위로 연결하는 접속사로 사용된다.

어법-3 A-절, and so B-절의 구조에서 접속사 and 뒤에서 이유-결론을 연결하는 부사로 사용된다. 그리고 여기서 Theresa가 앞에서 나도 당신의 번호를 갖고 있고 당신도 내 번호를 갖고 있다고 말한 뒤 그로부터 내리는 결론을 so 뒤에 말을 하지 않고 생략한 것은, 서로 사랑하면서도 아직은 서로의 과거와 상처를 극복하기 위해 필요한 공간을 존중하며 당신을 너무 성급히 조르지 않겠다는 여운을 남기기 위한 것이다. [➡ (343) (526)]

어법-1

example At a restaurant a grumpy or rude customer will get poor service, because at some point the server is going to say, "This isn't worth it." **So** be pleasant to your server.

음식점에서 성미가 좋지 않거나 무례한 손님은 형편없는 서비스를 받게 될 것입니다. 왜냐하면 어떤 시점에 이르러서는 그 서버 (waiter나 waitress)는 "이건 그럴 가치가 없다" (이 손님은 그렇게 잘 대접해 줄 가치가 없다)고 (스스로에게) 말하게 될 것이기 때문에. 그러니 서버에게 즐겁게 대하십시오.

grumpy 형 못된, 심술궂은   **poor** 형 형편없는   **server** 명 봉사자; waiter or waitress
worth it 그만한 가치가 있는   **pleasant** 형 즐거운, 기분 좋은

Rudy: My father hated lawyers all his life. But I've wanted to be a lawyer ever since I read about the civil rights lawyers in the fifties and sixties. They gave lawyers a good name. **And so** I went to law school.   [*The Rainmaker* (1997 film)]

Rudy: 나의 아버지는 일생 내내 변호사들을 미워했지. 그러나 난 1950년대와 60년대의 민권 변호사들에 관해 읽은 이후로 줄곧 변호사가 되길 원해 왔어. 그 민권 변호사들은 변호사들의 이름을 빛냈지. 그래서 내가 법대에 간 거야.

civil rights 민권   **the fifties and sixties** the 1950s and 1960s: 1950년대-60년대

어법-2

example More women are better educated and better able to support themselves, **so** a husband is no longer a financial prerequisite to motherhood.
(예전보다) 더 많은 여자들이 더 잘 교육받고 스스로를 더 잘 부양할 능력이 있다. 그래서 남편은 엄마가 되기 위한 전제 조건 (필수적으로 미리 갖추어야 할 것)이 더 이상 아니다 (남편이 없이도 여자 혼자 아이를 갖고 가정을 이룰 수 있다).

support 타동 지지하다. 여기서는 ...를 부양하다; provide for ...
financial 형 재정적인, 경제적인   **prerequisite** 명 전제조건, 선결 필요조건
motherhood 명 모성, 어머니의 지위, 상태

example We want our native English-speaking students to be bilingual, **so** we should feel the same way about our immigrant students.
우리는 영어를 모국어로 하는 우리 학생들이 이중언어를 하기를 바란다. 그러니 우리는 우리의 이민자 학생들에 관해서도 같은 식으로 느껴야 마땅하다 (이민자 학생들이 영어를 사용하기를 바라고 요구해야 한다).

어법-3

example A presidential campaign may easily degenerate into a mere personal contest, **and so** it may lose its real dignity.
대통령 선거운동은 쉽게 개인적인 경쟁에 불과한 것으로 전락해서 그 진정한 존엄성을 잃어버릴 수 있다.

presidential 형 대통령의 < **president** 명 대통령   **degenerate** 자동 악화되다, 퇴보하다
contest 명 시합, 경쟁   **dignity** 명 존엄, 품위

example Unlike European men, even debonair American men tend to be more interested in general fashion trends than in individual designers, **and so** most American menswear designers skip fancy fashion shows.
유럽의 남자들과는 달리 심지어 세련된 미국 남자들조차도 개인적인 디자이너들 보다 일반적인 유행의 추세에 더 관심이 있는 경향이 있으며, 그래서 대부분의 미국의 남성복 디자이너들은 화려한 패션쇼를 생략한다.

debonair 형 멋진, 세련된, 활달한, 정중한; stylish; refined; cheerful; courteous
trend 명 경향, 추세   **individual** 형 개인적인, 개별적인   **skip** 타동 건너뛰다, 생략하다

Scene

Theresa	Question. **329** Were we **330-a** just a casual thing or something else? Possibly a beginning? **330-b** Just answers. No pressure. (Garret is silent for a moment.) **330-c** Just a playboy, **331** huh? **332** Nail **333** those tourist women.
Garret	**334** I've **335** only cared about two women in my whole life.
Theresa	Catherine and …
Garret	**336** Some city girl – bigmouth, pushy. (Theresa chuckles.)
Theresa	**337** Thanks.
Garret	I miss you.
Theresa	**338** Why don't you **339** come see me, Garret? It's **330-d** just a visit. It's not a promise.
Garret	Is that enough?
Theresa	I miss you, too.
Garret	O.K. When? When **340** should I **341** come?
Theresa	**342** Yesterday.

[*Message in a Bottle* (1999 film)]

Words & Phrases

- **casual** 발음 주의: s의 발음이 zoo (동물원)의 (z)가 아니라 '쉬'하고 조용히 해달라고 하는 발음을 성대가 울리도록 유성음으로 발음하는 (ʒ) 음이다. 형 우연한, 뚜렷한 또는 진지한 의도가 없는. usual (´yu·ʒu·əl) (일상적인, 보통때의)과 visual (´viʒ·u·əl) (시각적인)에서의 s도 같은 (ʒ) 발음이다.

- **possibly** 부 어쩌면; perhaps, maybe, by any possibility

- **pressure** 명 압력

- **silent** 형 말이 없는, 조용한

- **nail** (속어) 타동 (잽싸게 사람을) 붙잡다, (사람을) 치거나 때리다; catch, seize, hit

- **care about (somebody)**: …를 위해 걱정해 주다, …가 어떤 상태에 있는지, 잘 지내는지, 잘 하고 있는지 등 염려하다, …가 잘 되기를 바라고 배려해 주다

- **bigmouth** 명 시끄럽고 말 많은 사람; windbag; blabbermouth

- **pushy** 형 지나칠 정도로 자기 주장을 내세우거나 요구를 하는, 저돌적인, 뻔뻔한

- 여기서 **bigmouth**와 **pushy**는 악의로 하는 비판이 아니라 선의로 그러나 짓궂게 놀리는 표현 (teasing, banter)

- **miss** 타동 그리워하다. 영어의 정확한 의미는 '...가 없거나 ...를 잃은 것을 깨닫게 되거나 아쉽게 또는 유감으로 느끼거나 생각한다'이다.
- **promise** 명 약속
- **enough** 형 충분한
- **yesterday** 명 어제

장면

Theresa가 Garret이 처음 North Carolina의 대서양 가의 한 작은 타운에서 만나 며칠에 불과했지만 서로를 알게 되고 사랑에 빠진 후, Theresa는 Chicago에서의 신문사 일과 아들을 키우는 일에, Garret은 옛 아내 Catherine과 함께 완성을 꿈꿨다가 중단했던 자기의 최초의 배를 완성하는 일에, 다시 몰두하면서 일상의 자리로 돌아간다. 그러면서 몇 주일이 흐른 후 배를 완성한 Garret이 Theresa에게 장거리 전화를 걸고 그녀가 그에게 Chicago로 부담 없이 자기를 방문할 것을 제안하자 그가 받아들인다. 서로 조심스러워 하면서도 너무도 깊이 사랑하고 그리워하는 마음이 두 사람의 대화 속에 녹아 있다.

번역

Theresa 질문. 우리 그냥 우연한 거였나요? 아니면 다른 뭔가였나요? 어쩌면 하나의 시작? 그냥 대답해 보세요 (뭘 약속하거나 책임지게 하지 않겠다는 뜻). 부담 없어요. (Garret이 잠시 말이 없다.) 정말 플레이보이였나요? 그 여자 여행객들을 후리는.
Garret 전 평생 딱 두 여자만을 사랑했어요. Theresa   Catherine과 ...
Garret 어떤 도시 여자예요 – 말 많고 저돌적인. (Theresa가 껄껄 웃는다.) Theresa 고마워요.
Garret 당신이 그리워요.
Theresa Garret, 저를 보러 오시죠? 그냥 방문으로. 뭘 약속하라는 게 아녜요.
Garret 그걸로 충분해요? Theresa   저도 당신이 그리워요.
Garret 좋아요. 언제? 언제 가야 할까요? Theresa   어제요. (지금 당장)

영어의 이해 with Dr. David

329 선택 의문문: A or B?

Were we just a casual thing or something else?
우리 그냥 우연한 거였나요 아니면 다른 뭔가였나요?

A or B?의 구조로 질문에 대한 대답을 듣는 이로부터 Yes나 No로 하거나 듣는 이 자신 나름의 대답을 하는 것이 아니라, 묻는 이가 제공한 A와 B 둘 중에 (때로는 둘 이상이 주어지는 경우도 있다) 하나를 대답으로 선택할 것을 기대하는 소위 선택 의문문 (elective question)이다. [➡ (161)]

> example

Question: My daughter sends us flowers for all occasions. **Is the delivery charge** included in the amount she pays **or should we** give the deliverer a tip?
Answer: The delivery charge is included, but that money does not go to the deliveryperson. He or she should be given a tip of a dollar or two.

질문: 제 딸아이는 모든 때만 되면 저희에게 꽃을 보냅니다. 배달비는 그 애가 지불하는 액수에 포함되어 있나요 아니면 저희가 배달 온 사람에게 팁을 주어야 하나요?
대답: 배달비가 포함되어 있지만 그 돈은 배달하는 사람에게 가지 않습니다. 그 사람은 일이 불의 팁이 주어져야 합니다.

---

occasion 명 때, 경우, 일/이벤트   **delivery** 명 배달, 전달   **charge** 명 요금, 청구
include 타동 포함하다   **tip** 명 봉사료

---

330   just = 강조의 부사

(330) (330-a) <u>just</u> a casual thing;
(330-b) <u>just</u> answers;
(330-c) <u>just</u> a playboy;
(330-d) <u>just</u> a visit:

Cross-reference
비교: 강조의 just:
➡ (159)

여기서의 just는 부사로서 just가 수식하는 (just에 뒤따르는) 말이나 표현의 의미의 정도를 최소화하거나 감소시키는 기능을 하여 '단지/불과/그냥 …일/할 뿐 (그 이상은 전혀 아니다)' (only; merely; simply; nothing more than)이라는 뜻을 나타낸다. 이러한 부사로서의 just의 어법은 동사, 형용사, 부사, 명사, 또는 절을 수식할 수 있다.

(330-a) just a casual thing: 그냥 우연히, 별다른 의도 없이 이루어진 잠시의 바람 같은 것에 불과하지 그 이상은 아니다라는 뜻이다.

(330-b) just answers: 그냥 대답만 해 달라는, 무슨 심각한 언질이나 약속은 해주지 않아도 된다, 그 대답을 가지고 나중에 무슨 책임을 묻거나 하는 일은 없을 것이다라는 뜻이다.

(330-c) just a playboy: 단지 바람둥이였을 뿐이다, 그 이상은 아무 의미가 없는 사람이었다는 뜻이다. 동시에 여기서의 just는 '딱, 꼭, 바로, 정말, 확실히, 정확히/분명히 말하자면 (precisely, exactly, right, really, positively, certainly)'이라는 뜻의 강조의 부사로 볼 수도 있다. 그런 경우 just a playboy는 당신 알고 보니 정말, 바로, 딱, 세상 사람들이 말하는 바로 그런 바람둥이라고 딱 집어 말하는 강조의 표현이다. [➡ (55) (70) (229) (324) (541) (584)]

(330-d) just a visit: 그냥 방문하는 것일 뿐이다, 붙잡는다든지, 당신을 곤란하게 한다든지, 더 심각한 관계로 바로 몰고 간다든지 하지 않겠다는 뜻이다.

Exercise

다음의 표현들에서 사용된 just의 의미가 나머지와 다른 하나는 어느 것입니까?

❶ Canada is just north of the United States.
❷ My dad and I just grilled lots of hamburgers and sausages in the backyard for our neighborhood Memorial Day party.
❸ We just have to protect the environment for our posterity.
❹ The weather in Florida is just gorgeous most of the time.

[정답과 해설]

해설 >>>
❶ ❸ ❹에서의 just는 강조의 부사로 쓰인데 반해 ❷에서의 just는 '방금, 막' (only a moment before; within a brief preceding time) 라는 의미의 시간 부사로 쓰였다.

번역 >>>
❶ Canada는 미국의 바로 북쪽에 있다.
❷ 나의 아빠랑 나는 우리 이웃들과 하는 Memorial Day (5월 마지막 월요일) 파티를 위해 많은 햄버거와 소시지를 방금 뒤뜰에서 그릴 했다.
❸ 우리는 우리 후손들을 위해 환경을 보호해야만 한다.
❹ Florida 주에서의 날씨는 대부분 아주 좋다.

정답: ❷

grill 타동 (육고기, 생선, 야채 등을 석쇠 위에) 굽다   **environment** 명 환경. 자연환경의 기본형은 이렇게 앞에 the를 붙인다.   **posterity** 명 후손들, 후대 (총칭 집합명사)
gorgeous 형 (비격식체) (외관이나 외모가) 빼어난, 아주 좋은
most of the time 대부분, 흔히; usually

331 부가 의문문: ..., huh?

..., <u>huh</u>?
어, 그래요, 그죠, 예?

흔히 놀라움, 믿기 어려움, 황당함, 무시, 경멸, 또는 웃긴다는 느낌이나 감정을 나타내는 감탄사인 huh

가 서술문 뒤에 추가되어, 상대방에게 앞에 오는 서술문의 진술에 관한 동의를 구하거나 확인하게 하는 부가 의문문을 만드는 경우이다. [➡ (139) (173) (224) (291) (309) (325) (455) (492)]

example
Beth: Would you tell me why I'm still hungry?
Beth's brother: 'Cause you're in Texas, girl. When we get done, we'll get you home, get you some steaks on the barbecue and a salad.
Beth: And baked potatoes and sour cream, too, **huh**?

[*Ordinary People* (1980 film)]

Beth: 내가 아직도 배고픈 거 왜 그럴까?
Beth의 오빠: 네가 텍사스 주에 있으니까 그렇지. 일 끝나면 집에 가서 바비큐 스테이크 몇 개랑 샐러드랑 해줄께.
Beth: 그리고 구운 감자들이랑 (그 위에 뿌려 먹는) sour cream도, 응?

'cause 접속 Because의 비격식/구어체   **get done** (일을) 끝내다

example The Republicans are a party for average, hardworking people, **huh**?
공화당 사람들이 보통의 열심히 일하는 사람들을 위한 정당이란 말이라구요? (허, 웃긴다, 황당하다는 어감)

Republican 명 미국의 공화당 (the Republican Party) 당원 또는 지지하는 사람
hardworking 형 열심히 일하는

332 생략: 주어의 생략

(**You**) nail those tourist women.
(당신은) 그 여자 여행객들을 후리죠

문맥상 뚜렷하거나 말하는 이와 듣는 이 사이에 암묵적 이해가 있거나 가능한 경우 일상적인 또는 비공식체적 구어체나 읽는 이에게 말하는 듯한 문체로, 쓰는 글에서 주어 또는 주어 + 술부 동사 또는 문장의 더 많은 부분이 생략될 수 있는 경우이다. 이 경우에는 문맥상 nail those tourist women의 주어로 You가 생략되어 있다. [➡ (227) (297) (326)]

example Politicians wearing dark suits in the heat of summer, shaking hands, scarfing down chili dogs, waving flags … yup, must be an election year.
[여기서는 비격식적인 글에서 문맥상 뚜렷이 이해되는 동사와 주어가 생략되어 있다. Politicians

(are) wearing ... (This/It) must be an election year.]
정치인들이 이 여름의 열기 속에 정장을 입고 다니면서 악수를 하고 칠리독을 먹으면서 깃발 (American flags, 미국기들)을 흔들고 있군요. 옙, 선거의 해임에 틀림 없죠.

suit 명 정장   **shake hands** 악수를 하다   **scarf down/up** (비격식체) 마구 먹다, 급히 꿀꺽 꿀꺽 삼키다   **chili dog** hot dog bun 위에 hot dog (sausage)에 gound beef (간 소고기)에 tomato sauce, cumin, 마늘, cinnamon (계피) 등 양념을 더해 끓인 chili sauce를 더하고 diced onions (잘게 썬 양파)와 shredded cheddar cheese (가늘게 조각 낸 체다 치즈)를 얹어 먹는 hot dog의 변형 음식. 미국에서 Ohio 주의 Cincinnati 시가 가장 유명하다.

[사진] 미국 Ohio 주 Cincinnati 시가 가장 유명한 **chili dog**.
사진 제공: © Justin Gilbert

333   that/those = 문맥상, 상황상, 암묵적으로 또는 사회 문화적으로 이해

those tourist women
그 여자 여행객들

주목   여기서 those는 흔히 지시 대명사 (이 경우에는 뒤에 tourist women이라는 명사구를 수식하기 때문에 지시 형용사)로서의 that이나 those가 가리키는 앞에 이미 언급된 특정한 사물이나 사람을 지칭하는 것이 아니라 (이 경우 그렇게 이미 지칭된 사람들이 앞에 없다), 그것이 무엇을 가리키는지 **문맥상** 드러나거나 말하는 (또는 글쓰는) 이와 듣는 (또는 읽는) 이 사이에 그것이 무엇을 가리키는 지에 관한 **암묵적** 이해가 있거나 가능한 경우에 사용되는 어법이다.

이 경우에는 사람들이 흔히 말하는 여행 중에 바람둥이 남자들한테 유혹당하는 여자들에 관해 이 말을 하는 Theresa나 이 말을 듣는 Garret이 서로 암묵적으로 이해함을 나타낸다. 이것은 한 사회를 이해하는 데에 그 언어를 이해하는 것이 대단히 중요한 것처럼, 한 언어를 이해하는데 그 **언어**를 사용하는 사람들과 그 언어를 사용하는 **사회와 문화를 이해**하는 것이 대단히 중요할뿐더러 때로는 결정적으로 중요함을 시사해 준다. [➡ (271)]

example

I'm going back someday
to Blue Bayou,
Where **those** fishing boats
With their sails are afloat.
If I could only see
That familiar sunrise
Through sleepy eyes,
How Happy I'd be.

[Linda Ronstadt, *Blue Bayou* (1977 song)]

언젠가 돌아갈 거예요
블루 바이유로
돛을 올린 그 어선들이
물에 떠 있는 곳
내가 졸린 눈으로
그 익숙한 해돋이를
바라볼 수만 있다면
얼마나 행복할까요

bayou 명 (특히 미국 남부) 강, 호수, 바다 물이 들어와 형성된 것　**afloat** 형 떠 있는
familiar 형 낯익은, 친숙한

설명 ▶
여기서의 'those' fishing boats. 'that' familiar sunrise는 bayou라는 미국 남동부의 Mississippi 강 일대와 the Gulf of Mexico (멕시코 만)을 접한 지대라는 지역적 특성을 경험하지 못한 사람들이라도, 일단 bayou라고 하면 앞에서 those와 that이 지칭하는 fishing boats와 familiar sunrise에 관한 언급이 없다 해도 바다 안쪽으로 들어온 호수에 아침이면 떠오르는 태양과 고기잡이를 나가는 어선들의 모습을 함께 상상할 수 있을 것을 기대하는 의미에서 사용된 것이다.

334 현재완료 = 경험

I**'ve** only car**ed** about two women in my whole life.
전 저의 온 생애에 오직 두 명의 여자만을 사랑했어요

Cross-reference
비교: 현재완료 = 계속:
➡ (19) (88) (266) (400) (469) (552)
비교: 현재완료 = 완료(+결과: ➡ (240) (445)

've는 have의 축약형이다. 여기서 현재완료 시제 (have + 과거분사)는 현

재완료의 여러 용법들 중에 지금까지 '...한/인/해본 적이 있다'는 뜻의 **경험**을 나타낸다.　[➡ (85) (190) (206) (262) (369) (550) (582)]

Norma: I**'ve** never **had** any trouble with black men. The only trouble I've ever had in my life was with white men.　　　　　　　　[*Norma Rae* (1979 film)]

Norma: 난 흑인들하고 아무런 문제도 없었어 (있었던 적이 없어). 내 인생에 유일한 문젯거리라고는 오로지 백인들하고였어.

장면　사회 경제적 정의에 눈을 뜨기 시작한 Norma (백인)가 보수적이고 인종적 편견이 강한 남편에게 한마디 쏘아 붙인다.

335　only = 강조의 부사 | only의 위치 = only + 본동사

I've **only** cared about two women in my whole life.
전 저의 온 생애에 오직 두 명의 여자만을 사랑했어요

Cross-reference
비교: just + 본동사:
➡ (130) (159) (204)
　(398) (560)

여기서 강조의 부사인 only는 뒤따르는 동사인 care about somebody (누구를 염려하고 배려하고 사랑하다)를 수식하는 것이 아니다 (내가 두 여자를 사랑만을 했다, 그 이외에는 아무것도 행하지 않았다라는 뜻이 아니다). 여기서 only는 술부 동사 뒤에 따르는 two women, 즉 오로지 더도 아닌 딱 두 여자를 사랑했다는 뜻으로 two women을 수식한다.

주목　'오로지/딱/꼭 ...(이), ...뿐/만(이/을)'이라는 의미의 강조의 부사로서의 **only**는 **수식하는 말 바로 앞**에 위치하는 것이 논리적이지만, 현대 영어에서는 (특히 구어체와 비공식체적 문어체에서) **본동사 바로 앞**에 위치하는 경향이 현저하다.　[➡ (581)]

[only의 위치: 수식하는 어구 바로 앞]

Rose: I don't even have a picture of him. He exists now **only** in my memory.
　　　　　　　　　　　　　　　　　　　　　　　　　　[*Titanic* (1997 film)]

Rose: 나는 그 사람의 사진 한 장도 없다. 그 사람은 지금 나의 기억 속에서만 존재한다.

장면　Titanic 호의 비극적인 대서양에서의 침몰 중에 자신을 구해 준 Jack을 상기하면서 Rose가 손녀에게 Jack과의 사랑과 Jack의 헌신적인 죽음을 이야기한다.

[only의 위치: 본동사 바로 앞]

Jamie: So, what do you wanna see?
Landon: Um, Pluto.
Jamie: Um, Pluto **only** rises a few minutes before the Sun.

[A Walk to Remember (2002 film)]

[여기서 only는 a few minutes before the Sun을 수식하지만 본동사인 rises 바로 앞에 위치하고 있다.]

Jamie: 자, 뭘 보고 싶어?
Landon: 음, 명왕성.
Jamie: 음, 명왕성은 태양보다 바로 몇 분 전에 뜨는데.

example Many early Jewish immigrant families could **only** afford cheap, crummy places in some run-down neighborhoods.

[여기서 only는 cheap, crummy places in some run-down neighborhoods를 수식하지만 본동사인 afford 바로 앞에 위치하고 있다.]

많은 초기의 유대인 이민 가족들은 어떤 허름한 동네에서 오직 값싸고 누추한 곳만을 (경제적으로) 감당할 수 있었다 (허름한 동네에서 값싸고 누추한 곳이 아니면 살 능력이 없었다).

Jewish 형 유대인 (Jew)의 **immigrant**: 여기서는 형 이민(자)의
afford 타동 ...를 (경제적으로) 살/누릴/감당할 수 있다   **crummy** 형 (slang, 속어) 누추한
run-down 형 헐어 빠진, 누추한   **neighborhood** 명 이웃, 동네

---

336 some + 단/복수 명사 (사람/사물) = 비특정한 사람/사물
girl = 성인

some city girl
어떤 도시 여자

some은 많은 경우에 약간의 비특정한 수나 양을 가리키면서 복수의 가산 명사 또는 물질 명사를 가리킨다. 그러나 여기서의 some은 그렇게 약간의 비특정한 어느 정도의 수량을 나타내는 것이 아니라, 특정화되거나 정체가 밝혀지지 않은 (unidentified; indefinite; unspecified) 어떤 (certain) 사람이나 사물을 (여기서는 사람을) 나타낸다. 여기서의 some city girl은 달리 표현하면 a certain city girl이다. [➡ (242) (542)]

여기서 또 주목할 것은 girl이라고 해서 어린 여자애라든지 소녀라든지 또는 10대까지만 뜻하는 것이 전혀 아니라는 점이다. Girl은 여기에서처럼 성인인 경우라도 아내, girlfriend, 또는 가까운 여자를 애정 또는 친밀감을 표현하기 위해 사용할 수 있어서 (boy의 경우도 마찬가지다), 75세의 남자가 78세의 자기 부인을 girl이라고 부르고 다른 사람에게 소개할 때도 사용할 수 있는 것이다. 그러나 친밀하지 않은 사이에서 (특히 직장에서와 같이 위아래가 있는 상황에서 여자가 아랫사람이거나 18-22세 정도로 나이가 비교적 어리다고 해서) 함부로 girl이라고 부르면, 흔히 그 여자가 모욕적이거나 불쾌하게 받아들이게 된다. **Woman**은 성인인 여자를 남자 (man)와 구별하여 객관적으로 표현하는 말이며, **lady**는 존중하는 태도나 어감을 더하는 말이다. [➡ (157)]

337 Thank**s**.

Thanks**.**
고마워요

상대방에게 감사를 표시할 때 thank를 **동사**로 사용하여 감사의 정도가 낮은 정도부터 높은 정도까지 표현하자면 Thank you.; Thank you (very) much.; Thank you so (very) much.; Thank you ever so (very) much.라고 한다. 그러나 thank를 **명사**로 사용하여 표현할 수도 있는데, 그런 경우 감사할 것 자체가 실은 한번 또는 한 가지, 즉 단수라 하더라도 그 표현은 복수형인 Thank**s**.라고 한다. 그 정도를 높여 대단히 감사하다고 표현하자면 **Thanks a lot.** 또는 그보다 더욱 강조적으로는 **Thank**s **a million., Thank**s **a heap., Thanks loads.** 또는 보다 공식체적으로 **I give you my deepest thank**s**.**라고 한다. [➡ (374) (488)] [안부를 묻는 인사말인 compliment**s**와 regard**s**인 복수형: ➡ (283)]

example Not long ago a waitress told my husband, "You've got gorgeous bedroom eyes," as she was taking our dinner orders. And last month, at a party, a guest whispered, "Your husband's the hottest man I've ever seen." Those remarks bug me. His reaction is to smile, say **thank**s and make small talk. The unfortunate result of all this is that I'm jealous and worried he's going to cheat on me.

비교적 근래에 한 웨이츄레스가 우리의 저녁 식사 주문을 받으면서 나의 남편에게 말했다. "당신은 아주 멋진 섹시한 (침실 분위기의) 눈을 가지셨네요." (눈이 너무 섹시하게 매력적이라는 말) 그리고 지난 달에는 한 파티에서 한 손님이 속삭이며 말했다. "당신 남편은 내가 본 가장 뜨겁게 매력적인 남자예요." 그런 말들은 나를 괴롭힌다. 그의 대답은 미소 짓고 고맙다고 하고 잠시 간단한 대화를 하는 것이다. 이 모든 것의 불운한 결과는 내가 질투가 나고 그 사람이 나를 속일 거라고 (바람을 피울 거라고) 걱정된다는 것이다.

gorgeous 형 매력이 넘치는, 멋진, 아름다운   **bedroom** 여기서는 성적 매력이 넘치는, 섹시한 (sexually appealing or inviting) 이라는 뜻의 형용사   **order** 명 주문   **whisper** 자동 속삭이다   **remark** 명 말   **reaction** 명 반응   **unfortunate** 형 불운한   **result** 명 결과   **jealous** 형 질투하는   **I'm jealous and worried (that) he's going to cheat on me.**   **cheat on ...**: ...몰래 (다른 사람과) 바람을 피다

Topic 성적 매력이 넘치는 남편을 가진 한 34세의 부인의 고충이다.

338 Why don't you ..? = 제안, 권고, 부탁, 요구

Why don't you come see me?
절 보러 오세요.

Why don't you ...?를 형태상으로 한국어로 직역하면 '왜 ...하지 않니, 않으세요?'라는 뜻이다. 그러나 이 영어 표현은 물론 그렇게 왜 ...하지 않느냐고 묻거나 따지는 경우도 있지만, 대부분의 경우에는 듣는 이에게 ...하라고/해달라고 **바램, 제안, 권고, 부탁**, 또는 **요구하는 구어체**적 표현이다.

example

Ron: Hi, Mr. Wilson. I'm Ron. Thanks for seeing me.
Mr. Wilson: Well, uh, **why don't you** come on in the house? My wife fixed some chicken.   [*Born on the Fourth of July* (1989 film)]

Ron: 안녕하세요, Wilson 선생님. 저 Ron입니다. 저를 만나 주셔서 감사합니다.
Mr. Wilson: 저, 어, 집 안으로 들어오게나. 내 처가 닭고기를 좀 했거든.

Come on in ...에서의 **on** 부탁, 요청의 어감을 부드럽게 하는 부사
fix 타동 여기서는 ...를 고치다 (repair)의 의미가 아니라 (음식을) 하다, 준비하다

장면 베트남 전쟁에서 급박하고 혼돈스러운 전투 중에 전우인 Billy를 실수로 쏘아 죽게 한 Ron이 귀국해서, Billy의 아버지인 Mr. Wilson에게 그 사실을 고백하고 용서를 청하기 위해 Georgia 주의 시골에 사는 그를 방문한다.

example

Emma: I really don't feel sick.
Patsy: (friend)Emma, **why don't you** come to New York for a visit? My treat.
Emma: Great. I mean, we'll have to see.
Patsy: Hey, I mean it!   [*Terms of Endearment* (1983 film)]

Emma: 난 정말 아픈 느낌이 안 들어.
Patsy: (친구) 뉴욕으로 방문하러 와. 내가 낼게 (비용을 내가 부담하겠다는 뜻).
Emma: 아주 좋은데. 근데 두고 봐야 알겠어.
Patsy: 야, 나 진심이야!

My treat. 내가 상대방에게 내는 대접/사주는 것   **I mean it.** 진심이다. 진짜야. 솔직한 마음이다.

장면 Nebraska 주의 병원에서 암 진단을 받은 Emma에게 New York으로부터 날아 온 오랜 친구인 Patsy가 자기를 방문해서 좀 쉬다 가라고 제안한다.

339 come + 원형동사

come see me
날 보러 오다

Cross-reference
비교: come + and + 원형 부정사: ➡ (321)

come + 원형동사 (동사 원형, 원형부정사)의 구조로, 이는 come + to-부정사의 일상적 구어체 또는 대단히 비공식체적인 문어체적 표현인 come + and + 원형 부정사보다도 더욱 비격식체적 구어체의 표현인데 '...하러 오다' 또는 '와서 ...하다'라고 번역할 수 있다. 어느 정도 격식을 갖추거나 공식적인 글에서는 대부분의 경우, 대신에 come + to-부정사형을 사용하는 것이 좋다.

주목 격식성의 정도: (가장 **격식적/문어체**) come/go + to-부정사 - (**비격식/ 구어체**) come/go + and + 원형동사 - (가장 **비격식체/ 구어체**) come/go + 원형동사

example

Mr. Willis (Father): What are you packing?
Jeffrey: Moving out.
Mr. Willis: What?
Jeffrey: I think it's just best if I go for a while.
Mr. Willis: Where, where, where, where? What do you do?
Jeffrey: Mr. Brody offered me a job. He told me to **come see** him when I'm ready. And I'm ready. [*The Flamingo Kid* (1984 film)]

[(가장 비격식체/구어체) come see = (격식체/ 문어체) come to see/ (비격식체/ 구어체) come and see]

Mr. Willis(아버지): 무슨 짐을 싸고 있니?
Jeffrey: 집 나가요.
Mr. Willis: 뭐라고?
Jeffrey: 한동안 나가 있는 게 제일 좋을 거 같아요.
Mr. Willis: 어디, 어디, 어디, 어딜? 뭘 한다고?
Jeffrey: Brody 선생님이 일자리를 줬어요. 제가 준비되면 자길 보러 오라고 했어요. 근데 저 준비가 되었거든요.

장면 고등학교를 막 졸업하고 여름철에 아르바이트로 뉴욕의 Long Island의 부유한 비치 클럽 (beach club)에서 잔심부름 일을 하던 Jeffrey가 클럽 회원인 부유한 스포츠카 딜러인 Mr. Brody를 만나게 되고, 그가 자기 밑에서 일하면 일확천금 할 수 있다는 감언이설에 넘어가, 대학에 진학해서 성실히 살라고 하는 아버지를 무시하고 아예 집을 나가기 위해 짐을 싸고 있다.

 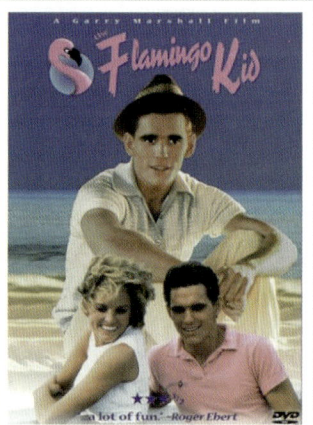

[사진] 한국에는 거의 알려지지 않았지만 고등학교를 막 졸업하고 어른 세계의 문턱에서 사랑과 가치 있는 인생의 첫 slice를 경험하는 훌륭한 영화 *The Flamingo Kid* (1984 film) 포스터 © ABC Motion Pictures, Mercury Productions, Edgewood Productions, et al.

example I fell under the spell of Elvis when my family moved to Memphis in 1960. A mere two miles away was Elvis's mansion. You couldn't have visitors **come stay** with you without taking them to Elvis's.

나는 우리 식구가 1960년에 (미국 Tennessee 주의) Memphis로 이사했을 때 엘비스의 마력에 빠져버렸다. (우리 집으로부터) 불과 2마일 떨어진 곳에 엘비스의 저택이 있었다. 손님들을 엘비스의 집으로 데려가 주지 않으면 우리 집에 와서 머무르게 할 수 없었다 (손님들이 우리 집에 와서 머무르면 반드시 엘비스의 저택 구경을 시켜 주어야만 했다).

spell 명 마술, 마법   **mere** 형 단지/불과 ...인/밖에 안 되는   **mansion** 명 대저택
Elvis Aron Prelsey (1935-1977) rock-'n'-roll 가수; the "King of rock-'n'-roll" 또는 단순히 "the King"

배경문화 Elvis's mansion: **Graceland**:
Tennessee 주 Memphis 시에 있는 Elvis Presley의 저택이자 현재는 유적지이자 박물관이다. 마약 과용과 심장병으로 42세의 나이에 죽은 Elvis Presley가 묻혀 있다. Graceland를 여행으로 방문하는 것은 미국만이 아니라 전 세계의 Elvis 팬들에게는 거의 성지순례 (pilgrimage)와도 같은 의미를 갖는다.

[사진] 미국 Tennessee 주의 Memphis 시에 위치한 Graceland에 안장되어 있는 Elvis의 묘소 앞에서 팬들이 경의를 표하고 있다.
사진: ⓒ 박우상 (Dr. David)

340 should = 당위, 의무, 필요성, 바람직함

When should I come?
언제 갈까요?

여기서 should는 should의 기본적인 용법으로 주어가 …함/임이 마땅함, 당연함, 올바름, 바람직함, 필요함, 의무임 등을 나타내는 조동사이다. 이 경우 '제가 언제 가는 것이 좋을까요, 마땅할까요, 바람직할까요?'라는 뜻이다. [➡ (210)]

341 come = 가다 (go)를 뜻하는 경우

When should I come?
언제 갈까요?

A가 B에게 갈 경우 A goes to B.라고 동사 go를 써서 표현함은 누구나 아는 사실이다. 그러나 A가 말하는 나 (I)이고 B가 말을 듣는 상대방 (you)인 경우에는, I가 대화의 **상대방인 you에게 갈 때에는**, 영어에서는 시각의 중심이 you에 놓여 go를 사용하지 않고 come을 사용하여 I come to you.라고 표현함에 유의해야 한다. [➡ (525) (556)]

Kate: Hey, John. I'll be throwing a summer solstice party in my backyard this Friday evening.
John: Can I **come**?

Kate: 헤이, John. 나 이번 금요일 저녁에 뒷마당에서 하지 파티를 할 거야.
John: 나 가도 돼?

Message in a Bottle (병 속에 담긴 편지)

throw a party 파티를 열다; hold/give a party   **summer solstice** 하지
winter solstice 동지

> example

When you're down and troubled,
and you need some loving care,
and nothing, nothing is going right,
close your eyes and think of me,
and soon I will be there
to brighten up even your darkest nights.
You just call out my name,
and you know wherever I am,
I'll **come** running, to see you again.   [Carole King, 'You've Got a Friend' (1971 song)]

네가 풀이 죽고 고통스러울 때, 네가 사랑스런 돌봄이 필요할 때, 그리고 아무것도 아무것도 제대로 되고 있지 않을 때, 눈을 감고 날 생각해, 그럼 너의 가장 어두운 밤이라 할지라도 환히 밝히러 내가 그곳에 (함께) 있을게.
내 이름을 불러만 줘, 그럼 내가 어디 있든 널 다시 만나러 내가 (네게) 달려 갈 거라는 걸 넌 알지.

342 yesterday = 미래: 당장, 바로

Yesterday
어제 = 당장

Yesterday는 '어제'라는 (또는 비유적으로 비교적 근래의 과거(에/의) 라는) 의미의 명사나 부사 또는 형용사로 쓰인다. 그러나 여기서의 yesterday는 아직 세계의 영어 사전에 올라오지 않았지만, 지난 한 세대에 부쩍 사용 빈도가 증가한 의미로 마치 '어제였으면, 어제 그랬으면 좋았을텐데, 이미 늦은 감이 있다'라는 어감을 함축하면서, 미래의 사건이나 행위에 관해 **최대한 빨리, 당장, 바로** (as soon/quickly as you can, right away)라는 의미로 구어체에서 쓰인다. 이 경우에서도 Theresa가 Garret에게 올 수 있는 한 빨리, 지금 당장에라도 오라는 뜻이다.

> example

Parent: I'd like to sign up my boy for your football team. When can I turn in the application and the registration fee?
Coach: **Yesterday**. The team's almost full now. Please do so either today or tomorrow.

학부모: 제 아들애를 당신의 풋볼 팀에 등록시키고 싶은데요. 신청서와 등록비를 언제 낼 수 있죠?
코치: 어제요 (최대한 급히요). 팀이 이제 거의 다 찼거든요. 오늘이나 내일 중으로 그렇게 해 주세요.

sign up (someone)/ sign (someone) up: …를 등록시키다; register/enroll   **turn in**: (…를) 제출하다; submit   **application (form)** 명 신청서, 지원서 < apply 동 …를 신청하다, …에 지원하다, 응용/적용하다, 적용되다   **registration fee**: 등록비

Scene

Theresa   Tomorrow night Jason has a sleepover at a friend's house, ③④③ so …
Garret   ③④④ Meaning what?
Theresa   ③④⑤ Shut up. (Both chuckle.) Oh, Garret, ③④⑥ I know this ③④⑦ isn't very romantic.
Garret   What?
Theresa   This is my life.
Garret   No. ③④⑧ This is … It's nice. It's nice.
Theresa   I ③④⑨ just want you to know me – ③④⑨ just ③⑤⓪ the day-to-day, regular me. I'm ③⑤① glad you're here.
Garret   I'm ③⑤① glad I'm here, too.

[*Message in a Bottle* (1999 film)]

Words & Phrases

- **sleepover** 명 다른 사람의 집에서 잠을 자는 것 (특히 어린이가 친구 집에 놀러 가서 자는 것) 또는 그러는 사람 < sleep + over (A지점에서 B지점으로 건너간/온 모양을 나타내는 부사)
- **mean** 타동 의미하다
- **want you to know me**: want + 목적어 + to-부정사: 목적어가 …하기를 바라다
- **day-to-day** 형 매일 일어나는; 일상적인; 하루하루의
- **regular** 형 규칙적인; 정규적인; 일상적인; 보통 때의
- **glad** 형 기쁜, 행복한

> **장면** • • • •
>
> North Carolina에서 짧은 사랑을 나눈 후 각자의 일상에 몰두하면서도 가슴 속에 그리워하던 두 사람. 드디어 Garret이 Chicago로 날아와 Theresa의 집에서 재회한다. 한껏 오붓하고 낭만적인 시간을 바라는 두 사람 사이에 지금은 여덟 살 남짓한 Theresa의 아들 Jason이 함께 있어, Theresa가 지금 아기 엄마로서 낭만적 매력이 없는 자신과 분위기를 미안해 하며, 그러나 내일 밤에는 Jason이 친구의 집에 sleepover를 가고 집에 없을 것이니 그때 낭만적인 시간을 갖자고 귀띔한다. Garret은 아이가 친구 집에 sleepover를 간다는 것이 무슨 뜻이냐고 놀리는 유머를 보인다.

> **번역** • • • •
>
> Theresa   내일 밤 Jason이 친구네 집에서 sleepover가 있어요, 그러니 …
> Garret   (그게) 무슨 뜻 …?
> Theresa   입 다물어요. (두 사람 껄껄대고 웃는다.) 오, Garret, 이것 (내 집의 지금 환경이) 그다지 낭만적이지 않다는 거 나도 알아요.
> Garret   뭐가요?
> Theresa   이게 저의 사는 모습이예요 (저 이렇게 살아요).
> Garret   아니에요. 이건 … 멋있어요. 멋있어요.
> Theresa   단지 저를 매일 매일 살아가는 보통 때의 저를 알아 주시길 바래요. 와 주셔서 반가워요.
> Garret   저도 여기 오게 되어 기뻐요.

영어의 이해 with Dr. David

343   so = 논리적 연결 부사: 결론, 결과, 영향

…, **so** …

여기서의 **so**는 논리적 연결어로서 앞에 오는 진술을 이유, 근거, 전제, 가정 등으로 한 **결론, 결과, 영향** 등을 나타내는 진술을 이끈다. '…하/이니, 그래서, 그러니(까), 결론적으로, 결과적으로' ((and) therefore; (and) thus; with the result that-절; as a/the result or conclusion) 등으로 번역될 수 있다. 여기서는 문맥상 so 뒤에 let's put off our romantic time together until tomorrow night 또는 why don't we put off our romantic time together until tomorrow night? (내일 밤까지 우리가 함께 할 낭만적인 시간을 미뤄요)라는 표현이 생략되어 있다. [➡ (328) (526)]

> **example**   It was Hallowe'en and Sylvie wanted to make a Pumpkin Moonshine, **so** she put on her bonnet and started out for the cornfield.

[Tasha Tudor(1915-2008), *Pumpkin Moonshine*(1938), Tudor의 첫 작품이자 가장 성공적인 작품]
Halloween (10월 31일 저녁) 이었죠. Sylvie는 호박달빛이 하나 만들고 싶어서요. 그래서 보넷 모자를 쓰고 옥수수밭을 향해 나갔죠.

start out for … …를 향해 떠나다/출발하다

344 생략: 주어 + 술부 동사의 생략

(You're) meaning what?:

이 표현은 주어와 술부 동사인 You와 are가 문맥상 뚜렷하기 때문에 표현의 경제를 위해서 생략된 경우이다. 주어 또는 주어 + 술부 동사는 문어체에서는 거의 생략되는 경우가 없으나, 이렇게 일상적인 또는 비격식체적 구어체나 읽는 이에게 말하는 듯한 문체로 쓰는 글에서는 문맥상 뚜렷하거나, 말하는 이와 듣는 이 사이에 암묵적 이해가 있거나 가능한 경우 이렇게 생략되는 경우들이 있다.
[➡ (144) (227) (297) (326)]

이 표현은 앞에서 Theresa가 아들 Jason이 내일 밤에 친구네 집에 sleepover를 간다고 하는 말의 다른 뜻, 즉 그때 우리 둘만의 오붓한 시간을 갖자는 뜻을 Garret이 모르는 척하고 능청을 부리며 놀리는 (tease하는) 표현이다.

example Bob Dylan, a rock-'n'-roll American kid who first heard Woody Guthrie while enrolled for a few months at the University of Minnesota, took up folk. Got a ride to New York. Settled in Greenwich Village. Took any gig he could get. Within two years – tops – turned folk inside out.

… while (he was) enrolled … (He) Got a ride to New York. (He) Settled in Greenwich Village. (He) Took any gig he could get. Within two years – tops – (he) turned folk inside out. 비록 활자화되어 있지만, 상당히 격이 없고 친근한 어감을 주는 구어체적인 스타일로 문맥상 분명한 주어가 생략되어 있다. 격식체의 글에서는 주어를 생략하지 않는다.

Minnesota 대학교에 몇 달 간 등록되어 있던 중, 처음으로 Woody Guthrie 음악을 들었던 rock-'n'-roll 세대의 미국 아이 Bob Dylan은 포크 음악을 택하였다 (추구하기 시작했다). 그리고는 New York으로 가는 차편을 얻어 타고 Greenwich Village에 자리를 잡고, 연주할 기회가 있으면 어떤 것이든 있는 대로 잡았다. 그리고는 2년 이내에 – 그것도 최대로 잡아서 – 포크 음악을 완전히 뒤바꿔 놓았다.

enroll 타동 등록하다 **take up** (진지하게 추구하기 위해) 택하다; pick up, adopt, choose, or accept seriously **folk** (fōk) 명 folk music: (흔히 기원이 뚜렷하지 않지만 한 사회나 지역에서 오랜 전통을 가진) 대중 또는 서민적 음악 **get a ride to New York** New York시까지 차편을 얻어 타다, 얻어 타고 가다 **settle** (set´l) 자동 정착하다 **gig** 명 (특히 음악 연주자

나 연예인의) 일시적으로 연주하거나 공연하는 job
(He) took any gig (that) he could get. 관계대명사 that이 관계사절 안의 타동사 (여기서는 get)의 목적어일 때 생략될 수 있는 경우이다.
within two years 여기서 within + 기간의 형태로 여기서 within은 그 기간 이내에라는 범위의 안쪽을 뜻한다.
tops 부 최대(한으)로; at most; at the maximum; at the outside. 주목: 주로 '**수량사, tops**'의 형태로 쓰인다. Bob Dylan turned folk music inside out within two years, tops.
turn (something) inside out: to change (something) thoroughly and fundamentally; revolutionize (something): ...를 완전히 뒤바꿔놓다; ...를 혁명적으로 변화시키다.

해설 ▶ 미국 현대 포크 음악의 영원한 청년 아이콘 (icon)인 Bob Dylan에 관한 이야기이다. 비록 글로 쓰여진 표현들이지만, 대단히 비공식적 그리고 구어체적 표현들이다 (특히 Got a ride ...로부터 예문 끝까지).

Woodrow Wilson "Woody" Guthrie (1912-1967): 정치적으로 진보적인 민중/서민의 권리를 옹호하며 정부와 권력에 항의하는 protest songs을 만들고 부른 미국의 folk/country singer-songwriter

[사진] 1963년 8월 28일 Washington, D.C.에서 열린 흑인 민권운동을 위한 대집회인 the March on Washington에서 노래하고 있는 **Bob Dylan**.
사진 제공: the U.S. National Archives

문화배경

Bob Dylan (1941-): 포크 음악 singer-songwriter (본명: Robert Allan Zimmerman): Minnesota 주 북부의 Duluth 출신으로, 1960년대에 New York 시에서 청년기를 맞으며 blues, country, rock, jazz, swing, 그리고 포크 음악의 전통을 혼합하여 서정시적이면서도 정치·사회적 비평을 담은 독특한 포크 음악의 세계를 구축하여, 1960년대의 청년문화 (**youth culture**)와 반전·반체제 운동(the protest movement)의 상징적 icon이 됨. 그의 **"Blowin' in the Wind"** (1963)는 1960년대의 민권운동과 반전·반체제 운동의 대표곡

345 Shut up.: 사용 가능한 상황과 유사한 표현들

Shut up.

Garret이 자기 말의 속뜻을 충분히 간파하고도 자기를 쑥스럽게 놀리려고 (tease하려고) 함을 알고 있는 Theresa가 놀리면 못쓴다는 정도의 어감으로 한방 날리는 모습이다. '말하는 것을 중단하다, 조용히 하다'라는 뜻인 Be/Keep quiet/silent (, please). 또는 Stop talking (, please).에 비해 Shut up.은 입을 다물라는 상당히 무례하고 거친 표현으로, 각별히 불쾌하거나 화가 나지 않는 한 공식적인 상황이나 점잖은 자리에서 또는 정중해야 할 사이에서는 사용하지 않는 것이 좋다.

그러나 여기서는 예외적인 상황으로 Theresa는 이것이 보통은 무례한 표현임을 알면서도 이제는 격의 없는 친근함 (intimacy)을 나타내지 위해 사용한 것이다.

Shut up.과 유사한 비격식체적 표현들:
Keep your mouth (또는 **trap, yap**) **shut**. (trap과 yap은 입 (mouth)의 속어); **Pipe down.** (소리를 낮춰 죽이라는 뜻); **Shut your mouth** (또는 **trap, yap, face**); **Button up./Button your lip.** (입술에 버튼을 달아 잠그듯 하는 의미); **Clam up.** (대합 조개가 단단히 닫혀 있듯이 입을 꽉 다물라는 뜻); **Ring off.** (특히 영국 속어. 원래 전화 대화를 끊으라고 하는 표현으로부터); **Hang up.** (전화를 끊듯이 입다물라는 뜻); **Sign off.** (비공식체, 서명을 하고 물러나거나 방송국이 하루의 방송을 모두 마치듯이 이제 조용히 입다물라는 뜻); **Stow the talk/gab/it.** (stow는 흔히 옆으로 치워 놓거나 빼놓는다는 뜻인데, 이 경우에는 stop을 뜻하는 속어); **Zip your lip/mouth.** (입술이나 입에 지퍼를 달아 닫으라는 뜻); **Bottle** (또는 **Can, Cork**) **it.** (병에 담아 막거나 깡통에 담아 막거나 코르크로 막다는 뜻)

346 타동사 + (that)-절 (= 목적어)

I know (that) this isn't very romantic.
이 모습/분위기 그다지 낭만적이지 않다는 걸 알아요

타동사 + (that)-절 (= 목적어)의 구조로 여기서 This isn't very romantic.은 앞에 오는 타동사인 know (...를 알(고 있)다)의 목적어로 무엇을 know하는 가를 설명해 주는 명사절인데, 이 명사절을 이끄는 접속사인 that이 일상적인 구어체에서 아주 빈번히, 그리고 일상적인 그리고 비공식체적인 문어체에서도 자주 생략되는 경우이다. [➡ (199) (265) (310) (557) (568)]

347 부분 부정 = 완전/상당 부정

This isn't very **romantic.**
이 모습/분위기 그다지 낭만적이진 않죠.
= 이 모습/분위기 아주/전혀 낭만적이지 않죠.

이 구문은 형태로 보아 전체어 (예: all, every, always, wholly, altogether)나 강조어 (예: very, too, quite, extremely, terribly, really) 앞에 부정어가 놓여, 대부분 또는 상당한 부분을 인정하면서도 일부는 그렇지 않음을 (일부는 부정됨을) 강조하는 소위 부분 부정의 구문이다.
그러나 여기서의 부분 부정의 어법은 한국인의 영어교육에서 전혀 가르치지 않는 부분 부정의 한 **변종**인 어법으로, 말하는 또는 글 쓰는 이가 실제로 뜻하는 바는 보통의 부분 부정과 반대되게 일부는 인정하면서도 **대부분** 또는 **상당한** 부분은 **부정**하는 (때로는 **사실상** **완전 부정에 가까운**) 어법이다.

이 어법은 실은 상당한 부정을 강조하거나 거의 완전에 가까운 부정을 표현하면서도 부분 부정의 형태를 빌어 부드럽게 표현함으로써, 흔히 듣는 또는 읽는 이의 또는 화제의 인물의 입장, 견해, 기대 따위를 **배려**하거나 (예를 들어 바로 비난하거나 무시하거나 언짢게 하지 않기 위해) 자신의 입장이나 견해를 **신중**하거나 **예의** 있게 표현하는 일종의 **완곡 어법**으로 **구어체**에서 제법 자주 쓰인다.

그러나 직접적이고 명료한 표현을 선호하는 언어적 취향을 가진 원어민들 중에는 이러한 표현 스타일을 별로 좋아하지 않는 사람들이 있다. 그리고 듣는 이가 이 어법을 실제의 상황에서 제대로 이해하기 위해서는 이야기가 전개되는 문맥과 상황에 관한 그리고 화제에 관한 충분한 이해가 있어야 한다. 이 문장의 경우, 어린 아이가 있어 집안도 좀 너저분하고 아이가 자주 엄마를 찾는 이 분위기가 실은 거의 전혀 낭만적이지 않다는 점을 인정하는데, 아주 낭만적이지는 않다는 부분 부정의 형태를 빌어 표현한 것이다. [➡ (515)]

example

Andrew (to Sam): I'm Jewish, but I'm **not really** Jewish. I don't do anything Jewish. I don't go to temple. [*Garden State* (2004 film)]

Andrew (Sam에게): 전 유대인인데 정말로는 유대인이 아녜요. 저 유대인적인 어떤 것도 하지 않아요. (유대인들의) 회당에도 안가요.

어법 + 문화 설명

Sam과의 첫 데이트에서 Andrew가 자기의 종교적 배경을 설명하고 있는 이 장면에서 Sam은 "I'm not really Jewish.", 즉 '나는 (상당히 또는 제법 유대적이기는 하지만) 정말로는, 아주 대단히는 유대인이 아니다'라는 부분 부정의 형태를 사용하고 있다. 그러나 이 표현은 나는 (어머니의 혈통을 따르는 유대교상) 혈통만 유대인이지 실제로는 유대교의 전통이나 관습을 따르지 않을 뿐만 아니라, 회당 (temple; synagogue)에도 다니지 않는, 유대인이 아닌 사람과 실제로는 별 차이가 없음을 부분 부정의 형태를 빌어 완곡하게 표현하는 것이다.

example If I live in the suburbs, and I go to good schools, and I get a good job, and I eat at nice restaurants, it becomes very difficult for me to relate to the Mexican immigrant who's cleaning up my table at the restaurant. And even though we may have the same last name, we may even both speak a little Spanish, but there are enormous class differences. A rich Latino and a poor Latino do**n't necessarily** see the world the same way.

내가 교외에 살고 좋은 학교에 다니고 좋은 직업을 갖고 있고 훌륭한 식당에서 식사를 하면, 나로서는 (내가 식사하는) 그 식당에서 나의 테이블을 정리하는 (닦는) 멕시코 이민자에게 가깝게 느끼기가 매우 어렵게 된다. 비록 우리가 같은 성을 갖고 약간의 스페인어도 할 수 있다 해도 (우리 사이에는) 엄청난 계층 격차가 있다. 부유한 Latino (중남미계의 사람)와 가난한 Latino가 반드시 세상을 같은 식으로 보지 않는다 (아주 달리 본다는 뜻).

suburb 명 교외. 주로 the suburbs (the + 복수형)으로 사용된다. 교외 지역에 살다: live in the suburbs **relate to ...**: 가깝게 느끼다, 공감하다; empathize with ...; feel the same way as ... **enormous** 형 엄청난, 큰 **class difference** 계층 차이

설명 부정어 (not)가 전체어 (necessarily) 앞에 오는 형태상으로는 전형적인 부분 부정의 표현이다. 그러나 이 표현의 의미를 전형적인 부분 부정으로 보고 '부유한 Latino와 가난한 Latino는 상당히 (또는 대부분 또는 제법) 세상을 같은 식으로 보지만, 반드시 (꼭 또는 언제나) 같은 식으로 보는 것은 아니다'로 이해하면 이 말을 한 사람이 표현하고자 한 의미를 전혀 이해할 수 없게 된다. 이 표현을 사용하여 이 말을 한 사람이 뜻하는 바는 '부유한 Latino와 가난한 Latino는 (같은 Latino이면서도, 심지어는 같은 성을 갖고 두 사람 다 약간의 스페인어를 할 줄 안다 해도) 세상을 거의 또는 사실상 다르게 본다'는 뜻이다.
즉 이 말을 한 이는 이 **부분 부정**의 표현을 통해, 실은 see the world the same way (세상을 같은 식으로 보는 것)를 상당한 정도 또는 **거의 완전한 정도로 부정**하고 있다. 단지 이 부분 부정의 표현을 사용하여 자기의 (듣는 사람이나 많은 사람들의 상식적 이해를 넘어서는) 주장을 **부드럽고 완곡하**게 전하고자 하는 것이다.

348 this ... it

This is ... **It**'s nice. **It**'s nice.

Cross-reference
비교: that + it: ➡ (119)
비교: these + they: ➡ (451)

여기서 this와 it은 이 상황, 즉 당신이 낭만적이지 못하다고 미안해하고 부끄러워하는 당신의 이 모습, 이런 삶 또는 분위기를 뜻한다. 여기서의 it은 앞에 오는 대명사 this를 받는 것으로, 영어에서는 이렇게 현재 진행 중이거나 가까이에 있는 사건이나 사물을 처음에는 일단 **this**로 받은 뒤에 그 이후부터는 **it** 으로 받는 경향이 현저하다. [➡ (13) (48) (566)]

언급의 대상물/사건이 그렇게 직접적이거나 가깝지 않은 경우에는 대명사 **that**을 먼저 사용한 뒤에 그 다음부터 *it*으로 받는 경향도 있다. 복수형인 경우 일단 these 또는 those로 받은 뒤에 그 이후부터는 they로 받는 경향이 있다.

example I have recently "come out" to my family as a transsexual, at 26. Some members of my family support me. However, my father and grandparents are staunchly against **this**. They say they will not accept **it** because they cannot admit that God makes mistakes.

저는 최근에 나이 26세에 성전환자로서 저의 가족에게 "나왔습니다." 저의 가족의 몇 사람은 저를 지지해 줍니다. 그러나 저의 아버지와 할아버지는 철두철미 이에 (제가 성전환자로 "나온" 것에) 반대합니다. 그분들은 하느님이 실수하신다는 것을 인정할 수 없기 때문에 그걸 용납할 수 없다고 말씀하십니다.

come out (of the closet) 세상에 자신의 정체성 (identity)을 드러내다　**transsexual** 명 성전환자　**staunchly** 부 확고하게, 절대 충실하게; firmly; steadfastly; strongly **against ...** 전치 ...에 반대하는; opposed to ...　**admit + (that)-**절: ...라는 것/점을 인정하다

설명 미국의 한 성전환자의 고뇌에 찬 이야기이다. 여기서의 "come out"이라는 표현은 원래 마치 벽장 속에서 숨어 살듯이 자기의 성적 기질/경향 (sexual orientation)을 감추고 살다가 새로운 결단으로 세상에 그것을 밝히고 나오는 것을 '그 벽장 안으로부터 밖으로 나오다' (come out of the closet)라고 표현하는 것.

349　just = 강조의 부사

I **just** want you to know – **just** the day-to-day, regular me.
이 바로 하루하루를 살아가는 일상적인 저를 알아주시길 바래요.

여기서의 just는 '딱, 꼭, 바로, 정말, 확실히, 정확히/분명히 말하자면 (only, precisely, exactly, right, really, positively, certainly, absolutely)'라는 뜻의 강조의 부사이다. [➡ (159) (383) (495)]

example My parents always seemed smug and complacent, sitting out on the patio and watching the flames in the barbecue grill. Now I think maybe they were **just** happy about everything in their lives.

나의 부모님은 패티오에 나가 앉아 바비큐 화로 안의 불길들을 바라보시면서 항상 느긋하고 만족스러운 듯하셨다. 지금 내가 생각하기에는 당신들의 삶의 모든 것에 관해서 어쩌면 정말 행복하셨던 것 같다.

smug 형 (스스로의 우월성, 도덕성, 올바름 등에 관해) 우쭐해하는　**complacent** 형 (스스로에게) 만족해 하는, 자기 만족적인　**patio** (´pæt·i·ˌou) 집 뒤편에 있는 흔히 포장되어 있거나 바닥이 나무로 짜여 있거나 낮은 울타리가 있는 휴식을 위한 곳. 흔히 가족이나 사람들이 모여 쉬기 편한 간편한 테이블과 의자들과 바비큐 그릴이 있다.　**flame** 명 불길

설명 여기서 the patio, the flames in the barbecue grill에서 the는 말하는 이와 듣는 이 또는 글 쓴 이와 글을 읽는 이 간에 미국인이라면 대부분의 사람들이 아는, 집 뒷문 쪽에 연결되어 있는 patio (또는 deck)와 그 안에 있는 barbecue grill과 거기에서 타오르고 있는 flames (불길)이 무엇인지, 또 어떤 의미가 있는지를 앞에 언급하지 않아도 서로가 문화적으로 공유하고 이해하고 있음을 나타낸다.

350 the + 수식어 + 대명사: 대명사 = 명사

the day-to-day, regular me
매일 매일의 보통의 나, 하루 하루 살아가는 나의 보통의 모습

특별한 예외적인 (특별히 명사로 쓰이는) 경우가 아니고서는 대명사는 그 앞에 관사를 취하거나 복수형으로 사용하지 않는다. 그러나 여기서 me는 정관사 the에 의해 이끌리며 형용사의 수식을 받는 명사로 쓰여 있다. 이 어법이 뜻하는 바는 나 (me)에게 여러 가지 모습의 내가 (나들이) 있는데, 그 중에도 구체적으로 하루하루 살아가는 보통 때의 나의 모습을 가리키기 때문에 특정화하는 기능을 하는 정관사 the를 앞에 취한 것이다.
만일 나의 보통의 모습들이 여러 가지가 있어서 이것이 그런 보통 모습인 나들 중의 하나라는 뉘앙스를 전하려면, 앞에 어떤 막연한 또는 하나라는 수 개념을 함축하는 부정관사 a를 써서 This is a day-to-day, regular me. 라고 표현하면 된다.

example There are many cartoons and jokes about middle-aged men buying motorcycles and contemplating the meaning of life? Perhaps I'll buy a boat and go looking for **the** real **me**.
중년 남자들이 모터싸이클을 사고 인생의 의미를 성찰하는 것에 관한 많은 만화와 농담이 있다. 나는 어쩜 보트를 한 대 사서 진짜인 나를 찾으러 나서야겠다.

contemplate 타동 심사숙고하다

Gus: You got someone?
Harry: Two **somebodies**. That's my problem. [*Mr. Wonderful* (1993 film)]

Gus: 누가 (사랑하는 사람이) 있나봐?
Harry: 두 명의 누군가야. 그게 내 문제거리야.

장면 도로 공사나 건축 현장에서 일하는 전기 기술자인 Gus가 점심으로 치즈버거를 먹고 있는 동료 기술자인 Harry에게 애인이 있는지 물어본다.

example It's February, so love is in the air. Everyone seems to be whispering sweet **nothings** and sharing sweet **somethings**.

2월이다. 그러니 사랑이 공중에 돌고 있다 (사랑의 분위기가 도처에 가득하다). 모든 사람이 달콤한 그러나 헛된 사랑의 말들을 속삭이고 달콤한 무엇들인가를 나누고 있는 듯하다.

sweet nothings 듣기에 달콤하지만 부질없는 사랑의 약속들이나 속삭임들
sweet somethings 사탕, 쵸콜렛, 케익 등 달콤한 것들

주목 여기서 sweet nothings와 sweet somethings에서 보듯이 국내의 영어교육에서 형용사는 대명사를 수식할 때 반드시 대명사 뒤에 위치해야 한다는 교육은 확률적으로는 대부분 그렇지만 절대적인 원칙은 아님에 주의해야 한다.

351 형용사 + (that)-절 (= 부사절 = 감정의 이유)

I'm **glad (that) you're here**.
여기 와 주시니 기쁘네요.
I'm **glad (that) I'm here**, too.
저 역시 여기 오니 기뻐요.

Cross-reference
비교:
➡ (50)

감정을 나타내는 형용사 뒤에 그 감정의 이유나 근거를 설명하는 절 (부사절)을 이끄는 접속사 that이 생략된 경우이다. 이 생략 현상은 비공체적 구어체에서는 빈번히 일어나며 일상적인 문어체에서도 상당히 자주 일어난다. 이렇게 감정의 이유나 근거를 나타내는 that-절을 취할 수 있으며, 또, that의 생략을 허용할 수 있는 감정의 형용사들의 대표적인 예들:
[➡ (261)]

angry (화난), **anxious** (조바심 나는, ...이길 크게 바라는), **eager** (...이길 크게 바라는), **glad** (기쁜), **guilty** (죄스러운), **happy** (행복한, 기쁜), **lucky** (운 좋은), **proud** (자랑스러운), **sad** (슬픈), **sorry** (미안한, 안된, 유감인), **unhappy** (행복하지 않은, 기쁘지 않은).

example Most adults are **angry that** tobacco manufacturers lure young smokers.
대부분의 어른들은 담배 회사들이 젊은 (어린) 흡연가들을 유혹한다고 화가 나 있다.

adult 명 성인; grownup   **tobacco** 명 담배   **manufacturer** 명 제조사, 제조하는 사람
lure 타동 유혹하다

Scene

Dear Catherine,

My life began when I found you, and I thought it ③⑤② had ended when I failed to save you. I thought that ③⑤③ holding on to your memory was keeping us both ③⑤④ alive. But I was wrong.

A woman ③⑤⑤ named Theresa ③⑤⑥ showed me that if I was ③⑤⑦ brave enough to open my heart, I could love again, ③⑤⑧ no matter how terrible my grief. She made me realize I was only half alive. It scared me, and it hurt. And I ③⑤⑨ didn't know ③⑥⓪ how much I needed her until ③⑥① the night I ③⑥② watched her fly away. When that airplane took off, I ③⑥② felt something ③⑥③ inside of me tear away. And I knew I ③⑥④ should have stopped her, I ③⑥④ should have followed her home.

And now, tomorrow, ③⑥⑤ I'm going to sail to the Windy Point, and ③⑥⑤ I'm going to say good-bye to you. ③⑥⑥ Then ③⑥⑤ I'm going to go to this woman and see ③⑥⑦ if I can win her heart. If I can, I know you'll bless me and bless us all. If I can't, ③⑥⑧ then I'm still blessed because ③⑥⑨ I've had ③⑦⓪ the privilege of loving twice in my life. She gave me that. If I tell you I love her ③⑦① as much as I loved you, ③⑥⑧ then ③⑦② you'll know the whole story.

③⑦③ Rest in peace, my love.

Garret.

[*Message in a Bottle* (1999 film)]

Words & Phrases

- **fail** 타동 ...에 실패하다. fail + to-부정사: ...하는데 실패하다, ...하지 못하다
- **save** 타동 구하다
- **hold on to ...** (...를 놓치지 않으려고) 붙잡다, 고수하다
- **wrong** 형 옳지 않은, 틀린, 잘못된
- **brave** 형 용감한
- **terrible** (ter´·ə·bəl) 형. 극히 나쁘거나 심한
- **grief** 명 슬픔
- **realize** 타동 깨닫다, 인식하다
- **scare** 타동 겁나게 하다
- **hurt** 자동 아프다, 고통을 받다. 여기서는 hurt의 과거형
- **take off** (비행기가) 이륙하다, 뜨다
- **tear** (tɛər) 자동 찢기다. 눈물을 뜻하는 tear (tēr)과 철자는 같으나 발음이 다름에 유의. tear away: 찢겨/떨어져 나가다
- **win** 타동 이기다, 획득하다
- **bless** 타동 축복하다
- **privilege** 명 특권
- **rest** 자동 쉬다, 휴식하다
- **peace** 명 평화

장면

Chicago에서 Theresa와 재회를 가진 후 Garret은 North Carolina의 집으로 내려와 자기가 직접 만든 돛단배를 시험 항해하는 준비를 하는 한편, 그토록 애절하게 사랑하던 아내 Catherine과 과거의 삶을 가슴에 묻어 두고 Theresa와의 미래와 희망을 추구하는 삶을 받아들일 극적인 결심을 한다.

Garret은 Catherine에게 약속했던 그리고 자기의 오랜 꿈이었던 배를 the Catherine이라 이름 붙이고 시험 항해를 떠나기 전날, Catherine에게 작별 인사를 하는 메시지를 타자로 쳐 병에 넣어 다음날 시험 항해 중에 배가 the Windy Point (땅이 연안에서 뾰족하게 바다 안쪽으로 빠져 나와 바람이 많이 부는 곳) 가까이 도달하면 대서양의 바닷물에 던질 계획이었던 이 메시지는, Garret이 시험 항해 중에 극도로 격렬한 폭풍우를 만나게 되고, 그 와중에 배가 난파하여 표류 중인 한 3인의 가족을 구하러 바다로 뛰어들었다가 사정없이 몰아치는 파도 속에 묻히고 만다.

폭풍우가 가라앉은 후, Garret의 비옷 주머니 안에서 발견된 이 병에 든 메시지를 이 비극적인 소식을 전해 들은 Theresa가 Garret의 집으로 내려와 Garret의 아버지 Dodge로부터 건네 받고 읽으면서, 크고 깊은 영혼의 진통 끝에 자기를 사랑하기로 결심했던 Garret을 생각하면서 가슴이 찢어지듯 흐느껴 운다.

번 역

사랑하는 Catherine,
내 인생은 당신을 발견했을 때 시작했으며 내가 당신을 구하는데 실패했을 때 끝났다고 생각했어요. 난 당신의 추억을 붙잡고 있는 것이 우리 두 사람을 살아있게 하고 있다고 생각했어요. 그러나 내 생각은 옳지 않았어요. Theresa라는 이름의 한 여자가 나에게 내가 용감하게 내 마음을 연다면 내 슬픔이 아무리 심하다 하더라도 나는 다시 사랑할 수 있다는 것을 내게 보여줬어요. 그녀는 내가 오직 반만 살아 있었다는 것을 깨닫게 해 주었어요. 그것이 나를 겁나게 했고 그것은 고통스러웠어요. 그리고 나는 그녀가 비행기를 타고 떠나는 것을 바라보던 그날 밤에서야 비로소 내가 그녀를 얼마나 필요로 하는지를 알았어요. 그 비행기가 이륙했을 때 나는 내 안의 무엇인가가 찢겨 나가는 것을 느꼈어요. 그리고 난 그녀를 붙잡았어야 했다는 것을, 그녀를 집까지 따라갔어야 했다는 것을 알았어요.
그리고 이제, 내일, 난 the Windy Point로 항해를 가서 당신에게 작별 인사를 할 거예요. 그리고서는 이 여자분한테 가서 내가 그녀의 마음을 얻을 수 있을지 보겠어요. 그럴 수 있다면 당신은 나와 우리 모두를 축복해 줄 것을 나는 알아요. 그럴 수 없다면 난 그래도 축복받은 거예요. 왜냐하면 난 내 인생에 두 번 사랑할 특권을 가졌더랬으니까요. 그녀가 나에게 그 특권을 주었어요. 내가 당신을 사랑한 만큼 그녀를 사랑한다고 당신에게 말한다면, 그러면 당신은 그 모든 이야기를 이해할 거예요.
나의 사랑, 고이 쉬어요.
Garret.

영어의 이해 with Dr. David

352 과거완료 시제 = 완료: 과거의 기준 시점보다 앞서 완료된 과거 행위/사건

It (= My life) had ended when I failed to save you.
내가 당신을 구하는데 실패했을 때 나의 인생은 (이미) 끝났다.

여기서 주어인 It을 설명하는 술부동사의 시제가 과거완료 (had + 과거분사)로 되어 있는 것은 It (= 나의 인생)이 끝난 것이 과거이며 (ended), 내가 당신을 구하는데 실패한 것 또한 과거인데 (failed to save you), 내가 당신을 구하는데 실패한 과거 시점을 기준으로 보면 나의 인생은 이미 끝났다, 내 인생이 끝나는 것이 그때 완료되어 있었음을 나타낸다. 이렇게 **두 과거 사건**을 묘사할 때에 그 두 사건의 발생 시점의 **선후관계**를 나타낼 필요가 있을 때, **앞선 과거** 시점의 사건을 **과거완료** 시제를 사용하여 표현한다. 여기서는 한 과거 시점을 기준으로 보아 다른 과거의 사건이 그 앞에 이미 또는 막 완료되어 있음을 나타내는 어법이다.

example **When the fever of the gold rush ended in the late 1850s, more than**

600,000 people **had** rac**ed** to California from around the world.
1850년대 말에 the gold rush의 금을 쫓는 열병이 끝났을 때는 60만 명의 사람들이 전세계로부터 캘리포니아로 앞을 다투어 (이미) 몰려들었다.

fever 명 열병. 여기서는 craze, mania, boom

▶ **설명** 여기서는 1850년대 말에 the gold rush의 열병이 끝난 과거 시점을 기준으로 보아 60만 명의 사람들이 캘리포니아로 몰려든 사건은 이미 완료가 되었음을 나타내기 위해, when-절의 과거 시제 (ended)보다 더 과거로 앞선 had raced라는 과거완료 시제가 사용되어 있다.

▶ **배경: 사회경제** 1848년에 미국 서부 California 주의 Sacramento 근처에서 금이 발견됨으로써, 1848-1850년대에 **the California Gold Rush**로 불리는 대규모의 서부 이주와 정착이 이루어졌으며 미국 사회와 역사에 근본적인 변화를 초래했다.

▶ **example** **At the close of the 19th century**, the United States **had become** the industrial powerhouse of the world.
19세기가 끝날 무렵에 미국은 세계의 산업 강국이 되었다.

close 명 end   **industrial** 명 산업의, 공업의 < **industry** 명 산업, 공업
powerhouse 명 superpower

▶ **설명** 여기서는 At the close of the 19th century가 과거의 기준 시점이며, 그 시점을 기준으로 볼 때 미국이 산업 강국이 된 시점은 그에 앞섬을 나타내기 위해 had become이라는 과거완료 시제가 사용되었다. 즉 19세기가 끝나는 시점에 미국은 이미 산업 강국이 되는 사건을 마쳤다, 이미 산업 강국이 되어 있었다는 뜻이다.

Exercise

한 Halloween costume party에 관한 다음의 표현들 중에서 밑줄 친 시제의 사용이 올바르지 못한 문장을 고르세요.

❶ When I arrived at the bar in my costume, the Halloween party already **started**.
❷ The Halloween costume party already **started** before I arrived at the bar.
❸ I **entered** the bar, **found** my friends, and **mingled** with them to enjoy the party.
❹ By midnight, most of the customers **had left**, but we stayed on and continued our party.

[사진] 한 costume party의 풍경: 아동들과 학동들만이 Halloween을 즐기는 것은 절대 아니다. 실은 아이들을 놀게 한다고 해서 어른들이 한 수 더 띄워 노는 분위기도 상당하다. 사실 돈도 일인당 어른들이 확실히 더 쓴다. 이 사진에서는 Wisconsin 주의 Middleton에서 1939년의 영화 The Wizard of Oz의 등장인물들의 의상을 입고 동심으로 돌아가고픈 어른 직장 동료들이 한 bar에서 열린 costume party에서 건배를 하고 담소를 나누고 있다. 사진: ⓒ 박우상 (Dr. David)

[정답과 해설]

해설 >>>

❶에서 I arrived at the bar가 과거의 사건인데 그보다 앞서 그 Halloween 파티가 이미 시작되었으므로, 즉 내가 도착한 것과 Halloween 파티가 시작된 것이 동시적 또는 연속적 사건이 아니라 파티의 시작이 이미 앞서서 이루어진 경우이기 때문에, 두 과거 사건의 시간의 선후관계를 명시하기 위해서 주절이 the Halloween party had already started라고 과거완료로 표현되어야 한다.

❷에서 I arrived at the bar.의 과거시점 (arrived)보다 더 앞선 과거시점에 The Halloween costume party had already started.라는 주절의 사건이 먼저 일어났음이 접속사 before에 의해서 드러나기 때문에, 주절이 과거완료 시제 (had started)의 역할을 반드시 필요로 하지 않는다. 이렇게 접속사 before, after, until, as soon as 등에 의해 주절과 종속절의 과거 시간의 선후관계가 뚜렷이 표현될 경우에, 과거완료 시제의 기능을 그 접속사가 하기 때문에 과거완료 시제 대신에 종종 과거 시제가 사용된다.

❸에서 세 개의 과거 사건이 발생 시간의 순서대로 배열되어 있는데, 이렇게 연속적으로 발생한 과거 사건들은 단순 과거 시제를 나열하여 표현한다.

❹에서 자정까지는 그 손님들의 대부분이 이미 떠나고 없었다 (..., most of the customers had left)는 사건이 우리가 계속 남아서 파티를 계속했다는 사건보다 전에 이미 완료되었음을 나타내므로, 앞의 문장 (엄격한 의미에서는 절)이 과거완료 시제로 올바로 표현되어 있다.

Message in a Bottle (병 속에 담긴 편지)

번역 >>>

❶ 내가 (Halloween) 복장을 하고 그 바에 도착했을 때 그 Halloween 파티는 이미 시작되었다.
❷ 그 Halloween 복장 파티는 내가 그 바에 도착하기 전에 이미 시작되었다.
❸ 나는 그 바에 들어가 내 친구들을 찾고 그 파티를 즐기기 위해 그들과 섞였다.
❹ 자정까지 손님들의 대부분은 떠났지만 우리는 계속 남아 우리의 파티를 계속했다.

정답: ❶

costume 명 (특정한 시대, 장소, 인물, 주제 등을 나타내는) 복장
Halloween 10월 31일 저녁-밤   **mingle** 자동 섞이다, 어울리다

353 -ing (동명사) = 주어

holding on to your memory
당신의 추억을 (놓치지 않으려고) 애써 붙들고 있는 것

동사의 동명사형 (-ing)의 기본적인 용법의 하나로 holding on to your memory는 holding on to your memory was keeping us both alive라는 절의 주어이다. 여기서 holding의 의미상의 주어는 주절의 주어인 I이며, 시제는 주절의 동사 (thought)의 시제나 뒤따르는 시제 (was)와 일치하는 과거 시제이다. (holding on to your memory ← I held on to your memory.)

example Do**ing** housework is simply part of men's lives now.
집안 일을 하는 것은 단적으로 이제 남자들의 삶의 한 부분이다.

example Com**ing** back home, meet**ing** old friends, see**ing** improvements to the city, patroniz**ing** home-town businesses, and hav**ing** fun, are the principal spirit of the annual homecoming.
집으로 돌아오는 것, 옛 친구들을 만나는 것, 도시의 발전적으로 변모된 모습들을 보는 것, 고향의 비지니스들을 후원하는 것 (고향의 가게들에서 물건을 사는 것), 그리고 재미있는 시간을 갖는 것이 연례 homecoming의 주된 정신이다.

improvement 명 개선/향상 (추상개념). an improvement (하나의 개선된 점/사항); improvement**s** (여러 개의/가지의 개선된 점들/사항들)
patronize 타동 (손님 또는 후원자 patron으로서) 지지하다, 물건 등을 사주다
principal 형 주된; main   **spirit** 명 정신

참고 많은 도시들과 타운들 그리고 거의 대부분의 대학교들과 고등학교들이 매년 (가장 흔히는 수확의 계절인 가을에) 옛 주민들이나 졸업생들이 돌아와 며칠간 가족 친지들, 친구들, 이웃들, 또는 선후배들과 함께 지내며 즐길 수 있는 homecoming 축제를 갖는다.

[사진] 미국 동북부의 Vermont 주의 작은 도시 Barre에서 7월의 한 주말에 벌어지는 **Homecoming Days**의 이벤트들 중에 주민들과 참가자들이 대형 화물트럭 (tractor-trailer, 바퀴가 18개 달려 있다는 뜻에서 일명 18-wheeler)을 어느 그룹이 빨리 끄는지를 겨루는 **truck pull** 경기를 즐기고 있다.
사진: ⓒ 박우상 (Dr. David)

[사진] 매년 10월에 열리는 The University of Wisconsin-Madison의 homecoming의 절정인 토요일의 **homecoming football** 경기 전날 저녁에 캠퍼스 주위에서 벌어지는 **homecoming parade**에 참가하고 있는 **marching band**와 **cheerleaders**. 날씨는 추워졌지만 Homecoming의 따스한 분위기 속에, 다음날의 경기에서 guest이자 rival인 상대방 팀을 박살 내자는 결의를 한껏 북돋는다.
사진: ⓒ 박우상 (Dr. David)

354 서술적/보어적 형용사들

alive

형용사로 '산, 살아 있는'이라는 의미인데, 같은 의미의 형용사인 live (līv)와 달리 명사를 앞에서 수식하지 못하고 주어나 목적어를 설명하는 소위 보어로만 쓰인다. 여기서 keep us both alive는 '우리 두 사람 다를 살아 있는 상태로 유지하다'라는 뜻이다. 이렇게 **보어적** (또는 **서술적**)으로만 쓰이는 형용사로는 **a-**로 시작하는 형용사들이 다수이며, 이 낱말들의 앞에 있는 a-는 원래 어떤 일을 하고 있거나 어떤 상태에 있음을 나타내는 전치사 **on** 또는 **in**을 뜻하는 접두어 (prefix)이다.
[예] asleep = in sleep (잠에 들어 있는 상태).

자주 사용되는 보어적/서술적 형용사들의 예는 다음과 같다:
abloom ((꽃이) 활짝 핀, **afoot** (걷고 있는, 진행 중인), **afraid** (두려워하는), **aghast** (두려움에 질린, 충격이나 놀라움에 압도된), **agog** (신나서 또는 호기심에 열중한), **ajar** ((문이) 살짝 열려 있는), **alike** (같은, 아주 유사한), **alive** (살아 있는), **alone** (혼자인), **apart** (떨어진), **asleep** (잠들어 있는), **awake** (깨어 있는), **aware** (알고 있는), **berserk** (격렬하게 놀라거나 제정신이 아닌, 벌컥 한), **content** (만족한), **gaga** (대단히 좋아하는, 푹 빠진, 뽕 간), **nuts** (미친, 너무도 좋아하는), **well** (건강한, 잘 지내고 있는)

[예] That'a <u>live</u> turtle. (저것은 살아 있는 거북이이다.) (X) alive turtle
[예] That turtle is <u>alive</u>. (저 거북이는 살아 있다.) (X) live

example (O) The public went **gaga** over the new movie.
사람들은 그 새로 나온 영화에 뽕 갔다.

---

be (상태)/go (변화) gaga over …: …에 열광하는, 뽕 간

(X) The gaga public really liked the new movie.

example Now a Latino cultural renaissance is **afoot**.
지금 라틴 (중남미)계의 문화적 부흥이 진행 중이다.

(X) an afoot cultural renaissance

---

afoot (ə·ˈfoot) 형 걷고 있는, on foot, walking; 진행 중인, in progress

---

[사진] 미국 Illinois 주 Rockford 시의 Fiesta Hispana 축제에서 시민들이 고대 Aztec 지역의 열정적이고 박력 있는 춤과 drumming을 즐기고 있다.
사진: ⓒ 박우상 (Dr. David)

[사진] 미국 Illinois 주 Rockford 시의 Fiesta Hispana 축제에서 푸에르토 리코 (Puerto Rico) 음악인들이 Puerto Rico의 nouva trova (new song) 풍의 노래들을 선보이고 있다.
사진: ⓒ 박우상 (Dr. David)

example Millions of teenagers and young men and women were **nuts** about Elvis.
수백만 명의 틴에이저들과 젊은 남녀들은 엘비스에 (미친 듯이) 뿅 갔다.

(X) nuts / **(O)** insane/ crazy/ frantic teenagers and young men and women
미친 (열광하는) 틴에이저들과 젊은 남녀들

[사진: 왼쪽] 1956년에 느닷없이 혜성처럼 나타나 바로 다음 해 1957년에 대중 음악의 최고의 스타덤에 오른 **Elvis Presley** (1935-77). 사진제공: the U.S. Library of Congress.

[사진: 오른쪽] 혜성처럼 등장해서 마이크 스탠드를 기울이고 흔들면서 엉덩이를 빙빙 돌리며 열정적으로 노래하는 Elvis의 음악과 몸동작에 환성을 지르는 젊은 여성 팬들의 모습. 당시의 보수적인 종교계과 일부 지방 정치계는 Elvis의 이러한 sensation을 "**Presleymania**" (Presley 광기) 라고 규탄했다. 사진자료제공: Graceland (Memphis, Tennessee)

example True to its nickname, the Rose City, Portland parks and yards are **abloom** in spring and summer.
장미의 도시라는 자기 별명에 걸맞게 (Oregon 주의) Portland 시의 공원들과 정원들은 봄과 여름에는 꽃이 만발한다.

주의 (X) abloom/ (O) blooming/ blossoming parks (꽃이 만발한 공원들)
[Portland 미국 서북부 Oregon 주의 대도시, 인구 약 65만]

[사진] 미국 북서부 Oregon 주의 Portland 시는 장미, 튤립, 벚꽃 등 온갖 꽃들과 공원, 정원, 연못들로 유명하다. 별명이 the Rose City인 이 도시의 봄 여름에는 온갖 꽃들과 자연을 만끽하는 시민들의 발걸음이 느긋하고도 분주하다. 사진에서는 시민들이 작은 나무 다리 위에 서서 일본식 정원과 연못을 바라보며 즐기고 있다. 사진제공: ⓒ DG Brown

355 명사 + (관계 대명사 (주격) + be) + 과거분사

A woman named Theresa
Theresa라는 이름의 한 여자가

명사를 뒤에서 과거분사 (또는 과거분사에 의해 이끌리는 구)가 수식하는 경우이다. 이것은 그 명사를 선행사로 하는 관계대명사 절에서 그 관계대명사가 주격이고 be + 과거분사의 수동태 구문이 따를 때, 그 주격 관계대명사와 be 동사가 생략될 수 있는 어법이다.
즉, '명사 + 과거분사 ➡ 명사 + (관계 대명사 (주격) + be) + 과거분사'로서 이 경우에는 A woman (**who is**) named Theresa에서 who is가 생략된 것이다. [➡ (20)]

example Protesters **opposed to globalization** often clash with the police.
[Protesters (**who**/**that are**) opposed ...]
국제화에 반대하는 항의자들은 종종 경찰과 충돌한다.

example German-American polka uses heavy downbeats **emphasized by a tuba**.
[... downbeats (**that**/**which are**) emphasized ...]
독일계 미국의 폴카 음악은 튜바에 의해 강조되는 무겁게 내리누르는 강한 박자를 사용한다.

[사진] 미국에서 독일계 인구의 비중이 가장 높은 Wisconsin 주의 La Crosse 시에서 독일 맥주를 마시고 독일 음식을 먹고 그리고 독일 음악 등을 즐기는 **Oktoberfest**가 벌어지고 있는 야외 beer garden에서 참가한 시민들이 **German polka** 밴드의 한 tuba 연주자의 연주를 듣고 있다. 사진: ⓒ 박우상 (Dr. David)

356 · 타동사 + 목적어 (사람) + (that)-절 (= 목적어, 명사절)

showed **me that I could love again**.
나에게 내가 다시 사랑할 수 있다는 것을 보여 주었다

'...에게 ...라는 것을 보여 주다, 입증하다'라는 표현으로 show + 목적어 (사람) + (that)-절 목적어의 구조를 사용하는 경우이다.

주의 ▶ 여기서 목적어 (사람)는 소위 간접목적어이기 때문에 그 앞에 '...에게'라는 한국어에 상응하는 방향의 전치사인 to를 사용하지 않는다. [➡ (15)]

주목 ▶ 이 동사들의 예:
admonish (훈계하다), **advise** (충고하다), **alert** (조심시키다), **assure** (확신/확약을 주다), **bet** (내기를 걸다), **convince** (납득시키다), **counsel** (조언하다), **grant** (인정하다), **inform** (알리다), **instruct** (지시하다), **kid** (농담으로 말하다), **notify** (통고하다), **persuade** (설득시키다), **promise** (약속하다), **reassure** (재차/거듭 확신/확약을 주다), **remind** (상기시키다), **show** (보여주다), **signal** (신호를 보내다), **teach** (가르치다), **tell** (말하다), **thank** (감사(를 표현)하다), **threaten** (위협/협박하다), **tip off** (귀뜸하다, 일러주다), **warn** (경고하다).

example I often ride my bicycle on shared pathways and **inform pedestrians that I am approaching from behind** by calling out, "Bicycle on your left!"
전 자전거를 종종 (보행자와 자전거를 타는 사람에 의해) 공유되는 길에서 타는데요 "왼쪽에 자전거(가 와요)!"라고 소리쳐 보행자들에게 뒤로부터 제가 다가오고 있음을 알려 줍니다.

shared pathway 보행자 (pedestrians)와 자전거 (bicycles, bikes)가 함께 사용하는 길
inform 타동 알려주다   **pedestrian** 명 보행자   **approach** 자동 접근하다
call out 외치다; shout

357 · (형용사/부사) + enough + to-부정사

brave enough to open my heart
내 마음을 열기에 충분히 용감한; 충분히 용감해서 내 마음을 여는/열 수 있는

형용사/부사 + enough+ to-부정사의 형태로 '...하기에/할만큼/할 정도로 (충분히) ...한/인'이라는 정도를 나타내는데 흔히 '충분히 ...해서/이어서 ...하다/할 수 있다'라는 결과로 해석될 수도 있다.

enough 앞에 흔히 형용사 또는 부사가 오는데 (주목: enough는 수식하는 형용사 또는 부사의 뒤에 위치한다), enough가 형용사로서 명사를 앞에서 수식하는 경우도 있으며 (이따금씩 명사를 뒤에서 수식하는 경우도 있다) enough 자신이 형용사 또는 부사 또는 대명사로서 홀로 쓰이는 경우도 있다.

> **example** Alaska is **big enough to cover** one-fifth of the forty-eight contiguous states.
>
> Alaska (ə·ˈlæs·kə) (알래스카)는 (아래에 있는) 48개의 인접한 주들의 5분의 1을 가릴 (수 있을) 만큼/정도로 (충분히) 크다.

contiguous 형 인접한, 가까운; bordering; adjacent; near

> **example** I am a 17-year-old high school graduate. My parents think that I'm not **mature enough to be** in love. I say I'm **old enough to make** my own decisions.
>
> 저는 17세의 고등학교 졸업생인데요. 저의 부모님은 제가 사랑하기에 충분히 성숙하지 않다고 생각하세요. 전 제 자신의 결정들을 내리기에 충분히 나이가 들었다고 말합니다.

graduate 명 졸업생   **mature** 형 성숙한, 원숙한
make my own decisions 내 결정들은 내가 직접 하다

> **example** People with a special love for food might have **reason enough to travel** to enjoy their favorite foods.
>
> 음식을 특별히 사랑하는 사람들은 자기들이 좋아하는 음식들을 즐기기 위해 여행까지 할 충분한 이유가 있을 수도 있다.

> **example** If Mr. is **enough to indicate** "male," then Ms. should be **enough to indicate** "female."
>
> Mr.가 남성을 가리키기에 충분하다면 Ms.도 (마찬가지로) 여성을 가리키기에 충분해야 한다.

indicate 타동 가리키다, 나타내다   **male** 명/형 남성(의/인)   **female** 명/형 여성(의/인)

> **설명** 왜 여성을 가리킬 때는 남성을 가리키는 Mr.의 경우와 달리, 결혼 여부에 초점을 맞추어 Miss와 Mrs.를 구분해 써야 하는지에 대한 반론이다.

358 however/no matter how + 부사절: 생략 현상

no matter how terrible my grief (**was/might be**)
나의 슬픔이 아무리 극심한 것이라 해도

구접속사인 no matter how를 영미의 어휘/사전 편집자들의 상당수는 부사로 분류한다. 그러나 (but, yet, still, nonetheless, nevertheless 등) 논리적 연결사로 쓰이는 however는 부사이지만 (no matter how는 이 용법으로는 쓰이지 않는다) 이 경우에서처럼 뒤에 주어 + 술부의 절을 취하는 경우에는 접속사로 보는 것이 타당하다. 여기서처럼 however 또는 그에 비해 보다 일상체적이고 구어체적인 no matter how에 의해 이끌리는 **양보의 부사절**에서는 (흔히 '...일/할지라도, 이라/하다 하더라도'라고 번역된다) 문맥이나 상황에 따라 뚜렷이 이해되는 부분이 생략될 수 있다.

한국의 영어 교육에서 가르치지 않는 어법이지만 이 절의 구조에서 이 **생략의 경향**이 현저하며, 이 절에서 가장 흔히 생략되는 요소는 주어 또는 주어 + (may) be 동사이다. 여기서는 이 절의 주어인 my grief에 따르는 be 동사인 was 또는 might be가 생략된 것이다 (이 절을 지배하는 주절의 시제가 과거임으로 이 be 동사 또한 과거로 일치해야 한다). [➡ (17)]

example For Americans, September 11 was most certainly the most tragic single day of our age. But, to put it in perspective, it was, **however devastating**, the only attack by a foreign element on U.S. soil in more than half a century.
[..., however devastating (<u>it was</u>), ...]
미국인들에게는 9/11은 가장 명백히 우리 시대의 가장 비극적인 하루였다. 그러나 그 사건을 큰 관점에서 표현하자면, 그 날은 아무리 파괴적이었다 하더라도 반 세기 이상에 미국의 땅에 대한 외래 요소 (외국 세력)에 의한 유일한 공격이었다.

tragic 형 비극적인 < **tragedy** 명 비극   **to put it in perspective:**
to describe it in (a larger) perspective: 보다 큰 관점에서 설명하자면
devastating 형 파괴적인 < **devastate** 타/자동 (크게) 파괴하다   **attack** 명 공격
element 명 요소, 요인, 인자, 구성요소; (사람들의 특수한) 그룹, 세력

표현의 배경 미국의 2001년의 9/11 테러 사건의 충격과 비인간성을 충분히 인정하면서도 세계와의 우호적이고 평화적인 관계를 깨거나 세계적인 시각을 닫는 것에는 반대하는 한 미국 언론인의 의견

example When he won an Academy Award in 1963, Poitier changed film history: He became the first black person to receive an Oscar for best actor. **However remarkable his achievement**, Poitier will tell you that he doesn't measure himself by these things – really.
[<u>However</u> remarkable his achievement (<u>was</u>/<u>might be</u>), ...]
Poitier는 1963년에 아카데미 상을 수상했을 때 영화의 역사를 바꿨습니다. 오스카 최고 배우상을 받은 최초의 흑

인이 된 것입니다. 그의 성취가 아무리 놀라운 것이라 해도 그는 자신을 그런 것을 기준으로 재단하지 않는다고 말할 것입니다. 정말로

---

remarkable 형 놀라운 **achievement** 명 성취
measure 타동 재다, 측정하다. 여기서는 judge/ evaluate (판단/평가하다)의 의미
these things 문맥상 worldly/ superficial things: 세상의/ 피상적인 것들

> 배우 Sidney Poitier의 인류애와 양심 `Topic`

미국의 기라성 같은 흑인 배우들 Will Smith, Denzel Washington, Jr., Morgan Freeman 이전에 Sidney Poitier (1927-2022)가 있었다. 1963년에 *Lilies of the Field* (들백합), 그리고 1967년에 *To Sir with Love* (언제나 마음은 태양), *In the Heat of the Night* (밤의 열기 속에서), 그리고 *Guess Who's Coming to Dinner* (초대받지 않은 손님) 세 명작에서 주연으로 혜성처럼 등장해 인종적 그리고 사회적 정의 (racial and social justice)와 보편적 인류애와 양심 (love of humanity and human conscience)을 은막에 펼치며 60년대의 사회문화사의 새로운 장을 이끌었다.

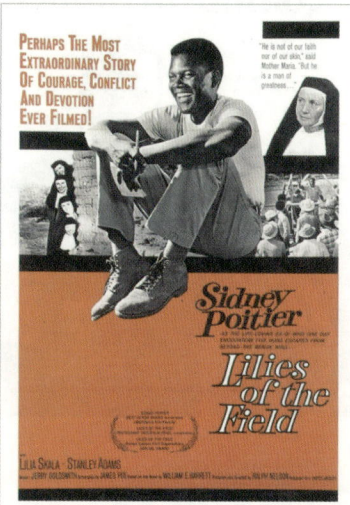

[사진] 한 떠돌이 흑인 막노동자의 인간애가 어린 선행을 주제로 한 *Lilies of the Field* (1963 film)
사진: ⓒ Rainbow Productions

[사진] London의 사회 경제적으로 열악하고 천방지축 학생들이 가득한 East London의 한 고등학교에 부임한 흑인 선생님의 헌신적인 노력으로, 처음에는 선생님을 조롱하고 괴롭히던 학생들이 선생님을 따르고 사랑하게 되는 인종을 초월한 사랑과 헌신적인 교육의 힘을 그린 *To Sir, with Love* (1967 film). Lulu가 부른 이 영화의 주제곡 To Sir, with Love (Billboard's No. 1 pop single of the year)도 당시에 선풍적인 인기를 누렸다.
사진: ⓒ Columbia Pictures

[사진] 인종 차별과 적대감이 삶의 한 양식이었던 Mississippi 주의 한 타운에서 기차를 기다리다가 살인 용의자로 체포된 Philadelphia 경찰의 최고 살인 사건 전문 형사 Virgil Tibbs (Sidney Poitier)가 끝내, 인종 차별의 벽을 넘어 현지의 살인 사건을 해결하는 racial justice를 주제로 한 *In the Heat of the Night* (1967 film, 밤의 열기 속에서)
사진: ⓒ Mirisch Corp.

[사진] 인종 차별의 역사와 문화를 초월한 한 흑인 의사와 백인 여자 간의 사랑과 결혼을 주제로 한 영화 *Guess Who's Coming to Dinner* (1967 film, 초대받지 않은 손님). 당시의 백인들의 인종 차별과 미움을 거부하고 딸의 결혼을 아무 주저 없이 적극 지원하고 나선 두 부모의 열린 마음 또한 감동적이다.
사진: ⓒ Columbia Pictures

359   not A till/until B

I did*n't* know ... *until* ...
...할 때까지 ...를 알지 못했다; ...하고 나서야 ...를 알았다.

---

not A until/till B의 구문으로 'B 할/일 때까지 A 아니다/못하다'라는 뜻을 나타내는데, 이 뜻은 흔히 'B 하/이고 나서야 (또는 B 하/이면) A 하/이다' (**A only after** (또는 **when**) **B**'라는 또는 'A 하려면/이려면 ... B 이후가 (적어도 B가) 되어야 한다'라고 해석하면 이야기의 흐름이 부드럽게 이해된다.
[➡ (250)]

example

Garret (in a letter to his deceased wife): And I did**n't** know how much I needed her **until** the night I watched her fly away.　　　　[*Message in a Bottle* (1999 film)]

그리고 나는 그녀가 비행기를 타고 떠나는 것을 바라보던 그날 밤에서야 비로소 내가 그녀를 얼마나 필요로 하는지를 알았어요.

deceased 형 고인이 된; late

example

Mr. Gilliam (to Bleek, his son): Do**n't** bring any babies into this world **until** you're married.
Bleek: I hear you.　　　　[*Mo' Better Blues* (1990 film)]

　Do**n't** bring any babies into this world **until** you're married.
= Do**n't** bring any babies into this world **before** you're married.
= You **can**/**should** bring babies into this world **only after**/**when** you get/are married.
= **It is not until** you're married **that** you can bring babies into this world.

Mr. Gilliam (아들인 Bleek에게): 너 결혼할 때까지는 애기는 이 세상에 하나도 데려오지 마라.; 너는 애기를 낳으려면 결혼한 후에라야 한다.
Bleek: 알겠어요.

 10대의 흑인 미혼모가 애기를 유모차에 끌고 다니는 모습에 질색을 하는 흑인 아빠 Mr. Gilliam이 두 명의 girlfriend를 갖고 있는 젊은 아들 Bleek에게 미리 주의를 시킨다.

360　타동사 + 의문사절

I didn't know how much I needed her ...
나는 내가 그녀를 얼마나 필요로 하는지 몰랐어.

이 문장은 I didn't know ... (나는 ...를 몰랐다)와 How much did I need her? (나는 얼마나 그녀를 필요로 했나?)라는 두 문장이 결합된 결과인데, 의문사에 의해 이끌리는 이 의문문 (Wh-의문문)이 의문사절이 되어 더 큰 문장 (서술문) (I didn't know ...)의 일부분으로 들어가면서 (이 의문사절 how much I needed her가 know의 목적어가 되어 있다) 의문문에서의 조동사 + 주어 (did I need)의 도치어순이 주어 + 동사 (I needed)의 정상어순으로 바뀐 것이다. [➡ (47) (380) (458) (545)]

I didn't know _____. + [How much did I need her?]
= I didn't know how much I needed her.

Do you **know who wrote the famous novel, *Pride and Prejudice*?**
그 유명한 소설 '오만과 편견'을 누가 썼는지 아니?

Pride and Prejudice: a novel (1813) by English novelist Jane Austen (1775-1817). Other major novels by Jane Austen: *Sense and Sensibility* (1811); *Mansfield Park* (1814); *Emma* (1816)

361 time + (that/when = 관계부사)

the night (when/that) I watched her fly away
내가 그녀가 날아가 버리는 것을 보던 (보고만 있던) 밤에

시간을 나타내는 말 (time, day, year, instant, moment 등)을 선행사로 하는 관계사절을 이끄는 관계사 (관계부사) that 또는 when이 생략될 수 있는 경우이다. 이 생략 현상은 구어체에서 더욱 현저하지만 일상체이고 비공식적인 글에서도 빈번히 생략된다. ➡ ((191) (260))

 Every time (that/when) we turn our heads the other way when we see the law flouted, the day (that/when) we tolerate what we know to be wrong, the instant (that/when) we close our eyes and ears to the corrupt because we are too busy, or too frightened, when we fail to speak up and speak out, we strike a blow against freedom and justice.
우리가 법이 조롱 받는 것을 보면서도 머리를 다른 쪽으로 돌릴 때마다, 잘못된 것임을 알면서도 그것을 용납하는 날, 바쁘거나 겁난다는 이유로 부패에 눈과 귀를 닫는 순간, 우리는 자유와 정의에 강타를 때리는 것입니다.

flout 타동 놀리다, 조롱하다; scorn; mock; disdain; scoff   **tolerate** 타동 용인하다
corrupt 형 부패한   **frighten** 타동 겁나게 하다   **speak up/out** 자동 주저 없이 말하다
strike a blow 타격을 가하다

362 지각 동사 + 목적어 + 원형 부정사 (= 목적 보어)

I watched her fly away.
나는 그녀가 날아 가버리는 것을 바라보았다
I felt something inside of me tear away.
나는 내 안에 있는 무엇인가가 찢겨 나가는 것을 느꼈다

무엇을 본다든지, 듣는다든지, 느낀다든지, 인식한다든지 하는 소위 지각동사 (예: see, hear, feel, listen to, notice, overhear, watch)가 목적어 뒤에 그 목적어의 행위나 동작을 설명하는 목적 보어로서 동사의 형태 중에 원형 부정사 (= 동사원형)를 취한 형태로 (**주어 + 지각 동사 + 목적어 + 원형 부정사**) 그 목적어가 ...하는 것을 지각함을 나타낸다.

> **비교** 목적 보어로서 원형 부정사 대신에 현재분사 (-ing) 형이 쓰일 수도 있는데, **원형 부정사**가 쓰일 경우 원형 부정사가 나타내는 동작/행위를 마치 **사진기**로 찍듯이 **순간적**으로 묘사하는 어감을 띠는데 반해서, **현재분사** 형을 사용하면 마치 **비디오** 카메라로 어느 정도의 시간을 가지고 (비록 그것이 비교적 짧은 시간에 걸친 것이라 하더라도) **연속 촬영**을 해서 묘사하는, 그 동작/행위가 현재 **진행 중**인 어감을 띤다.

example More than 3 million people come to Yellowstone to **watch the geyser blow** a column of water 130 feet into the air every 75 minutes.

3백만 명 이상의 사람들이 그 간헐천이 매 75분마다 물기둥을 공중으로 130피트 뿜어 올리는 것을 보러 Yellowstone (국립 공원)에 온다.

---

geyser 명 간헐천
blow a column of water 130 feet into the air 130 피트의 물칼럼을 공중으로 뿜어 올리다

[사진] the geyser: 미국 Wyoming 주에 있는 Yellowstone National Park에 있는 유명한 간헐천인 Old Faithful
사진 제공: ⓒ Paul Marrow

example Mr. Brody (to Jeffrey): I've never **seen a philosopher make** 50 grand a year. Remember, Socrates rode on the back of a donkey.

[*The Flamingo Kid* (1984 film)]

Mr. Brody (Jeffrey에게): 난 철학자가 1년에 5만 달러를 버는 걸 본 적이 없어. 명심해. 소크라테스는 (가난해서) 당나귀 등을 타고 다녔어.

---

grand 명 a thousand dollars; 1천 달러   **donkey** 명 당나귀

장면 ▶ 부정한 술수를 서슴지 않고 세상의 모든 것을 돈으로 보는 고급 수입차 딜러인 Mr. Brody가 순진한 고교 졸업생인 Jeffery를 자기 똘마니로 만들기 위해 유혹하고 있다.

example When you have **seen vicious mobs lynch** your mothers and fathers at will and **drown** your sisters and brothers at whim; when you have **seen hate-filled policemen curse**, **kick**, and even **kill** your black brothers and sisters; when you see the vast majority of your 20 million Negro brothers smothering in an air-tight cage of poverty in the midst of an affluent society; then you will understand why we find it difficult to wait.

언어설명 ▶ 여기에 표현한 when you see the vast majority of your 20 million Negro brothers smothering in an air-tight cage of poverty (여러분이 2천만 명의 흑인 형제들의 절대 다수가 공기 통하지 않는 가난의 철창 안에서 질식해 가고 있는 것을 볼 때)에서는 see의 목적 보어로 현재 분사인 smothering이 사용되어 있는데, 이것은 그 흑인 형제들이 지금 딱 목이 졸리는 것을 나타내는 것이 아니라 그들이 질식해 가고 있는 진행의 모습을 묘사한다.

여러분이 사악한 폭도들이 여러분의 어머니들과 아버지들을 마음대로 가혹 행위를 가하고 여러분의 자매들과 형제들을 마음대로 익사시키는 것을 보았을 때, 여러분이 증오감 가득한 경찰관들이 여러분의 흑인 형제 자매들을 욕설하고 발로 차고 죽이기까지 하는 것을 보았을 때, 여러분이 2천만 명의 흑인 형제들의 절대 다수가 공기 통하지 않는 가난의 철창 안에서 질식해 가고 있는 것을 볼 때, 그때 여러분은 왜 우리가 (더 이상 수동적으로만) 기다리는 것이 어렵다고 생각하는지 (또는 느끼는지) 이해할 것입니다.

vicious 형 사악한　**mob** 명 (집합명사) 폭도들의 무리. 그 무리의 (폭도) 한 명은 mobster　**lynch** 타동 …에게 가혹 행위를 가하다　**drown** 타동 익사시키다　**at whim**: 기분 내키는 대로　**hate-filled** 증오가 가득찬　**curse** 타동 …에게 욕을 하다, 저주하다　**a/the vast majority of …**: 절대 다수의 …　**smother** 자동 질식하다　**air-tight** 형 공기가 통하지 않는, 밀폐된　**cage** 명 (새)장, 울타리　**in the midst of …**: …의 한가운데서; amid …; in the middle of …　**affluent** 형 부유한

we find it difficult to wait 여기서 it은 to wait (진목적어, 의미상의 목적어)를 가리키는 가목적어 (형식상의 목적어)

글쓴이와 글의 배경 ▶ 미국 흑인 민권 운동의 기수였던 **Martin Luther King, Jr.** (1929-1968, 암살) 목사가 1963년 4월 16일에 미국 남부 Alabama 주 Birmingham 시의 유치장 (**Birmingham Jail**)에 갇혀 그를 규탄하고 조롱하던 백인 목사들 그룹에게 반론으로 **"Why We Can't Wait"** (우리는 (흑인들은) 왜 기다릴 수 없는가)라는 제목으로 써서 발표한 편지의 글이다.

363　inside of

inside of me
내 안에(서)/안에 있는

inside of는 '시간 또는 공간적으로 ... 안에 (있는)' (within the space or period of ...)라는 의미로 inside의 구어체적 또는 비격식체적 표현이다. [➡ (403) (579)]

[inside of (구어체/비격식체) = inside]

example Actually, there are many nice residential towns **inside of** the Greater New York metropolitan area.

뉴욕 대도시권 안에는 훌륭한 주거 (상공업 중심이 아닌) 타운들이 실은 많이 있다.

residential 형 거주지의, 주민의, 주거하는
the Greater … Metropolitan Area: ... 광역도시권

example Francesca (to Robert): I can't make an entire life disappear to start a new one. I can only try to hold on to both of us somewhere **inside of** me.
[*The Bridges of Madison County* (1995 film)]

Francesca (Robert에게): 난 새 인생을 시작하기 위해 (지금까지 살아 온) 전 인생을 사라지게 할 순 없어요. 우리 두 사람을 내 안에 (가슴 속) 어딘가에서 잃지 않고 붙들려고 애쓸 수 있을 뿐이에요.

장면 우리의 사랑 인생에 쉽게 오는 사랑이 아니다, 그러니 나와 함께 떠나자고 하는 Robert에게 Francesca가 성실하게 함께 살아온 남편과 사랑하는 자식들을 버리고 갈 수는 없다, 우리의 사랑은 나의 가슴 속 어딘가에 간직하고 살아갈 수 밖에 없다고 말한다.

[inside of = within]

example Hey, Steve. I told you so. The old used car you had bought from that unknown dealer broke down **inside of** a week!
[여기서의 **inside of** ...는 시간의 구전치사로 within ...; in less than ...; ... 이내로]

야, Steve. 내가 그랬잖아. 네가 그 모르는 딜러한테 산 그 오래된 중고차 일주일 내로 고장 나고 말았잖아!

364 should + have + 과거분사: 어법 (1) (2)

I **should have stopped** her.
나는 그녀를 (돌아가지 않도록) 막았어야 했다
I **should have followed** her home.
나는 그녀를 집까지 따라갔어야 했다

이 should + have + 과거분사의 형태는 두가지 어법으로 쓰인다.

어법-1 한국의 영어 교육에서 가르치는 바대로 말하는 또는 글 쓰는 이가 주어에 관해 '...했어야 했다 (그러나 실제로는 하지 않았다)'라는 의미로 사건이 지난 후에 안타까움, 유감, 충고, 논평, 비판 등을 표현한다. 이 예문은 [어법-1]로 쓰인 경우이다.

어법-2 한국의 영어 교육에서 전혀 가르치지 않고 있는 어법으로 말하는 또는 글 쓰는 이가 주어에 관해 '...했어야 했다 (그리고 실제로 그렇게 했다, 되었다)'라는 그렇게 된 것이 순리라든지 다행이라든지 잘된 일이라든지 놀랍다든지 유감이라든지 하는 주관적인 논평을 나타낸다.

주의 한국의 영어 교육에서는 [어법-1]만을 가르치기 때문에 원어민이 [어법-2]를 뜻하기 위해 이 형태를 사용할 경우 한국인은 전혀 엉뚱하거나 잘못 이해하게 되며, 또 자신이 이 형태를 사용하여 [어법-2]를 사용할 수 없게 된다. 사건의 발생 여부를 초점으로 보면 사실상 정반대적인 의미를 갖는 이 두 어법의 사용은 말하는 또는 글 쓰는 이의 의도와 문맥과 상황에 의해 결정된다. 또 영어가 사용되는 사회와 문화에 대한 올바른 이해가 이 어법들이 뜻하는 바를 바로 이해하는데 크게 도움이 된다.

어법-1

example

Woman: Hey, Rocky. What's with the eye?
Rocky: Been fightin'.
Woman: Hope youse won it at least.
Rocky: Oh, yeah, did real good. You **shoulda seen** it.　　　　[*Rocky* (1976 film)]

여자: 헤이, Rocky. 그 눈 어쩐 일이야?
Rocky: (요새) 권투 시합 중이었어.
여자: 그래도 (적어도) 이겼길 바래.
Rocky: 오, 그럼, 정말 잘했어. 네가 그걸 봤어야 했는데 (아, 그걸 못 봤으니 어떡해/안타까워).

What's with the eye?: What's wrong/the matter with the eye?; What went wrong with the eye?; What happened to the eye?
Been fightin'. (I've) been fightin'. (요즘 boxing 시합이 있었어)
Hope youse won it at least. (Educated English) I hope you won it (= the fight) at least. 적어도 그 시합 이겼길 바래.
Did real good. (비격식 구어체) (I) did real good/ (격식체) really well.
shoulda should have의 빠른 속도의 비공식체적 구어 발음을 발음에 가깝게 표기한 것

example What happened between Lewinsky and the president was wrong. This **should have** never happen**ed**. The president **should have** declin**ed**. However, Lewinsky knew the president was a married man and proceeded with the affair anyway. I've heard people call her a child and ask what must her parents think. Please. I was that 21-year old once and I knew right from wrong. This woman is no victim.

[여기서의 Please는 앞에 온 진술 (또는 상대방의 의견)을 반박하는 부사적 감탄사]

Lewinsky와 그 대통령 사이에 일어났던 일은 잘못된 것이다. 이 일은 일어나지 않았어야 했다. 이 대통령은 (그 혼외관계를) 거절했어야 했다. 그러나 일이 어땠든 간에 Lewinsky는 대통령이 기혼남이라는 것을 알면서 그 관계를 계속해 나갔다. 나는 사람들이 그녀를 어린애라고 부르고 그녀의 부모들이 (그 두 사람의 스캔들에 관해서) 무슨 생각을 해야만 하는지 묻는 소리를 들었다. 제발 (그러지 마시라). 나도 한때는 그런 스물하나였던 때가 있었는데 (그 나이에도 이미) 옳고 그름을 판단할 줄 알았다. 이 여자는 절대 희생자가 아니다.

decline 자동 거절하다; turn down; reject   **proceed** 자동 앞으로 나아가다, (일을) 진행하다
affair 명 불륜, 일, 상황   **victim** 명 희생자

배경: 사회문화 ▶ Bill Clinton 대통령과 그가 혼외의 성관계를 가진 백악관에서 인턴으로 일하고 있던 21세의 여성 Monica Lewinsky 간의 스캔들: the Monica Lewinsky scandal (1997-1999, 별명: Zippergate 또는 Monicagate). Lewinsky양을 권력의 가없은 희생자였다고 보는 (대개는 보수적이고 Republican 공화당적인) 관점을 반박하는 의견

example We should permit voluntary school prayer. God **should** never **have been** expelled from America's classrooms in the first place.
[Ronald Reagan 대통령, 1-25-1983]

우리는 학교에서의 자발적인 기도를 허용해야 마땅하다. 신은 애당초 미국의 학교 교실로부터 쫓겨나지 않았어야 했다 (그러나 불행하게도 또는 유감스럽게도 쫓겨났다).

permit 타동 허락/허가하다   **school prayer** 학교에서 하는 기도
expel 타동 쫓아내다, 추방하다   **in the first place**: 처음부터, 애당초

배경: 사회문화 ▶
1962년에 학교에서의 기도를 국가와 교회를 분리한 (the **separation of church and state**) 연방헌법 개정 조항 1조(the **First Amendment to the U.S. Constitution**)의 위반으로 판결한 연방 대법원(the United States Supreme Court)의 한 판결을 이정표로, 지난 40여 년간 종교(기독교)적인 상징물들과 관례들이 (예: 기도와 성가, 성서 공부와 서클 활동, 종교적 휴일 및 축일들, 십계명 전시 등) 미국의 공립학교로부터 점점 폭넓게 금지되어 왔다.

이 예문은 미국의 보수 기독교 유권자들을 상당한 정치 기반으로 당선된 Reagan 대통령이 이 공공 정책에 유감을 나타낸 표현이다. 그러나 기독교는 미국의 사적 생활에 아직도 커다란 기둥으로서의 역할을 하고 있으며, 많은 공적 상황들 속에서도 뚜렷한 자취들을 (예: 동전이나 지폐에 새겨진 **In God We Trust.**라는 표현이나 공식적 행사나 의식에서 성경에 손을 얹고 하는 선서 등), 그리고 때로는 아직도 상당히 적극적인 기독교 신앙의 공적인 표현들을 볼 수 있다.

[사진] 미국의 한 초등학교 1학년 학급이 하루의 일과에 앞서 the **Pledge of Allegiance** (to the National/American Flag, 국기에 대한 충성의 맹세)를 암송하고 있다. The Pledge of Allegiance는 맨 끝에 **"one nation under God"** (신 아래 한 국가/민족)는 20세기 말 이후로 진보적 미국인들에 의해 비판의 대상이 되어 왔다. 사진: 박우상 (Dr. David)

[사진] 미국의 한 Memorial Day (현충일, 5월 마지막 월요일) 퍼레이드에 참가한 국기에 대한 충성과 애국심을 고취하기 위해 트럭의 꼬리를 장식한 the Pledge of Allegiance (to the National/American Flag, 국가/국기에 대한 충성의 맹세)의 끝맺음 문구인 "one nation under God." (신 아래 한 국가/국민)
사진: 박우상 (Dr. David)

어법-2

example Basketball may be "the city game," but its greatest performer soared out of Wilmington, N.C. That is how it **should have been**. Basketball often means most in small towns where the community gathers in a cramped gym on winter nights, imagining their boys teaching humility to some team from an arrogant metropolis.

농구가 "도시의 경기"일지도 모르지만 (현실적으로 "도시의 경기"임을 인정하는 뉘앙스) 농구의 최고의 선수

(Michael Jordan을 말함)는 North Carolina주 Wilmington에서 솟아 올랐다. 그건 (마땅히) 그렇게 되었어야 하는 것이다 (실제로 그렇게 되었다). (왜냐하면) 농구란 흔히 작은 지역사회 사람들이 자기 아들들이 거만한 대도시에서 온 어떤 팀에게 겸허함을 가르쳐 줄 것을 상상하면서 겨울 밤에 비좁은 체육관에 모이는, 그런 작은 타운에게 가장 큰 의미를 갖는다.

---

its greatest performer Michael Jordan　　**soar** 자동 날아오르다
N.C. North Carolina 주　　**cramped** 형 (공간이) 비좁은　　**humility** 명 겸허함, 겸손
arrogant 형 거만한　　**metropolis** 명 광역도시(권)

설명 ▶ 여기서는 글쓴이의 주장은 (일반 사람들은 프로 농구팀들은 넓은 상업적 기반을 가져야만 하는 이유로 대도시들에만 자리잡고 있어 농구가 얼핏 대도시의 게임인 것처럼 느껴지겠지만) 농구의 최대 스타인 Michael Jordan이 한 작은 타운에서 나온 것이 실은 놀라운 일이 아니다, 그렇게 된 것이 마땅한 일이 실제로 그렇게 되었다는 것이다.

example ▶ How **should** a nation whose birth certificate bore the declaration that "all men are created equal" **have been** one of the last to abolish slavery?

모든 인간은 평등하게 창조되어 있다"는 선언을 담은 출생증명서를 지닌 민족/국가가 어떻게 해서 노예제도를 가장 나중에 철폐한 민족/국가가 되어야 했는가? (실제 그렇게 되었다.)

---

nation 명 국가, 민족　　**birth certificate**: 출생증명서　　**bore**: bear (지니다, 나르다)의 과거형　　**declaration** 명 선언　　**abolish** 타동 철폐하다　　**slavery** 명 노예제도
one of the last (nations)

설명 ▶ 이 표현은 한국에서 가르치고 배우는 대로 "미국은 어떻게 해서 노예제를 폐지한 마지막 국가들의 하나였어야 했는가 (그런데 그렇게 되지 않았다)"라는 뜻이 전혀 아니다. 이 표현은 "(도대체) 어떻게 해서 미국은 (모든 인간은 평등하다고 건국 때에 선언해 놓고도) 노예제를 마지막으로 폐지한 나라들 중의 하나였어야 했는가?," 즉 실제로 그렇게 되었던 과거의 사실이나 상태에 대한 말하는 (또는 글 쓰는) 이의 놀라움과 깊은 유감과 실망을 나타낸다.

example ▶ Radical students of the sixties indicted the educational process as supportive of the social status quo. Particularly astonishing was the fact that such idealist and activist values **should have come** from the children of more fortunate families with material success and security.

설명 ▶ [어법-1]만을 알고 여기서의 should have come을 '(...로부터) 나왔어야 했는데 그렇지 않았다'라고 해석하면 절대 잘못 이해하는 것이다. 미국의 1960년대의 진보적이고 이상주의적인 대학생들과 젊은이들은 절대 다수가 실제로 미국의 기준으로 중산층 또는 이상의 사회경제적 출신들이었다. 여기서는 사회의 하층에서 흔히 현 체제에 대한 불만과 비판이 높은 것이 역사가 말해 주는 것이고 상식인데 1960년대 진보적인 젊은이들의 배경이 오히려 상층에 있었다는 사실에 대한 글쓴이의 놀라움이 담겨

져 있으며, 독자들에게도 그것이 놀라운 사실이라고 주목하게 하거나 설득하려는 뉘앙스를 띄고 있다.

1960년대의 급진적인 학생들은 교육과정을 현 사회체제를 지탱하고 있는 것으로 규탄하였다. 특히 놀라운 것은 그러한 이상주의적이고 행동가적인 가치관들이 물질적 성공과 안정을 누리는 (비교적으로) 보다 유복한 집안의 자식들로부터 시작되어야 했다는 사실이다 (실제로 그렇게 시작되었다).

---

indict 발음 주의 /in·ˊdait/ c가 발음되지 않는다 (묵음, silent) 타동 (형법) 기소하다 > 명
indictment　**supportive** 형 지지하는 < **support**. 동
status quo 명 현상 (현재의 상태), 기존의 상황이나 질서　　**particularly** 부 각별히
astonishing 형 놀라운, 충격적인 **fortunate** 형 운 좋은. 여기서는 사회경제적 여건이 좋은, 풍족한　**material** 형 물질적인　**security** 명 보안, 안전. 여기서는 stability (안정)

 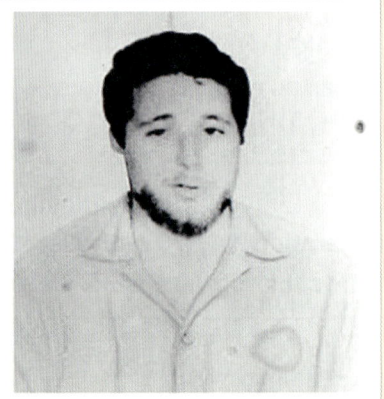

배경: 사회문화

[사진] New York의 유복한 가정에서 태어나 성장하고 명문대학에 다니던 이 두 백인 학생들은, 자신들의 개인적 출세와 성공이 아니라 미국 사회에서 억눌리고 자기들과 같은 넉넉함과 특권을 갖지 못한 미국 남부의 흑인들의 삶의 향상과 권리의 확대를 위해 노력하다가, 1964년 6월 21일에 미국 남부 Mississippi 주의 한 한적한 시골길에서 폭력적인 백인우월주의 집단인 the Ku Klux Klan의 멤버들에 의해 도로변에 세워지고 소위 "nigger lovers" (깜둥이를 사랑하는 놈들)로 몰려 현장에서 살해되었다.

[사진 왼쪽]은 Andrew Goodman (20세, Wisconsin 대학 수학, Queens College 재학), 오른쪽은 Michael Schwerner (24세, Michigan State와 Cornell 대학 수학, 그리고 Columbia 대학 재학)이다. 유복한 환경 속에서 훌륭한 학교에 다니고 이리도 핸섬하고 세상에 별로 부러울 것이 없는 이 두 젊은이는 무엇이 아쉬워서 이 사회의 그런 그늘진 곳에서 쥐도 새도 모르게 사라져갔나? 그들은 아무런 물질적 보상이 없어도 그리고 아무도 알아주지 않아도 세상의 작은 구석에 조금이나마 진실과 정의를 밝히기 위해, 희망과 확신과 열정을 가지고 애쓰다가 인생의 황금기에 그렇게 순교자처럼 가야 했다.

사진 제공: the U.S. Library of Congress

365 be going to = 주어의 의지

I'm going to sail ...
I'm going to say ...
I'm going to go ... and see ...:

Cross-reference
비교: be going to = 추측: 가능성/순리:
➡ (40) (78) (93) (306) (453) (518) (570)
비교: be going to = 말하는 이의 의지:
➡ (32)

여기서의 be going + to-부정사 형태는 (주어가 ...할/하는 것이 당연하다든지 순리 또는 논리적으로 생각된다든지 가능성이 높다든지를 표현하는 어법과 함께) 이 형태의 대표적인 어법의 하나로, 말하는 또는 글 쓰는 이가 (자신이 아니라: 물론 주어가 I일 경우에는 동일인이다) 주어가 앞으로 ...할 의사, 계획, 작정, 고집, 결심이라고 단언적으로 또는 상당한 **가능성**이나 **근거**를 함축하면서 진술한다. [➡ (494) (555)]

> example "I love this country. Even though I am a liberal, and I didn't vote for Bush, I still support my country, and I'**m gonna support** all the retaliatory actions."

"저 이 나라 사랑합니다. 전 진보주의자예요. 저는 진보주의자고 Bush를 (대통령으로) 투표하지도 않았지만 그래도 전 저의 국가를 지지하고 모든 보복 조치들을 지지할 겁니다."

liberal 명 진보주의자. 흔히 형용사: 진보적인
retaliatory 형 보복적인. < retaliate 자동/타동 보복하다

> 설명 2001년의 9/11 테러 사건 1주일 후에 한 라디오 토크 쇼우 청취자가 방송국에 전화를 걸어 표현한 의견으로, 당시의 미국의 살벌한 보수적 정치 사회 분위기를 반영한다.

> example

Allison: I'**m** never **going to get** married. I'**m** just **going to have** lovers.
Norman: Oh, Allison.
Allison: What's wrong with that? No children to grow up unhappy. Nobody gets hurt except maybe me. *[Peyton Place* (1957 film)]

Allison: 난 절대 결혼하지 않을 거야. 난 그냥 애인들만 가질 거야.
Norman: 오, Allison.
Allison: 그게 뭐 잘못됐어? 불행하게 자랄 애도 없구. 어쩜 나 말곤 아무도 상처받지 않지.

hurt 다친, 상처받은. hurt의 과거분사   **except** 전치 ...를 제외하고(는)

> 설명 고등학교 졸업반인 Allison이 classmate인 Norman에게 자기의 이성관을 말한다.

Message in a Bottle (병 속에 담긴 편지)

366   then = 순서 (시간/사건)

Then I'm going to go to this woman ...
그리고는 나는 이 여자분한테 가서 ...

Cross-reference
비교: then = 결론/결과:
➡ (116) (368) (416) (440)
비교: then = 시간 (과거/미래):
➡ (530)

여기서 then은 바로 어떤 특정한 시간을 가리키거나 조건이나 가정을 따르는 결론을 이끄는 것이 아니라, 일련의 사건들의 연속선상에서 시간적으로나 순서상으로 뒤따르는 사건에 관한 진술을 이끄는 부사이다. '그리고는, 그리고 나서, 다음으로(는), 이어서' (next in order or time) 등으로 번역될 수 있다.
[➡ (1) (466)]

example
Landon (in a monologue): Jamie and I had a perfect summer together, with more love than lots of people know in a lifetime. And **then** she went, with her unfailing faith.
[A Walk to Remember (2002 film)]

Landon (독백으로): Jamie와 나는 많은 사람들이 평생 걸려야 아는 사랑보다 더 많은 사랑을 나누며 완벽한 여름을 함께 했다. 그리고 나서 그녀는 그녀의 사그라지지 않는 신앙을 갖고 떠났다.

in a lifetime 여기서는 over a lifetime; 평생에 걸쳐
unfailing faith 꺼지지/사라지지 않는 신앙, 영원한 믿음

367   타동사 + if-절: 의문문 → if-절; 비교: 의문문 → whether-절

I'm going to see if I can win her heart.
내가 그녀의 마음을 차지할 수 있을지 보겠어

여기서 접속사 if는 흔히 뜻하는 '...하다면/이라면'이라는 가정, 조건, 전제의 부사절을 이끄는 것이 아니라 '...인지 아닌지'라는 불확실한 내용의 **명사절**을 이끌며, 타동사 **ask** (물어보다), **care** (개의하다), **decide** (결정하다), **doubt** (의심하다), **find out** (알아내다, 알게 되다), **know** (알다), **learn** (알게 되다), **say** (말하다), **see** (알아 보다), **tell** (말하다), **wonder** (의아해 하다, 궁금해 하다) 등의 목적어의 역할을 한다. 이 문장은 I'm going to see + [Can I win her heart?].라는 두 문장이 결합된 것으로, Yes-No 의문문이 접속사 if에 의해 이끌려 더 큰 문장의 일부로 들어가 이러한 타동사의 목적어인 명사절이 된 것이다.

영어의 순수파들 중에는 접속사 if는 '...하다면/이라면'이라는 조건, 가정, 전제의 부사절만을 이끄는 역할을 전담하고 이 의미로는 if가 아니라 접속사 whether만을 사용해야 한다고 주장하는 사람들이 있으나, 실제 영어에서는 (특히 일상적이고 구어체적 일수록) 이 용법으로 if절이 사용되는 빈도가 더 높다. 그리고 같은 의미의 접속사 whether와 또 다른 유의할 점은 if절은 정어법에서 문장의 주어나 주격 보어로는 쓰이지 않으며, 그런 경우에는 대신에 whether를 써야 한다.

example

Stella: What'll you have?
Stephen: I was here last night. I **wondered if maybe we could have dinner**.
Stella: No. Sorry.   [*Stella* (1990 film)]

Stella: 뭘 (무슨 술을) 드실래요?
Stephen: 저 어제 저녁에 여기 왔었는데. 우리 저녁 식사를 할 수 있을까 싶네요 (궁금하다, 알고 싶다).
Stella: 아뇨. 미안합니다.

장면 어젯밤 이 술집에 들려 바텐더인 Stella가 멋지게 춤을 추는 것을 본 의사인 Stephen이 오늘 다시 들려 Stella에게 데이트를 신청한다. (처음에는 거절했던 Stella가 나중에는 승낙한다.)

주목 ▶ if-명사절: 주어로 사용 불가

(X) If maybe we can have dinner is what I'd like to know.
(우리가 저녁 식사를 할 수 있을까 하는 것이 제가 알고 싶은 거예요.)
(O) Whether we can have dinner (or not) is what I'd like to know.

example

Finn (to herself): How do you merge into this thing called a couple and still keep a little room for yourself? And how do we even **know if we're only supposed to be with one person for the rest of our lives**?
[*How to Make an American Quilt* (1995 film)]

Finn (스스로에게): 한 쌍 (부부)이라고 하는 이것에 어떻게 합쳐 들어가되 그래도 나만의 작은 공간을 갖는담? 그리고 우리가 남은 평생 동안 딱 한 사람 하고만 지내야만 한다는 것부터 어떻게 안담? (어제 Sam으로부터 청혼을 받은 대학원생 Finn이 결혼과 애정에 관한 생각에 잠겨 혼자 중얼거린다.)

---

merge 여기서는 자동사. (...로) 합쳐 들어가다   **room** 명 space; 공간
be supposed to-부정사 ...하기로 기대되다; ...해야 한다; ...하는 것이 마땅하다

주목 ▶ if-명사절: 주어로 사용 불가

(X) If we're only supposed to be with one person for the rest of our lives cannot be known.
(우리가 남은 평생 동안 딱 한 사람 하고만 지내야 하는지 아닌지는 알 수가 없다.)

(O) Whether (or not) we're only supposed to be with one person for the rest of our lives cannot be known.

example Really, all I look for is a guy who's cute with a great body. That makes me a teenage girl. Who **cares if we can keep up an interesting conversation for more than 10 minutes?**

정말로요, 제가 찾는 모든 거라곤 몸매가 아주 좋고 잘생긴 남자애예요. 그러니 제가 10대 소녀인 거예요. 우리가 10분 이상 흥미로운 대화를 꾸려갈 수 있을지 없을지 누가 상관하겠어요?

주목 cute: '귀여운' 이라고만 생각하는 한국 사람들은 남자를 cute 하다고 말하는 것이 믿기 어렵다고 말하거나 질문한다. 그러나 원어민 여성들은 아주 종종 남자를 cute 하다고 묘사하며 그 때의 cute은 attractive, charming, handsome 이라는 뜻이다.

스토리 잘생기고 몸매가 아주 좋은 남자 친구를 찾고는 있지만 아직 심각한 관계를 원할 나이는 아니라고 말하는 한 15세 소녀의 표현

주목 **if-명사절: 주어로 사용 불가**

(X) If we can keep up an interesting conversation for more than 10 minutes doesn't interest me. (우리가 10분 이상 흥미로운 대화를 꾸려갈 수 있을지 없을지는 제가 관심 있는 바가 아니에요.)

(O) Whether (or not) we can keep up an interesting conversation for more than 10 minutes doesn't interest me.

example We have to make the **decision if we're going to control our children's education locally or from Washington.**

우리 애들의 교육을 지역 사회적으로 관리/통제할 것인지 (멀리 떨어진) 수도 워싱턴으로부터 할 것인지 (라는/하는) 결정을 내려야만 한다.

locally 부 현지에서, 지역사회가 주도하여

example At the supermarket your unattended cart may be moved. It's not a bad rule. Other customers have no **idea** how long you'll be gone or **if you'll be back at all**.

수퍼마켓에서 당신이 방치하고 있는 카트 (샤핑 손수레)는 치워질 수 있다. 그것은 나쁜 규칙이 아니다. 다른 손님들은 당신이 얼마나 (그 카트로부터) 떠나 있을지 아니면 아예 다시 돌아오거나 할지 전혀 모른다.

unattended 형 (아무도) 돌보고 있지 않은, 방치된

368 then = 결론/결과; If + A-절, then + B-절

If I can't, **then** I'm still blessed ...
내가 그럴 수 없다면 나는 그래도 축복을 받은 것이에요.

If I tell you ..., **then** you'll know the whole story.
내가 ...라고 말하면 그럼 당신은 그 모든 스토리를 이해할 거예요.

Cross-reference
비교: then = 순서:
➡ (1) (366) (466)

비교: then = 시간 (과거/미래):
➡ (530)

여기서의 then은 바로 어떤 특정한 시간을 가리키거나 일련의 사건들의 연속선상에서 시간적으로나 순서상으로 뒤따르는 사건에 관한 진술을 이끄는 것이 아니라, 앞에서 언급된 조건, 가정, 또는 진술에 따르는 결론, 영향, 또는 결과를 이끄는 부사이다. 흔히 '그러(다)면, 따라서, 결론 또는 결과적으로(는)' (if so, as a consequence, therefore, as a conclusion or result) 등으로 번역될 수 있다.

이 어법의 부사 then은 여기서처럼 **If** + A절, **then** + B절.의 구문에서 자주 쓰인다. [➡ (116) (416) (440) (536)]

example **If** New Yorkers have Type A personalities, **then** Alaskans have Type Z.
뉴욕 사람들이 A형 성격들을 갖고 있다면, 그렇다면 알래스카 사람들은 Z형을 갖고 있다. (두 주의 사람들의 성격, 취향 등이 너무도 다르다.)

personality 명 개성. 한 개인의 특유한 성격, 성질. 비교 **character** 명 도덕성/윤리성을 내포하는 말로 성품, 인격을 뜻한다. **characteristic** 명 사람 뿐만 아니라 사물이나 현상의 특징, 특색, 속성; trait; property; attribute

369 현재완료 = 경험

I've had the privilege of loving **twice** in my life.
나는 내 인생에 두 번 사랑하는 특권을 누렸어요.

Cross-reference
비교: 현재완료 = 계속:
➡ (19) (88) (266) (400)
  (469) (552)

비교: 현재완료 = 완료 (+ 결과):
➡ (240) (445)

've는 have의 축약형이다. 여기서 현재완료 시제 (have + 과거분사)는 현재완료의 여러 용법들 중에 지금까지 '...한/인/해본 적이 있다'는 뜻의 경험을 나타낸다. [➡ (85) (190) (206) (262) (334) (550) (582)]

example

Mary: Wanna dance?
Steve: I haven't, I haven't danced in quite some time.

[*The Wedding Planner* (2001 film)]

Mary: 춤 출래요?
Steve: 저, 저 상당히 오랫동안 춤춰 보질 않았어요.

370 명사 + of + -ing (동명사): 명사 = -ing: 동격

the privilege of loving twice in my life
내 인생에 두 번 사랑하는 특권

명사 1 + of + 명사 2 (또는 동명사)의 구조에서 전치사 of가 앞뒤의 명사/동명사를 **동격의 어구**로 (명사 1 = 명사 2) 연결하는 어법이다. 그리고 흔히 명사 2는 명사 1보다 의미가 구체적이어서 명사 1의 의미를 제한하고 구체화하는 기능을 하며 '**명사 2라(고 하)는 명사 1** (또는 명사 1이 무엇이냐 하면 명사 2)'이라는 식으로 번역된다.

이 경우에는 loving twice (in my life) (내 인생에 두 번이나 사랑을 경험하는 것)이라는 the privilege (그 특권), 또는 바로 어떤 특권이냐 하면 다름 아닌 내 인생에서 두 번이나 사랑을 경험하는 것이라는 것이다 (즉, the privilege = loving twice (in my life). [➡ (471)]

이렇게 전치사 of의 앞에 위치해서 동격 구조를 가능하게 하는 경향이 현저한 명사들이 있는데, 특징적으로 추상명사들이며 그 예들은 다음과 같다:

benefit (혜택, 이익), **burden** (부담), **cause** (이유, 대의명분), **challenge** (어려운 또는 분발하게 하는 과제), **chance** (기회, 가능성), **choice** (선택), **comfort** (위안), **condition** (조건), **custom** (습관, 관습), **danger** (위험), **dream** (꿈, 희망), **difficulty** (어려움), **effect** (효과), **enterprise** (과제, 사업), **expectation** (기대), **fact** (사실), **fallacy** (오류, 잘못), **fear** (두려움), **fortune** (운), **goal** (목표), **habit** (버릇), **hope** (희망), **horror** (끔찍함), **idea** (생각, 안), **intention** (의도), **interest** (이익), **joy** (기쁨), **likelihood** (가능성), **means** (수단), **memory** (기억, 추억), **mistake** (실수), **misfortune** (불운), **odds** (가능성, 승산), **opportunity** (기회), **option** (선택), **peril** (위험), **policy** (정책, 규칙), **position** (입장), **possibility** (가능성), **practice** (관례), **privilege** (특권), **probability** (가능성), **problem** (문제), **process** (과정), **prospect** (가능성), **purpose** (목적), **right** (권리), **risk** (위험), **routine** (습관), **rule** (규칙), **sense** (느낌), **sin** (죄), **sign** (조짐), **task** (일, 과제), **thought** (생각), **threat** (위협), **tradition** (전통), **trend** (경향, 추세), **trouble** (문제, 골치거리, 수고), **vision** (의도, 계획, 모습), **way** (방법, 길).

example Dad isn't just the enforcer anymore. Men can cuddle their kids without **fear of losing their macho image**.
아빠는 (집안의) 법 집행관 (law enforcer)이 더 이상 아니다. 남자들은 (이제) 씩씩한 남자다운 이미지를 잃는 두려움 없이 자기 애들을 부드럽게 껴안을 수 있다.

---

enforcer law enforcer; law enforcement officer; 법 집행관　　**cuddle** 타동 (가까이 친밀하게) 껴안다　　**macho image** (전통적인) 강한 남성다움을 자랑하거나 드러내는 이미지

---

example **The American dream of working hard and getting ahead** remains unchanged.
The American dream = working hard and getting ahead
문장의 주어 = The American dream of working hard and getting ahead
열심히 일해서 (남들보다) 앞서 간다는 미국의 꿈은 변함없이 남아 있다.

example We are in a **danger of becoming a society of haves and have-nots**.
우리는 가진 자들과 가진 것이 없는 자들의 (경제적으로 양극단적인, economically polarized) 사회가 될 어떤 위기에 처해 있다.

---

haves 명 가진 자들, 부유한 사람들　　**have-nots** 명 가난한 사람들

---

example Fly fishing is the most beautiful **way of catching a fish**, just as ballet is the most beautiful **way of moving the body between two points**.
Fly fishing (파리 낚시)은 마치 발레가 두 지점 사이를 가장 아름답게 몸을 움직이는 방식이듯이 물고기를 잡는 가장 아름다운 방법이다.

[사진] 미국의 모든 주들 중에서 가장 아름다운 fly-fishing으로 정평이 있는 Montana 주의 Madison 강에서 한 남자가 고요한 자연 속에서 fly-fishing을 즐기고 있다.
사진 제공: © Brandon Kiesling

371 원급 비교: as ... as ...

I love her as much as I loved you.
내가 당신을 사랑한 만큼 그녀를 사랑해.

A as + 형용사/부사 + as B의 구조로 'B하는/인 만큼 A하다/이다'라는 의미로 A와 B가 동등하다는 **원급비교 (동등비교)**의 구문이다. 이 경우 I loved you. 내가 당신을 사랑했던 만큼 그와 같은 정도로 I love her. 내가 그녀를 사랑한다는 뜻이다.

example American women are getting **as many** professional degrees **as** American men.
미국 여자들은 남자들만큼 많은 전문 학위들을 취득하고 있다.

example Children can't be molded or manufactured **as uniformly as** car parts.
아이들은 자동차 부속품들처럼 획일적으로 주조되거나 제조될 수 없다.

mold 타동 (주형을 사용해서) 형체/틀을 잡다   **manufacture** 타동 제조하다
uniformly 부 일괄적으로, 획일적으로, 균등하게   **car parts**: 자동차 부품들

example Flea markets are **as much** a part of America **as** homemade apple pie.
(싼 물건들을 좌판 위에 펼쳐 놓거나 대충 전시해 놓고 싸게 파는) 벼룩 시장은 집에서 만든 사과 파이만큼이나 미국의 한 부분이다.

example In Korea and Vietnam the American G.I.s fought just **as bravely as** any of their predecessors, but no triumphant receptions awaited them at home.
한국과 베트남에서 미국의 병사들은 그 어느 앞의 미군 병사들만큼이나 용감하게 싸웠지만, 국내에서는 어떤 승리의 환영식도 그들을 기다리지 않았다.

G.I. 원래 government issue라는 정부가 보급하는 군용 보급품을 뜻하는 말에서 유래하여 미국 군인 특히 사병을 뜻하는 말이 되었다. 요즈음은 G.I.가 군인을 마치 물건처럼 비하하는 말이라고 느끼는 사람들이 많아져, 대신에 servicemen이나 servicewomen을 많이 쓴다.

predecessor 명 전임자   **triumphant** 형 승리의 (victorious) < **triumph** 명 **victory**: 승리
reception 명 리셉션, 환영/축하 연회   **await** 타동 wait for ...; ...를 기다리다]

example Today, college football's true believers are **as fervid as** saints walking on burning coals, **as crazy as** talkers in tongues.

오늘날 대학 풋볼을 신봉하는 사람들은 불타는 석탄 위를 걷는 성인들만큼이나 열렬하고 방언으로 말하는 사람들만큼이나 미친 수준이다.

---

true believer 진심으로/열성적으로 믿는 사람, 신봉자　　**fervid** 형 열렬한; ardent; zealous　　**saint** 명 성인　　**speak/talk in tongues**: 일부 종교인들이 '방언을 하다, 방언으로 말하다'라고 할 때 speak/talk in tongues 라고 방법을 나타내는 전치사 in과 복수형인 tongues를 결합하여 사용한다.

[사진] The University of Wisconsin-Madison과 Ohio State University 간의 풋볼 경기에 나타나 열기를 더욱 높이고 있는 열렬한 소위 "**superfans**" of college football.
사진 ⓒ 박우상 (Dr. David)

372　will = 추측 (현재 또는 미래)

You'll know the whole story.
그 모든 이야기를 알/이해할 거예요.

Cross-reference
비교: will = 주어의 의지:
➡ (117) (121) (142) (174)
　(234) (527) (580)
비교: Will you?:
➡ (320) (406)
비교: will = 말하는 이의 의지:
➡ (138)

'll은 조동사 will의 축약형이다. 여기서의 will은 말하는 이가 주어의 미래의 (주목: 때로는 현재의) 사건, 행위, 또는 상황에 관해 상당한 가능성이나 확률을 가지고 (아마도 그러리라고) 추측하거나 예측하는 것으로, will의 주어의 의지나 소망 또는 고집 등을 나타내는 어법과 함께 will의 가장 대표적인 2대 어법의 하나이다. [➡ (104) (128) (316) (323) (472)]

example　If you are winning in your marriage, somebody else is losing. And that **will** be either your spouse or the marriage. Go for the long-term relationship, not the short-term victory.

당신이 결혼 (생활/관계)에서 이기고 있다면 다른 누군가는 지고 있는 것입니다. 그리고 그것은 당신의 배우자 아니면 결혼일 것입니다. 단기적인 승리가 아니라 장기적인 관계를 추구하십시오.

spouse 명 배우자　　**long-term** 형 장기적인.　**short-term** 형 단기적인
go for ...: pursue; seek; ...를 추구하다　　**victory** 명 승리

373 (May + 주어) + 동사원형 ...: 기원문

Rest in peace.
평안히 쉬어요/쉬소서.

형태상으로는 주어인 You가 표현되지 않고 동사 원형으로 시작하는 명령문 (imperative sentence; command)이지만, 이 경우가 보여 주듯이 명령문이라고 명령이나 강하게 요구하거나 주문하는 것만은 아니다. 실제로 상당히 많은 명령문이 명령이나 요구보다는 충고, 조언, 제안, 부탁, 소망, 그리고 간청까지의 상당히 넓은 폭의 부드러운 어감을 가진다.

이 표현은 죽은 이에게 대단히 많이 쓰는 (특히 묘비 (tombstone, headstone에) 표현인데, 원래 이 표현의 기원은 May + 주어 + 동사 원형을 구조를 취하여 소망을 나타내는 기원문 (optative sentence)으로 May you (때로는 he 또는 she) rest in peace. (평화 속에 쉬소서.)이다. 묘비에 흔히 새겨진 R.I.P. 또는 RIP는 이 표현을 줄인 것이다.

 (**May you**) **rest** in peace. = R.I.P./ RIP
편히/ 평화 속에 쉬소서.

 (**May**) peace **be** with you.
평화가 여러분/당신과 함께 (하시길 빕니다)
평화가 여러분/당신과 함께 하소서.

 (**May**) the spirit of Dr. King **abide** with us always!
Dr. King (킹목사님)의 정신이 항상 우리와 함께 하소서/하시길 (빕니다/ 소망합니다).

spirit 명 정신, 기백, 혼　　**abide** 자동 (...에) 남다, 거주하다, 계속되다

The End of Book 2

Thank you very much for studying Book 2.
I'll be looking forward to seeing you with Book 3.

INDEX 찾아보기

'뉴 로맨틱 잉글리쉬'에서 설명하고 있는 주요 단어, 구문, 문법, 어법 항목들입니다. 다만 예문 해설에 설명된 항목들과 간접적으로 설명된 항목들은 여기에 포함되어 있지 않습니다.

159. just = 강조의 부사; just의 위치 = just + 본동사
160. 의문사 + 전치사?; 전치사 + 의문사?
161. 선택 의문문: A or B?
162. for = 정체/동일
163. like = 접속사: 어법 (1) (2) (3)
164. how = 방식의 접속사; how-의문사절
165. Let + 목적어 + 원형부정사 = 말하는 이의 바람, 주장, 고집
166. too + 형용/부사 + to-부정사
167. 주어 + be + 목적격 (= 주격 보어): That's me.
168. have to의 부정: do not have to = do not need to, need not
169. every + 수량, 기간, 정도 = 주기, 단위 (매 ..., ...당/마다)
170. 수량 (기간, 거리, 돈 따위)의 복수 = a few, several, many + 복수
171. 전치사의 생략: 지속 (기간, 거리)의 for의 생략
172. It/This/That is + 강조 어구 + (that)-절: 강조의 분열문
173. 부가 의문문: ..., right?
174. will = 주어의 의지
175. 교환, 전환, 나눔의 복수형: shake hands, change planes, trade places 유형
176. on = 주제, 화제, 촛점
177. one(s) = 대체어 (대명사)
178. 서술문 + ? = Yes-No 의문문: 어법 (2); 감정적, 주관적
179. in = 종사, 관련, 활동
180. A or B/not 명령문 = 부사절
181. nineteenth-century + 명사의 형태
182. What ...! 감탄문에서의 생략
183. for = 경우/입장
184. 가정법 과거 = 열린 가능성, 소망, 신중, 정중
185. It (= 가주어) ... to-부정사 (= 의미상의 주어)
186. so = 강조의 정도 부사
187. It is + 성질 형용사 + of + 목적어
188. must = 추측: 확실성, 필요성, 논리성
189. ever = 강조의 부사: 최상급 + ever
190. 현재 완료 = 경험
191. time + (that/when = 관계부사)
192. 비교급의 강조: as ... (as) + 주어 + can = as ... as possible; as ... as can be
193. some: 부정문에 쓰인 some
194. 가정법 과거 = 열린 가능성, 소망, 신중, 정중
195. ever = 조건절 강조: if ... ever
196. for = 기간/지속
197. some: 의문문에 쓰인 some
198. whatever/no matter what-절 = 양보의 부사절
199. 타동사 + (that)-절 (= 목적어): 대표적 타동사들
200. Come on. = 재촉, 격려
201. right = 강조의 부사: 바로, 곧
202. 가정법 과거 = 열린 가능성, 소망, 신중, 정중
203. terribly = 강조의 정도 부사
204. just: 강조의 부사; just의 위치 = just + 본동사
205. to oneself
206. 현재 완료 = 경험
207. in = 시간의 폭
208. about = 부사: 대략, 거의
209. like = 접속사
210. should = 당위, 의무, 필요성, 바람직함

211. Yankee의 이해

212. well = 수정, 불찬성, 반박

213. A and B = not only/just A but (also) B

214. Mum's the word.

215. can = 제안, 부탁, 권고

216. well = 새로운 또는 중단되었던 이야기를 도입 또는 계속하거나 상대방의 이야기를 이어받을 때

217. for starters

218. can = 제안

219. ass

220. Come on. = 재촉, 격려

221. I mean it.: 유사한 표현들

222. shit

223. -in' (현재분사/동명사)

224. 부가 의문문: ..., right?

225. without so much as ...

226. there = 호격

227. 주어 + (술부 동사)의 생략

228. hell

229. just = 강조의 부사 = only, merely, simply, nothing more than

230. There is + 복수 명사 (= 주어)

231. 관계 대명사의 생략: 관계대명사 = 타동사의 목적어

232. redneck; hick

233. reason + (why/that/for which = 관계부사)

234. will = 주어의 의지; won't = 거부, 거절

235. papers: 물질명사-s

236. 'cause

237. 짤린 (clipped) to-부정사

238. ain't: 어법 (1) (2) (3)

239. -in' (현재분사)

240. 현재 완료 = 완료 (+ 결과)

241. into = 변화의 결과

242. some + 단/복수 명사 (사람/사물) = 비특정한 사람/사물

243. Yankee

244. 부정 + 비교급 = 최상급

245. hey: hello, hi, hey, yo

246. 문장 부사: 부사, + 문장 = It is + 형용사 + (that)-절

247. ... and I

248. 수동태 = 상태, 결과, 영향

249. it = 상황의 it

250. not A till/until B

251. 서술문 + ? = Yes-No 의문문: 어법 (2): 감정적, 주관적

252. one(s) = 대체어 (대명사)

253. 관계 대명사의 생략: 관계대명사 = 타동사의 목적어

254. ever = 강조 부사: 서수사 + ever

255. 생략: 표현의 경제를 위한 생략

256. 전치사의 생략: 방식의 in의 생략

257. ass

258. 의문사 + 전치사?; 전치사 + 의문사?

259. so + (that) + 절 (주어 + may, can, will) = 목적/의도

260. time + (that/when = 관계부사)

261. 형용사 + (that)-절 (= 부사절 = 감정의 이유)

262. 현재 완료 = 경험

263. in = 시간의 폭

INDEX 찾아보기

'뉴 로맨틱 잉글리쉬'에서 설명하고 있는 주요 단어, 구문, 문법, 어법 항목들입니다. 다만 예문 해설에 설명된 항목들과 간접적으로 설명된 항목들은 여기에 포함되어 있지 않습니다.

264. so = 강조의 정도 부사

265. 타동사 + (that)-절 (= 목적어)

266. 현재 완료 = 계속

267. keep + ((right) on) + -ing (현재분사) = 계속

268. into = 접촉, 충돌, 마주침

269. for = 목적지

270. the: 문맥상 또는 암묵적으로 이해되는 the

271. 이중 소유격: this, these, that, those, no, some, any, every, no, one, a few + 명사 + of + 소유 대명사; that = 문맥상, 상황상, 암묵적으로 또는 사회 문화적으로 이해되는 that

272. that (관계 대명사) = 계속적, 설명적 용법

273. like = 전치사 = 예시

274. as long as: 의미 (1) (2)

275. to-부정사 = 목적, 의도

276. on = 종사, 활동, 몰두

277. so = 강조의 정도 부사

278. so + (that) + 절 (주어 + may, can, will) = 목적/의도

279. -ing (현재분사) = (전치사) + -ing (동명사)

280. what =관계대명사

281. now = 과거

282. ever = 강조: 시점, 경우, 경험

283. compliments; regards; wishes; compliment + 목적어 + on + 목적어 (명사, 동명사)

284. on = 주제, 화제, 촛점

285. 관계 대명사의 생략: 관계대명사 = 타동사의 목적어

286. the way + 절 (주어 + 술부) = the way + (that/in which) + 절 = 명사절

287. so + 형용/부사 + that + 절 (주어 + 술부) = 정도의 강조/결과

288. even = 강조의 부사

289. the: 문맥상 또는 암묵적으로 이해되는 the

290. must = 추측: 확실성, 필요성, 논리성

291. 부가 의문문: ..., right?

292. out of = 기반, 본거지, 활동 무대

293. 의인화된 성: she: 여성으로 취급되는 명사들

294. in = 변화의 결과

295. a + 추상명사; 추상명사-s

296. in = 상태, 상황, 사정

297. 생략: 주어 (+ 술부 동사)의 생략

298. well: 새로운 또는 중단되었던 이야기를 도입 또는 계속하거나 상대방의 이야기를 이어받을 때

299. how = 방식의 접속사; how-의문사절

300. 서술문 + ? = Yes-No 의문문: 어법 (1): 중립적, 객관적

301. a + 물질명사

302. would like + to-부정사

303. 타동사 + 간접 목적어 + 직접 목적어: make의 경우

304. 표현의 경제를 위한 생략; 서술문 + ? = Yes-No 의문문: 어법 (2): 감정적, 주관적

305. it = 상황의 it = 주소

306. be going to = 추측: 가능성/순리

307. on = 인접, 근접

308. the: 문맥상 또는 암묵적으로 이해되는 the

309. 부가 의문문: ..., right?

310. 타동사 + (that)-절 (= 목적어)

311. 조동사 do = 대체어

312. have + 목적어 + 과거분사: 어법 (1) (2) (3)

313. can = 제안, 부탁, 권고

314. 타동사 + 간접 목적어 (사람) + 직접 목적어 (사물): 대표적 유형들

315. well = 새로운 또는 중단되었던 이야기를 도입 또는 계속하거나 상대방의 이야기를 이어받을 때

316. will = 추측 (현재 또는 미래)

317. each other: 상호 대명사: 어법 (1) (2)

318. kind of; sort of: 어법 (1) (2) (3)

319. so = 감탄사: 새로운 화제나 진술 또는 상대방의 주목

320. will = 주어의 의지: Will you ...?: 어법 (1) (2) (3)

321. come and + 원형 부정사

322. we = 일반인 = 문맥, 상황, 화제, 암묵적 이해, 사회 통념 등에 의해 제한

323. will = 추측 (현재 또는 미래)

324. just = 강조의 부사

325. 부가 의문문: ..., right?

326. 생략: 주어 + 술부 동사의 생략

327. have got; 've got; got = 소유

328. so = 논리적 연결 부사: 결론, 결과, 영향: 어법 (1) (2) (3)

329. 선택 의문문: A or B?

330. just = 강조의 부사 = only, merely, simply, nothing more than

331. 부가 의문문: ..., huh?

332. 생략: 주어의 생략

333. those = 문맥상, 상황상, 암묵적으로 또는 사회 문화적으로 이해

334. 현재 완료 = 경험

335. only = 강조의 부사; only의 위치 = only + 본동사

336. some + 단/복수 명사 (사람/사물) = 비특정한 사람/사물; girl = 성인

337. Thanks.

338. Why don't you ...? = 제안, 권고, 부탁, 요구

339. come + 원형 부정사

340. should = 당위, 의무, 필요성, 바람직함

341. come = 가다 (go)를 뜻하는 경우

342. yesterday = 미래: 당장, 바로

343. so = 논리적 연결 부사: 결론, 결과, 영향

344. 생략: 주어 + 술부 동사의 생략

345. Shut up.: 사용 가능한 상황과 유사한 표현들

346. 타동사 + (that)-절 (= 목적어)

347. 부분 부정 = 완전/상당 부정

348. this ... it

349. just = 강조의 부사

350. the + 수식어 + 대명사: 대명사 = 명사

351. 형용사 + (that)-절 (= 부사절 = 감정의 이유)

352. 과거 완료 시제 = 완료: 과거의 기준 시점보다 앞서 완료된 과거 사건

353. -ing (동명사) = 주어

354. 서술적/보어적 형용사들

355. 명사 + (관계 대명사 (주격) + be) + 과거분사

356. 타동사 + 목적어 (사람) + (that)-절 (= 목적어, 명사절)

357. (형용사/부사) + enough + to-부정사

358. however/no matter how + 부사절: 생략 현상

359. not A till/until B

360. 타동사 + 의문사절

361. time + (that/when) = 관계부사

362. 지각 동사 + 목적어 + 원형 부정사 (= 목적 보어)

363. inside of

INDEX 찾아보기

'뉴 로맨틱 잉글리쉬'에서 설명하고 있는 주요 단어, 구문, 문법, 어법 항목들입니다. 다만 예문 해설에 설명된 항목들과 간접적으로 설명된 항목들은 여기에 포함되어 있지 않습니다.

364. should + have + 과거분사: 어법 (1) (2)
365. be going to = 주어의 의지
366. then = 순서 (시간/사건)
367. 타동사 + if-절: 의문문 ➔ if-절; 비교: 의문문 ➔ whether-절
368. then = 결론/결과; If + A-절, then + B-절
369. 현재 완료 = 경험
370. 명사 + of + -ing (동명사): 명사 = -ing: 동격
371. 원급 비교: as ... as ...
372. will = 추측 (현재 또는 미래)
373. (May you) rest in peace.: 기원문